引进西方经济学 40年

（1978~2018）

40 YEARS OF
INTRODUCING WESTERN
ECONOMICS

方福前 等●著

社会科学文献出版社
SOCIAL SCIENCES ACADEMIC PRESS (CHINA)

前　言

方福前

2018年是改革开放40周年，也是中国引进西方经济学40年。40年来，中国经济和社会发生了翻天覆地的变化，中国经济学的教学和科研也发生了巨大变化。中国（理论）经济学由改革开放前单一的政治经济学，发展到今天与国际接轨的、多元化的、门类齐全的学科体系。改革开放以来，引进西方经济学，极大地改变了中国经济学的体系结构，极大地促进了包括马克思主义政治经济学在内的现代经济学的理论和方法在中国的应用和发展。

西方经济学为何和如何被引进中国的？40年来西方经济学在中国的应用情况如何？它对中国经济学的教学与研究产生了什么样的影响？它对中国经济政策、体制改革和经济发展发挥了哪些作用？40年来，中国学界对西方经济学相关理论及其在中国的应用有哪些主要的争论或讨论？西方经济学的未来发展以及在中国的应用前景如何？在新时代，我们如何看待和对待西方经济学？这些重大和重要的问题就是本书要回答的问题。

本书是一本论文集，作者们分别从总体和主要理论（分支学科）方面回顾了西方经济学被引进中国的历程和应用借鉴情况，有些作者还谈了自己的感想，对西方经济学的有关理论和方法在中国的应用和争论进行了评论。本书在很大程度上是中国引进西方经济学40年的全景展示。

引进西方经济学不是我们的最终目的。我们引进西方经济学是为了从中分离出积极成果和有价值的东西为我们的改革开放服务，为经济和社会发展服务，为发展繁荣中国社会主义市场经济学服务。西方经济学是在西方发达国家的制度背景下和市场经济发展过程中产生和发展起来的，它包含市场经济原理的一般性，也包含反映它的出身的特殊性——制度和意识形态烙印。在引进西方经济学的过程中，我们需要对这些特殊性的内容进行取舍，进行改造，然后移植到中国土壤上。中国的改革开放、建设社会主义市场经济和社会主义现代化强国的伟大实践是经济学创新发展的肥田沃土，在这个肥田沃土上融通好马克思主义经济学、中国优秀传统文化和西方经济学的积极成果，必将为经济学创造出新的篇章。

本书 13 位作者都是经济学博士，其中 6 位是"海归"博士，除了一位作者在国家外汇管理局工作外，其余 12 位作者均长期在中国人民大学经济学院和北京大学经济学院从事西方经济学教学和研究工作。他们大多是引进西方经济学的亲历者和参与者。

目 录

引进西方经济学 40 年   方福前   001
- 一 引进西方经济学的历程回望   004
- 二 40 年来西方经济学在中国的境遇变迁   015
- 三 结束语   024

发展经济学在中国：引介、传播与发展   彭 刚   029
- 一 改革开放，"西风"渐进   031
- 二 致力于创立马克思主义的发展经济学   035
- 三 发展经济学在中国的新发展   036
- 四 林毅夫教授和他的"新结构经济学"   038

计量经济学引进发展 40 年历史回顾   赵国庆   047
- 一 我国计量经济学引进发展 40 年历史的回顾   049
- 二 我国计量经济学发展过程中存在的若干问题与未来发展展望   054
- 三 结束语   062

西方产业组织理论在中国的引进及相关评论　　吴汉洪　071

- 一　西方产业组织理论发展综述　　073
- 二　产业组织理论在中国的引进和发展　　083
- 三　几点评论　　088

改革开放以来实验经济学的本土化历程　　周业安　095

- 一　实验经济学的发展、理论贡献和影响简述　　099
- 二　实验经济学在本土的发展及现状概述　　104
- 三　本土学者在实验经济学本土化过程中的主要工作和贡献　　116
- 四　结论　　127

随机实地实验在中国的发展　　陆方文　151

- 一　随机实地实验的简介　　154
- 二　随机实地实验的本土化研究现状　　157
- 三　随机实地实验发展的基本趋势　　170
- 四　随机实地实验在国内发展的展望和建议　　174

改革开放以来行为经济学在中国的发展　　王湘红　185

- 导　语　　187
- 一　行为经济学的发展简介　　188
- 二　中国学者早期在行为经济学中的学习经历和贡献　　191
- 三　行为经济学引进中国　　195
- 四　行为经济学研究的中国现状　　200
- 五　总结和展望　　211

劳动经济学现状及在中国的发展 　　　　　　　孙文凯　221

　　一　劳动经济学发展过程及现状　　　　　　　　　　224
　　二　劳动经济学在中国经济学教学科研中的发展及影响　235
　　三　进一步发展展望　　　　　　　　　　　　　　　243

引进西方理论福利经济学 40 年 　　　　　　　　姚明霞　245

　　一　改革开放之初（1978~1992 年）　　　　　　　　249
　　二　福特班开设福利经济学课程之后（1993~1997 年）　251
　　三　阿玛蒂亚·森获得诺贝尔经济学奖之后（1998~2006 年）　254
　　四　引进行为福利经济学（2007 年至今）　　　　　256
　　五　总结及启示　　　　　　　　　　　　　　　　258

中国供给管理实践的历史回顾与展望　　　苏　剑　邵宇佳　269

　　一　引言　　　　　　　　　　　　　　　　　　　271
　　二　西方供给管理的历史渊源　　　　　　　　　　272
　　三　中国引进西方供给管理的进程　　　　　　　　275
　　四　中国实践西方供给管理的历程　　　　　　　　280
　　五　西方供给管理理论在中国的适用性探讨　　　　292
　　六　中国供给管理的未来展望　　　　　　　　　　293

四十年来我国宏观调控思路的演进　　　　　　　方福前　297

　　一　计划主导　　　　　　　　　　　　　　　　　299
　　二　间接调控　　　　　　　　　　　　　　　　　304
　　三　政策调控　　　　　　　　　　　　　　　　　309

| 四 | 稳进调控 | 315 |
| 五 | 结束语 | 319 |

资本账户开放：理论与中国实践　　　张　文　邓　拓　321

一	总论	323
二	资本账户开放：理论综述及对中国的政策含义	326
三	中国资本账户开放：四十年历程回顾	333
四	中国资本账户开放的经验和教训	346
五	中国的资本账户将向何处去	350
六	结论	356

引进西方经济学 40 年

方福前

作者简介

方福前，经济学博士，中国人民大学经济学院教授（二级），中国人民大学杰出学者支持计划特聘教授（A岗），博士生导师，中国人民大学国家发展与战略研究院研究员。2005年至2015年任中国人民大学《经济理论与经济管理》杂志主编，中华外国经济学说研究会副会长，北京外国经济学说研究会会长兼法人代表，国家社会科学基金学科规划评审组专家，教育部马克思主义理论研究与建设工程《当代西方经济学流派》首席专家。首届（2003年）国家级教学名师。享受国务院特殊津贴专家。先后获中国人民大学十大教学标兵和十大科研标兵荣誉称号。主要研究领域有宏观经济理论与政策、公共选择理论、新政治经济学、欧洲经济与货币联盟。1998年和2006年分别在丹麦奥尔堡大学和美国斯坦福大学做访问学者和高级研究学者。2015年秋季学期应邀在韩国成均馆大学中国大学院执教。在 Chinese Education and Society、Frontiers of Economics in China、Journal of Applied Mathematics、Journal of Rural Studies，《中国社会科学》《经济研究》等国内外期刊发表学术论文220多篇，出版个人专著8部，译著4部。主持国家社科基金重大项目1项，国家社科基金重点项目2项，一般项目3项；国家自然科学基金重大项目1项；教育部重点项目1项，一般项目1项，教育部重点研究基地重大项目1项；北京市精品建设教材项目1项；教育部精品视频公开课1项。获省部级科研成果个人一等奖1项，个人二等奖4项；获省部级教学成果一等奖1项（排名第一），二等奖4项（其中1项排名第一）；获孙冶方经济科学著作奖（与他人共同获得）、中国消费经济学学会优秀成果奖和刘诗白经济学个人论文奖各1项。

从1949年10月中华人民共和国成立到1978年改革开放，中国的（理论）经济学只有政治经济学，当时高等学校讲授政治经济学课程的教材是从苏联引进的，权威教材是斯大林主持的、苏联科学院经济研究所编写的1954年8月出版的《政治经济学教科书》①和1952年斯大林发表的《苏联社会主义经济问题》。当时在中国大学讲授经济学时，通常只讲政治经济学，只有在两种情况下才会讲到西方经济学（当时称作"当代外国资产阶级经济学说"）：一是在经济思想史这门课程中，因为要讲马克思主义政治经济学的创作史和发展史，不能不讲亚当·斯密和大卫·李嘉图，不能不讲约翰·斯图亚特·穆勒和阿尔弗里德·马歇尔。这种从历史（实际上是劳动价值论和剩余价值论的发展史）的角度来讲西方经济学，是为了解释马克思主义政治经济学的理论源流，或者是为了和马克思主义政治经济学的某个理论进行比较分析，并以马克思主义政治经济学的某个理论为原则或标准来评判西方经济学的相关理论。二是在政治经济学的课堂上，把相关的西方经济学流派或理论作为政治经济学的对立面或批判的靶子来讲，一般不从正面介绍和讲授西方经济学的某个流派和某种理论，更谈不上系统地讲授西方经济学了。在中国改革开放前30年里，商务印书馆出版过由北京大学、中国人民大学和中国社会科学院樊弘、严仁赓、巫宝三、罗志如、胡代光、高鸿业、范家骧、孙世铮、黄范章等先生编写的《凯恩斯主义》②《垄断经济学》《经济计量学》和《人民资本主义》4本专题小册子③，1964年出版了季陶达主编的《资产阶级庸俗政治经济学选辑》，1965年出版了王亚南主编的《资产阶级古典政治经济学选辑》，人民出版社于1965年出版了鲁友章和李宗正主编的《经济学说史》（上册）。除此之外，中国高校、科研单位和出版界没有组织编写和出版过西

---

① 1955年6月该书由人民出版社出版中文版。
② 当时还有好几本中国学者编写出版的《凯恩斯主义》，例如杨雪章编写的《凯恩斯主义》。
③ 这套小册子原计划出5本，其中的《福利经济学》因故到1984年才出版，书名改为《西方福利经济学述评》。

方经济学教科书或参考资料；除了商务印书馆分别于 1964 年和 1965 年翻译出版了阿尔弗里德·马歇尔的《经济学原理》上下册以外，也没有完整地翻译、出版过西方学者写的经济学教科书，更谈不上出版 20 世纪 30 年代以来的现代西方经济学教科书了。改革开放前 30 年，中国高校财经类各专业，既没有西方经济学的课程设置，也没有中国学者编写、引进、翻译的现代西方经济学教科书。

改革开放前，我国实行的是高度集中的（社会主义）计划经济体制，我们把（资本主义）市场经济（那时叫作"商品经济"）及其理论视作计划经济的对立面加以排斥；由于在意识形态上强调阶级划分和阶级性，我们把西方学者（除了马克思和恩格斯等马克思主义经典作家以外）提出的经济学说统统定性为"资产阶级经济学说"，把 19 世纪 30 年代以后的西方经济学一律归入"资产阶级庸俗经济学"门下。这就使得在改革开放前 30 年，西方经济学在中国只有遭排斥、遭批判和被全盘否定的命运。

一　引进西方经济学的历程回望

1978 年 12 月，中国共产党十一届三中全会做出了一个具有历史意义的重要决策：全党工作的重点从阶级斗争转移到社会主义现代化建设上来，实行改革开放。正是这个伟大决策启动了中国改革开放的历史进程。

1978 年 12 月 16 日，中美两国同时发表《中华人民共和国和美利坚合众国关于建立外交关系的联合公报》，1979 年 1 月 1 日起中国和美国正式建立外交关系。1979 年 1 月 28 日，邓小平应邀访问美国。这标志着中国由过去的闭关锁国转向对外开放，标志着中国已经做好了迎接外国科学技术、机器设备、资本、产品、人员和其他优秀成果进入中国的准备[①]。

改革开放40年来，中国引进西方经济学的标志性事件主要有以下几件。

1. 萨缪尔森《经济学》中译本出版

随着1979年正式启动改革开放，正像进口外国机器设备和产品一样，西方经济学被引进中国。1979年1月，商务印书馆出版了由中国人民大学高鸿业教授翻译的保罗·萨缪尔森的《经济学》（英文第10版）[②]。这是中华人民共和国成立以来中国内地翻译出版的第一本完整的微观经济学和宏观经济学教科书。这本书一出版就洛阳纸贵，恢复高考后进入大学的77级和78级经济类管理类专业的学子争相购买，新华书店门前常常排起长队。萨缪尔森《经济学》的翻译出版标志着中国由全面排斥西方经济学到完整地引进西方经济学的历史性转折，标志着西方经济学开始进入大学课堂，西方经济学教材开始进入大学生的书包和经济学者的书架，中国经济学教学和研究的知识结构开始发生变革。

从商务印书馆1964~1965年翻译出版马歇尔《经济学原理》到1979年翻译出版萨缪尔森《经济学》，其间我们对西方主流经济学教科书内容体系的了解中断了将近90年[③]，也可以说，中国经济学界与西方主流经济学已经隔绝了将近90年。在商务印书馆出版萨缪尔森《经济学》中译本之前，除了高鸿业等为数极少的"海归"学者以外，中国经济学界几乎不知道萨缪尔森《经济学》已经出版发行了10版。

---

① 改革开放之初，中国引进的经济学主要还不是来自欧美的主流经济学，而是来自苏联和东欧这些社会主义国家的经济学家的理论，例如波兰经济学家奥斯卡·兰格和弗·布鲁斯、捷克斯洛伐克经济学家奥塔·锡克、匈牙利经济学家亚诺什·科尔内等人的经济理论和改革主张。本文主要研究1978年以来中国引进欧美（西方）主流经济学的进程。

② 萨缪尔森《经济学》英文第10版的中文全译本分上、中、下三册，分别于1979年、1981年和1982年由商务印书馆出版发行。

③ 马歇尔《经济学原理》初版于1890年，萨缪尔森《经济学》第10版出版于1976年，其间相隔86年。

2. 中华外国经济学说研究会成立

为了适应引进和研究西方经济学的需要，1979 年 5 月，北京大学陈岱孙和厉以宁、中国人民大学李宗正和吴易风、辽宁大学宋则行、复旦大学吴斐丹和宋承先、湖北省社会科学院张培刚（后来调往华中工学院即现在的华中科技大学）、武汉大学刘涤源和王治柱、中国社会科学院朱绍文等 17 位研究西方经济学的学者齐聚杭州，决定发起成立"中华外国经济学说研究会"[①]。1979 年 9 月，这个研究会正式成立。这是一个全国性的从事西方经济学教学和研究的学术团体，其基本宗旨是：①在马克思主义和毛泽东思想的指导下，研究外国经济学说史和当代外国经济学说；②批判资产阶级的庸俗经济理论和修正主义经济理论；③学习外国经济学说中对于我国社会主义经济建设有用的东西，吸取一切可供我国借鉴的东西。

中华外国经济学说研究会是中国引进、研究和传播西方经济学的主阵地和核心平台。研究会的成立对西方经济学的引进和传播发挥了积极的推动作用，研究会成立当年就组织专家学者主办了"国外经济学讲座"（见下）。1979 年 11 月，研究会组织业内专家学者翻译的《现代国外经济学论文选》（以下简称《论文选》）第一辑由商务印书馆出版。这套《论文选》由研究西方经济学的专家学者对当时在国外（主要是欧美）有重要影响的经济学理论和流派的代表作进行遴选，然后译成中文，按专题由商务印书馆编辑出版，第一辑收录的主要是西方经济学家研究凯恩斯主义和货币主义的代表性论文，第二辑收录的是萨缪尔森、库兹涅茨、阿罗、哈耶克、弗里德曼等 7 位诺贝尔经济学奖获得者在诺奖颁奖典礼上的演讲稿，第五辑收录的是西方学者研究供给学派的代表性论文……从 1979 年到 1997 年，《论文选》共出版 17 辑[②]，内容涵盖了西方主流经济学和非主流学派的理论

---

① 最初叫"外国经济学说研究会"。
② 由于我国分别于 1992 年 10 月加入联合国教科文组织《世界版权公约》和 2001 年 12 月加入 WTO《与贸易有关的知识产权协定》，这套《论文选》就因涉及版权问题无法继续出版了。

以及西方学者对这些理论的研究和评价，还包括西方学者对马克思主义政治经济学的研究。在20世纪80年代，信息传播还不太发达，我国中青年经济学者大多英文水平还不高，这套《论文选》的编选出版对促进西方经济学在中国的传播和研究发挥了很大作用。

3. 举办国外经济学讲座

1979年11月，受国务院财政经济委员会经济理论和方法小组的委托，刚成立不久的中华外国经济学说研究会在北京大学举办"国外经济学讲座"，系统介绍和评价国外的主要经济学说和流派，其内容相当广泛，几乎涵盖了国外理论经济学和应用经济学的方方面面。这个讲座从1979年11月开始，到1981年春天结束，每周讲授一次，共60讲，由来自北京、上海、天津、沈阳、武汉等地的43位学者主讲，听众有高校教师、在校大学生、参与经济改革和从事政策研究的政府官员和专家学者、企业管理者、新闻出版界人士。这个系列讲座的讲稿旋即由中国社会科学出版社以《国外经济学讲座》为书名，于1980年7月至1981年12月分四册在国内出版发行。这个讲座和这套《国外经济学讲座》丛书对于在中国启蒙和普及西方经济学知识，推动对西方经济学的学习和研究发挥了重要作用。

4. 颐和园计量经济学讲习班

1980年6月24日至8月11日，有"计量经济学之父"之称的美国宾夕法尼亚大学教授劳伦斯·克莱因（Lawrence Robert Klein）[①]受时任中国社会科学院副院长兼经济研究所所长许涤新之邀率领7位美国经济学教授来中国举办计量经济学讲习班，开班仪式在全国政协礼堂举行，授课地点在北京西郊颐和园昆明湖南边的蓬莱岛，故称"颐和园计量经济学讲习班"。在这个讲习班上，这7位美国教授每人讲课一周，克莱因教授主讲计量经济学导论、美国经济计量模型，宾夕法尼亚大学安藤教授主讲应用计量经济学，斯坦福大学刘遵义教授主讲需求分析、生产理论和中国经济

---

① 1980年因在计量经济学方面的贡献获得诺贝尔经济学奖。不过，克莱因来颐和园举办计量经济学讲习班时还未获奖。

计量模型研究，斯坦福大学安德森教授主讲概率论和数理统计分析方法，普林斯顿大学邹至庄教授主讲经济计量和控制理论、需求函数，纽约市立大学粟庆雄教授主讲宏观经济计量模型，南加州大学萧政教授主讲经济计量方法。包括北京大学的胡代光、杜度、厉以宁，华中工学院的林少宫，铁道研究院的茅于轼，中国社会科学院的张守一和乌家培（他二人也是这个讲习班的组织者）在内的100多位中国学者参加了这个讲习班，接受了计量经济学培训。由于计量经济学是现代西方经济学（特别是凯恩斯主义宏观经济学）、统计学和数学相融合而衍生出来的一个新的交叉学科，而当时中国经济学界已经和西方经济学隔绝了几十年，绝大多数学员由于西方经济学功底欠缺而感觉听课困难。为了补短板，讲习班的组织者又安排胡代光和厉以宁二位老师晚上给大家补西方经济学课，同时安排华中工学院的李楚霖老师给大家补数学课。这个讲习班标志着作为现代经济学的主要标志物（分析工具）的计量经济学被引进中国。

5. 米尔顿·弗里德曼第一次访问中国

1980年9月22日至10月12日，应中国社会科学院世界经济与政治研究所所长、中国世界经济学会会长钱俊瑞先生的邀请，美国经济学家米尔顿·弗里德曼（Milton Friedman）第一次访问中国，并在北京、长春、上海、桂林等地发表演讲和参观考察。这是第一位访问中国的获得诺贝尔经济学奖的经济学家。

弗里德曼在中国几场讲座的内容主要是关于市场机制有效性和优越性分析、通货膨胀原因分析和通货膨胀治理（政策建议），以及对中国实施改革开放步骤的建议。

弗里德曼的来访，使中国经济学家有了与西方经济学家面对面进行交流的机会，这给刚刚在中国兴起的西方经济学热又加了一把火。此后，翻译出版的西方经济学教科书、著作和论文越来越多，西方经济学开始进入大学课堂。

6. 中国人民大学和复旦大学"福特班"

1983~1984年，应中国教育部（当时称"国家教育委员会"）邀请，美籍华人学者、普林斯顿大学邹至庄教授联合哈佛大学中国系德怀特·帕金斯（Dwight Perkins）教授共同发起一年期的（西方）经济学研究生课程班项目，经中国教育部批准，项目由"（美国）美中经济学教育研究委员会"和"（中国）中美经济学教育研究合作委员会"联合组织实施，委托中国人民大学经济学研究生培训中心举办。美方委员会主席是邹至庄教授，中方主席是时任中国人民大学副校长的黄达教授。这个项目由中国教育部和美国福特基金会共同提供资金支持，其中福特基金会每年资助90多万美元，所以这个研究生课程班又被称为"福特班"。

1985~1996年"福特班"在中国人民大学连续举办10期，1987~1993年又在复旦大学举办5期。最初参与项目的是中国人民大学、北京大学、南开大学、武汉大学、复旦大学、吉林大学、厦门大学这7所高校，后来扩展到其他高校。进入福特班学习的学生，首先由这7所高校在本校硕士研究生中遴选出候选人，然后再参加由中国人民大学组织的统一考试，考试科目有数学、英语和经济学，合格者才被录取为福特班学员。邹至庄给福特班设定的培养目标是经济学掌握程度达到美国大学研究生水平，希望在中国培养一批毕业后能够胜任西方经济学教学的教师。福特班实际上是美国学者在中国举办的西方经济学师资培训班。根据这个目标定位，"福特班"的课程设置和当时美国一流大学的研究生经济学专业是相同的，当时开设的课程有微观经济学、宏观经济学、计量经济学、国际经济学、发展经济学、国际金融学、国际贸易学、货币银行学、产业经济学、劳动经济学、福利经济学、应用统计学、投资经济学、公共财政学和博弈论等。福特班直接使用英文原版经济学教材，有些教材是当时美国大学经济学专业博士一年级基础课所用的教材，例如吉拉德·德布鲁（Gerard Debreu，1983年诺贝尔经济学奖获得者）的《价值理论》，威廉·F.夏普（William F. Sharpe，1990年诺贝尔经济学奖获得者）的《投资学》，并用英语授课。福特班的主讲教师主要是从北美、欧洲和澳洲各大高校选聘的，美国教授居多。10年间先后有81位外教来福特班授课，其中许多是世界一流经济学家，还有已经获得或后来获得诺贝尔经济学奖的著名经济学家，例如，蒙代尔（Robert A.Mundell，1999 年获奖）、恩格尔（Robert F.Engle，2003 年获奖）、赫维兹（Leonid Hurwicz，2007 年获奖）、迪顿（Angus Stewart Deaton，2015 年获奖）。1985 年在中国人民大学举办的首期福特班讲课的教师可以说是名家云集，他们有丹尼尔·休茨（Daniel Burbidge Suits）、陈顺源（Kenneth Shun-Yuen Chan）、里奥尼德·赫维兹（Leonid Hurwicz）、李汉民（Elizabeth Lee）、邹至庄、理查德·匡特（Richard Emeric Quandt）、安格斯·迪顿（Angus Stewart Deaton）、罗伯特·恩格尔（Robert F. Engle）。

由于当时中国实行的还是 6 天工作制，所以福特班每周前五天由外教讲西方经济学，周六请中国教授讲政治经济学、社会主义经济理论和经济体制改革等课程。担任周六课程的教师都是中国人民大学的名教授，包括黄达、卫兴华、王传纶、吴树青、高鸿业、余学本等。

10 年间，（美国）美中经济学教育研究委员会为中国人民大学和复旦大学两个经济学培训中心提供北美最新版本经济学教科书 8000 多册，为 7 所项目创始学校提供了 2000 多册经过挑选的最新版教科书、工具书和参考书。

福特班一共办了 10 期，共招收学生 618 名（其中复旦大学福特班共招收 201 名）。其中大约四分之一的学员结业后赴欧美继续深造。据福特班开班 30 周年时粗略统计，这 600 多位学员，后来在国外发展、在中国大学执教和在中国从事其他工作的大约各占三分之一。

7. 中国学者编著的第一本西方经济学教科书

1983 年 1 月，由刘涤源和谭崇台主编的《当代西方经济学说》在武汉大学出版社出版，这是改革开放以来，也是中华人民共和国成立以来由中国学者编写的第一本西方经济学教科书[①]。该书共有 19 章，第一章导言，

---

① 1982 年 6 月商务印书馆出版了胡代光和厉以宁编著的《当代资产阶级经济学主要流派》，该书介绍和评论了 8 个经济学流派。由于该书没有微观经济学和宏观经济学原理的内容，所以它只能算作经济学流派教科书，而不是西方经济学原理教科书。

第二、三章是微观经济分析，第四、五章是宏观经济分析，第六、七章分别是经济计量学和经济预测理论与方法，第十、十一章是发展经济学，余下8章介绍了8个西方经济学流派（包括主流派和非主流派）。

按照今天的规范来衡量，该书还不是标准的西方经济学教科书，因为它的主要内容是介绍西方经济学流派，微观经济学和宏观经济学原理所占的比例很小，并且微观经济学和宏观经济学的内容也不完整。但是，它当时是一本内容最丰富的西方经济学教科书。该书作者大多是中华人民共和国成立以前留学美国的"海归"学者，如吴纪先、张培刚、刘涤源、谭崇台、李崇淮、王治柱、朱景尧，还有从苏联留学回来的傅殷才。他们都是学贯中西的饱学之士，也是国内一流经济学者，由他们撰写的这本教材，其内容具有权威性和前沿性。

中国学者编写的第一本比较规范的西方经济学原理教科书当数厉以宁和秦宛顺编著的《现代西方经济学概论》（1983年11月北京大学出版社出版），该书分上下篇，上篇15章是微观经济学和宏观经济学原理，下篇15章是上篇15章内容的数学推导。

第一本基础性的西方经济学教科书是梁小民编著的《西方经济学导论》，该书于1984年7月由北京大学出版社出版。

由国家教育部组织编写的第一本西方经济学教科书是高鸿业教授主编的《西方经济学》[①]。该书分两册，分别是微观经济学部分和宏观经济学部分。该书以体系完整、内容丰富、层次分明、逻辑性强而广受学生和读者欢迎，是迄今为止中国学者编写的最流行、发行量最大的西方经济学教科书。

由中共中央宣传部组织编写的马克思主义理论研究和建设工程重点教材之一的《西方经济学》（上下册）于2012年12月由高等教育出版社

---

① 第一版1996年2月由中国经济出版社出版，从2001年第二版开始改由中国人民大学出版社出版。在这本教材出版之前，高鸿业和吴易风合作编著的《现代西方经济学》（上下册）于1990年由经济科学出版社出版。

和人民出版社联合出版，该书首席专家（主编）是吴易风和颜鹏飞二位教授。该书的特色是以马克思主义的立场、观点和方法更系统更深入地评析西方主流经济学的基础理论。

8. 经济学者"海归"潮

改革开放推动了中国经济社会的变革和快速发展，这为经济学人的专业研究提供了"田野"（field），从而吸引了大批在国外（主要是欧美）大学获得博士硕士学位的经济学人回国服务。据笔者了解，林毅夫教授是改革开放后从国外学成回国的第一个经济学博士。1986年9月，林毅夫在美国芝加哥大学获得经济学博士学位，1987年9月在美国耶鲁大学完成博士后研究后回国。1988年暑假期间，世界银行资助南开大学举办为期三周的发展经济学讲习班，聘请美国著名发展经济学家古斯塔夫·拉尼斯（Gustav Ranis）教授和中国著名发展经济学家杨敬年先生担任课程主讲，回国不久、刚到国务院农村发展研究中心工作的林毅夫担任拉尼斯的翻译。参加这个讲习班的是来自全国各大学的30多位青年教师（笔者是其中之一）。这个讲习班和1981年8月由中国社会科学院经济研究所组织的由美国学者主讲的西方发展经济学（发展战略）讲习班[①]，促进了发展经济学在中国的普及和传播。

在林毅夫之后，越来越多在国外获得博士硕士学位的经济学人回国，在20世纪八九十年代的出国潮以后，中国自90年代中后期开始出现"海归"潮。

1994年5月，哈佛大学经济学博士、世界银行发展研究部高级经济学家邹恒甫回到他本科就读的母校武汉大学创办武汉大学经济科学高级研究中心[②]，并招收数理经济学和数理金融学两个专业的研究生。1996年，这

[①] 据1981年9月3日《人民日报》消息，这个讲习班当时没有公开主讲者、听课者人数、授课内容和授课持续时间等信息。

[②] 这个中心后来更名为"武汉大学高级研究中心"，现在演化成武汉大学数理经济与数理金融系。

个中心创办国际数理经济学和国际数理金融学本科试验班，面向全国招生。这个中心的教学计划和教学方式采用的是英美模式，使用的教材是英文原版最新教材，授课的教师主要是从海外一流大学和国际机构聘请的知名经济学家。这个中心实际上是中国经济学教学教育改革最早的试验田，它开创了中国大学财经类院系国际化办学的先河。

1994年8月，林毅夫与易纲、海闻、张维迎、张帆和余明德6位"海归"博士在北京大学创办中国经济研究中心（现更名为北京大学国家发展研究院），林毅夫出任主任。这个中心是改革开放以来完全由"海归"经济学博士创办并运作的第一家经济学教学和研究机构。2001年10月，在中国经济研究中心的推动下，首届中国经济学年会在北京大学召开。中国经济研究中心和中国经济学年会对于引进西方经济学、如何把西方经济学运用于中国经济问题研究发挥了引导作用。

2004年7月，上海财经大学聘请美国明尼苏达大学经济学博士、美国德州A&M大学终身教授田国强出任上海财经大学经济学院院长，这是国内大学首例聘请在国外担任教职的经济学者担任经济学院院长一职。田国强出任院长以后，为了实现在上海财大打造一流的经济学教学团队和科研平台的目标，从国外大量招聘海归博士回国工作或做短期讲学访问，并按照美国一流大学经济学专业的课程设置调整教学计划和教学方案，大量引进西方经济学原版教材。此后，"海归"学者或在国外有终身教职的学者担任中国高校经济学院或管理学院（商学院）院长的现象逐渐增多。

大量的"海归"学者回国，改变了中国经济学教学和研究队伍的学缘结构、学位结构和知识结构，改变了中国经济学的研究范式和研究风格，加强了中国经济学界与外国经济学界的联系和交流，促进了中国经济学的教学和研究的发展。

9. 教育部把西方经济学列为财经类专业12门核心课程之一

1986~1987年，当时的国家教委在多年调查研究的基础上，参考美籍华裔经济学家邹至庄、世界银行经济学家和国内一些专家教授的建议，决定把"西方经济学"列为财经类专业的 12 门核心课程之一[①]。此后国家教委组织国内学者编写、出版这 12 门核心课程的教学大纲和教材,并在 20 世纪 90 年代前期在北京大学和中国人民大学等高校开设全国性的财经类核心课程师资培训班。这 12 门核心课程教材除了政治经济学之外,主要是参考英美大学相关课程当时普遍使用的教材内容编写的。这 12 门核心课程的开设,极大地改变了我国财经类专业的课程设置和知识结构,使我国财经类各专业的教学内容和教学水平走上与国际接轨的道路。12 门核心课程的设立也标志着中国政府正式接纳西方经济学成为中国大学财经类专业的必修课程,这也标志着全盘否定西方经济学和一味地批判西方经济学的时代结束了。

10. 引进西方经济学教材和原著

随着改革开放的不断深入推进,特别是 1992 年党的十四大正式确立我国经济体制改革的目标是建立社会主义市场经济体制以后,经济体制改革的需要、财经类核心课程建设的需要、经济研究对新理论和新方法的需要,推动了西方经济学原版教材和论著的引进和出版工作。自 20 世纪 90 年代中期开始,除了以编辑出版"汉译世界学术名著"闻名于出版界和学术界的商务印书馆以外,越来越多的中国内地出版社加入引进西方经济学教材和原著的翻译出版工作。这期间,上海三联书店翻译出版了"当代经济学系列丛书(当代经济学译库)"(后来和上海人民出版社联合出版)、中国人民大学出版社翻译出版了"经济科学译丛""金融学译丛""经济学前沿系列",北京大学出版社翻译出版了"增长与发展经济学译丛"和"经济学精选教材译丛",北京经济学院出版社翻译出版了"诺贝尔经济学

[①] 这 12 门核心课程是:政治经济学、西方经济学、国际经济学、经济数学基础、计量经济学、国际贸易学、国际金融学、货币银行学、财政学、会计学、统计学、发展经济学。后来这 12 门核心课程调整为 10 门,取消了经济数学基础和发展经济学。因为财经类各专业把微积分数学、线性代数、概率论和数理统计等课程列为基础课,经济数学基础就没有必要列为核心课程了。发展经济学在许多高校财经类专业仍然作为必修课或选修课开设。

奖获奖者著作丛书",华夏出版社翻译出版了"二十世纪文库",经济科学出版社翻译出版了"新制度经济学名著丛书",中国税务出版社和北京腾图电子出版社翻译出版了"麦克米伦经济学前沿问题丛书",北京大学出版社、上海财经大学出版社和东北财经大学出版社还出版了英文影印版经济学和管理学类教材。

这些教材的翻译出版和影印出版,极大地丰富了教师和学生的教学用书和参考书的供给,大大缩小了中国经济学教学和研究与西方发达国家的差距。

二 40年来西方经济学在中国的境遇变迁

改革开放40年来,西方经济学在中国的境遇经历了三个不同的阶段,其地位由最初的被批判到现在的被重用,真可谓"冰火两重天"。这个变化过程及其原因颇值得研究。

1. 以批判为主的阶段:1979年到20世纪80年代中期

如前所述,随着中国打开国门,西方经济学伴随着外国产品和设备输入中国。不过,1979年到20世纪80年代中期,少量的西方经济学著作和教材在中国翻译出版或再版,主要不是作为学术产品引进的,而是作为批判的反面材料引进的。西方经济学课程虽然在北京大学、中国人民大学、复旦大学、武汉大学等少数一流大学开设了,但是课程的名称通常是"资产阶级经济学批判"[①],其内容主要是评介西方经济学流派,能够系统地讲授微观经济学和宏观经济学的高校很少。所以这门课程在改革开放之初往往不是独立开设的,而是放在经济学说史这门课中去讲授,或者在经济学流派专题讲座中去讲授。

---

① 据清华大学经济管理学院黎诣远教授回忆,"西方经济学"这个课程和教材名称是1979年他与北京大学陈岱孙先生、闵庆全先生和中国人民大学高鸿业先生商讨后由高鸿业先生确定的。

改革开放初期,虽然经历了真理标准的大讨论,全社会对极"左"思潮进行了深刻反思和批判,人们的思想特别是领导层和学界的思想得到了大解放。但是思想和理念的转变非一日之功,当时在我国哲学社会科学界传统的、保守的思想力量还相当强大。这个阶段在中国大学的经济学教学和研究中,主要还是把西方经济学作为资产阶级庸俗经济学、作为批判的对象来讲授;当时对西方经济学的总体评价是,西方经济学是一种为资本主义制度辩护的、掩盖资本主义基本矛盾的资产阶级庸俗经济学,是反马克思主义的、反社会主义的意识形态,它整体上是错误的,只是其中个别概念和一些方法是有用的,因此我们对西方经济学只能是在总体否定的基础上批判地借鉴。这个阶段对西方经济学的批判、评论基本上是戴帽子式的、贴标签式的,简单化的甚至是粗暴的、谩骂式的,有些批判和否定则是作者违心做出的。

但是,20世纪70年代末80年代初毕竟是进入了改革开放新时代,这个阶段中国学界对西方经济学的评价还是与改革开放前有所不同,评价西方经济学的用词用语在悄悄地发生变化,一些学者开始用委婉的语言肯定西方经济学的有用性和可借鉴性。

凯恩斯的《就业利息和货币通论》(以下简称《通论》)最早是在1957年由三联书店出版中译本的(中文第1版),1963年4月改由商务印书馆出版。1977年商务印书馆重印该书时增加了一个中译本前言。这个前言写道:"约翰·梅纳德·凯恩斯是著名的英国资产阶级庸俗经济学家","凯恩斯的一生,是维护垄断资产阶级统治,反对革命,反对共产主义,反对马克思主义理论的一生。"[1] 这个前言在概括了《通论》的基本观点以后总结道:"显而易见,凯恩斯贩卖的这套理论完全是庸俗的、反科学的。"[2] 前言最后写道:"重印《通论》中译本,正是为了把这部反面教材公之于众,以利于深入开展对凯恩斯主义的批判,在斗争中发展马克思

---

[1] 〔英〕凯恩斯:《就业利息和货币通论》,商务印书馆,第1版,1977年第3次印刷。
[2] 〔英〕凯恩斯:《就业利息和货币通论》,商务印书馆,第1版,1977年第3次印刷。

主义。"① 这种评价大体上是改革开放前中国学界对西方经济学评价的标准版本。

1983年，商务印书馆出版了《通论》中译本第2版，译者和译文与第1版相同，只是更新了中译本前言（写于1980年）。这个前言与1977年重印版的前言出自同一作者，但是其内容已经做了较大的修改。这个新的前言说"约翰·梅纳德·凯恩斯是著名的英国资产阶级经济学家"，删去了中译本第1版前言中的经济学家前面的"庸俗"二字。新的前言在谈到"应当怎样看待凯恩斯的经济理论"时虽然仍然认为："同历史上出现过的庸俗经济学理论一样，凯恩斯学说极其紧密地联系资产阶级政治，为资产阶级专政效劳。"② "凯恩斯是反对社会主义，反对共产主义，维护资本主义制度的。"③ 但是认为"就某些具体问题而言，凯恩斯的有些分析还是可以参考的。"作者举例说，凯恩斯对非充分就业条件下扩大投资可以增加就业的论述、乘数原理、在充分就业达到以后继续扩大总需求会引发通货膨胀的论述，对财政政策和货币政策调节宏观经济的范围、程度和时效的分析，"这些分析反映了实际情况"④。从《通论》这两个版本的中译本前言比较来看，不难发现改革开放前后中国经济学界对西方经济学态度的变化——由过去的完全否定到部分肯定。由此不难推测，1977年那个中译本前言中一些贴标签的定性说法是作者违心而为。

高鸿业先生既是萨缪尔森《经济学》第10版的译者，也是我国著名西方经济学研究专家，他为萨缪尔森《经济学》第10版中译本写的译者序是这个阶段中国学者评价西方经济学的范本。高先生在译者序中写道："尽管从整个体系来看，后凯恩斯主流经济学（即新古典综合——引者）

---

① 〔英〕凯恩斯:《就业利息和货币通论》，商务印书馆，第1版，1977年第3次印刷。
② 〔英〕凯恩斯:《就业利息和货币通论》，商务印书馆，1983年第2版。
③ 〔英〕凯恩斯:《就业利息和货币通论》，商务印书馆，1983年第2版。
④ 〔英〕凯恩斯:《就业利息和货币通论》，商务印书馆，1983年第2版。

基本上没有科学价值,尽管本书仅在个别的概念、论点和方法上具有现实意义,本书仍然不失为一本有用的参考著作,它可以使我们得到许多应该掌握的资料和知识。"①

尽管萨缪尔森《经济学》在中国出版发行以后,主要还是作为批判的靶子,高鸿业先生还发表了"十评萨缪尔森经济学"的系列论文(后来整理成专著出版)来系统地批判以萨缪尔森为代表的新古典综合理论,但是越来越多的学者特别是在校的大学生和研究生还是开始面对现实,认真地阅读和学习这本教科书。他们发现,这本教科书的内容、方法、概念、体系与中国经济学界熟悉的政治经济学完全不同,是一门全新的知识。这本教科书的内容不但通俗易懂,可读性强,而且似乎很有用——能够解释日常的经济现象,能够帮助我们理解许多经济问题。于是,萨缪尔森《经济学》很快在中国流行开来。据统计,1979~1991年,萨缪尔森《经济学》(第10版)在中国先后印刷10次,发行103900套。萨缪尔森随之成为中国经济学界最熟悉、最受追捧的西方经济学家②。20世纪80年代活跃在中国学术界的经济学人,包括当时在读的财经类各专业的本科生和研究生,他们的微观经济学和宏观经济学知识主要都是来自中文版的萨缪尔森的《经济学》。

在这个阶段,中国经济学界的基本共识是,西方经济学不能作为中国社会主义现代化经济建设的指导思想,但是不能否认其中的有些方法、理论和政策主张的有用性。1983年年中,陈岱孙先生在《北京大学学报》(哲学社会科学版)1983年第3期上发表的《现代西方经济学的研究和我国社会主义经济现代化》一文中写道:"现代资产阶级经济学说不能成为发展我们国民经济的指导思想。""由于制度上的根本差异,甚至在一些具体的、技术的政策问题上我们也不能搬套西方的某些经济政策或措施。"但是他

---

① 〔美〕萨缪尔森:《经济学》(第10版)中译本,商务印书馆,1979。
② 萨缪尔森《经济学》第11~19版后来在中国都有中译本出版。

又指出:"在若干主要方面,现代西方经济学的研究对于促进我们经济现代化建设是有用的。"[1]他把这些"有用的"内容概括为五个方面:企事业的经济经营与管理研究,国民经济的综合计划管理,微观经济学中有关市场机制的分析,定量分析方法,对现实的社会经济问题和缺陷的分析。陈先生主张对西方经济学采取一分为二的态度:"我们既要承认国外的经济学在其近年来用于经济现象的分析中所发展的方法、工具等,有足供参考借鉴之处,又不要迷惑于其直接或间接为现存制度作辩解的本质。"[2]陈岱孙先生的这些观点是这个阶段我国学术界对待西方经济学的主流态度,是被绝大多数学者所认同的。

2. 评论与借鉴相结合的阶段:20世纪80年代中后期到90年代初期

1984年10月,中共十二届三中全会通过了《中共中央关于经济体制改革的决定》,提出了社会主义经济是以公有制为基础的有计划的商品经济。由计划经济转轨到有计划的商品经济,由过去把商品经济视作资本主义的专属经济体制转向承认并建立社会主义(有计划的)商品经济,这既是中国经济体制的重大转轨,也是中国主流思想意识的重大转向。经济体制和思想意识这两个转向带动了中国学界对西方经济学态度的转向。

这个阶段中国翻译出版的西方经济学教材和著作越来越多,由中国学者编写的西方经济学教材、中国学者介绍西方经济学的文章也越来越多。与改革开放之初的那几年不同,这一时期中国经济学者对西方经济学进行简单的贴标签、戴帽子式的批判越来越少了,开始注重系统地介绍、评论西方经济学流派、理论和方法,并强调要注意借鉴和吸收西方经济学中对我们有用的内容。

高鸿业教授在这个阶段提出的观点比较有代表性。他主张对西方经济

---

[1] 陈岱孙:《陈岱孙文集》下卷,北京大学出版社,1989,第878~879、880页。
[2] 陈岱孙:《陈岱孙文集》下卷,北京大学出版社,1989,第785页。

学持慎重、认真的态度，在没有深入研究之前不要匆忙下结论。他曾经在一篇文章中写道："对评价西方经济学的问题，应该持慎重的态度。在我们对西方经济学未加深入和彻底理解以前，至少不要轻率地做出结论。因为，评价西方经济学是一件严肃的事情，必须认真加以对待。"[①] 他认为对西方经济学要进行分析，既要吸收、借鉴有益的成果，也要排除、摆脱不良的干扰和影响。

在这个时期，中国经济学者对西方经济学所持的态度总体上是认为西方经济学具有两重性：庸俗性和有用性；西方经济学中庸俗的内容是需要我们加以批判、否定和抛弃的，而其中有用的内容是需要我们借鉴、吸收和采用的。例如，高鸿业强调，一方面，西方经济学是资本主义的意识形态，因而与我国社会主义的意识形态是对立的；另一方面，西方经济学又是资本主义市场经济运行规律的说明，所以对我国的社会主义有计划的商品经济也有可借鉴之处，只是在借鉴时要注意到我国国情与西方之间的差异。因此，高鸿业一方面大声疾呼"不能照搬西方经济学为我改革所用"，"对西方经济学必须讲政治"；另一方面又强调"西方宏观经济政策有不少合理内核可借鉴"，"外国先进的经营管理方法可以借鉴和吸收"。陈岱孙先生在1987年3月发表的一篇题为《关于当代西方经济学评价的几个问题》的文章中进一步把西方经济学的两重性解释为"庸俗性和科学性"。这篇文章写道："当代西方经济学特别是正统派经济学的基本理论体系，是庸俗的，我们应当加以批判。另一方面，当代西方经济学包括理论经济学和应用经济学，又包含着或多或少的科学成分，对于这些，我们应当加以采择和借鉴。"并且该文进一步认为，"这是马克思主义经典作家对待西方经济学的一贯的立场和观点，也是我们研究当代西方经济学的唯一正确的方针"。[②]

在第二阶段，中国经济学界对西方经济学的借鉴和应用主要表现在两

---

① 高鸿业：《高鸿业选集》，山西经济出版社，1999，第511页。
② 陈岱孙：《陈岱孙文集》，下卷，北京大学出版社，1989，第838页。

个方面，一方面是大量介绍、研究和运用西方经济学的产权理论和新制度经济学的其他理论；另一方面是借鉴和应用凯恩斯主义宏观经济理论和政策，建立中国的宏观调控体系，进行宏观调控实践。

1984年10月，中共十二届三中全会通过的《中共中央关于经济体制改革的决定》正式启动了我国经济体制改革的进程，提出经济体制改革的中心任务之一是改革和处理好政府和企业的关系。1986年12月5日，国务院又印发《关于深化企业改革增强企业活力的若干规定》，提出全民所有制大中型企业要实行多种形式的经营责任制，各地可以选择少数有条件的全民所有制大中型企业进行股份制试点。这些改革涉及全民所有制企业的企业制度和产权改革，因而刺激了中国经济学界对西方经济学中的产权理论、企业理论和交易费用理论的介绍和研究。

1985~1986年和1987~1988年两个时期，我国经济遭遇改革开放以来第二次和第三次大的经济波动和通货膨胀。为了控制经济过热，抑制物价过快上涨，中国政府两度实施"双紧"搭配的宏观经济政策：紧缩基本建设投资和减少货币流通量，开始了宏观调控实践。在这个过程中，1987年10月党的十三大报告明确提出要"逐步健全以间接管理为主的宏观经济调节体系"。这种经济形势和经济实践的需要激发了中国经济学者关注凯恩斯主义、货币主义的理论和政策主张。

值得一提的是，1985年，中国国家统计局开始引进西方市场经济国家普遍采用的"国民经济核算体系"（System of National Accounting，SNA）进行国民经济核算，在此之前，中国政府一直采用苏联创建的"物质产品平衡体系"（System of Material Product Balance，MPS）。从理论基础上看，SNA是以西方经济学中的生产四要素论和凯恩斯的国民收入决定论为基础的，MPS则是以马克思主义的劳动价值论和再生产理论为基础的。

随着SNA被采用，西方经济学中的许多概念和术语开始出现在中国的报刊、官方文件和经济生活中，如"均衡""有效需求""效用""边际成本""利润最大化""帕累托标准"……

3. 以应用为主的阶段：20世纪90年代中期以来

1992年1月18日至2月21日，邓小平同志视察武昌、深圳、珠海、上海等地并发表重要谈话以后，中国的改革开放步伐大大加快了。1992年10月，中国共产党第十四次全国代表大会确定我国经济体制改革的目标是建立社会主义市场经济体制；1993年11月，党的十四届三中全会通过了《中共中央关于建立社会主义市场经济体制若干问题的决定》（以下简称《决定》）。全会指出，社会主义市场经济体制是同社会主义基本制度结合在一起的；建立社会主义市场经济体制，就是要使市场在国家宏观调控下对资源配置起基础性作用；要进一步转换国有企业经营机制，建立适应市场经济要求、产权清晰、权责明确、政企分开、管理科学的现代企业制度。邓小平的"南方谈话"和十四届三中全会的《决定》标志着我国的经济体制将由有计划的商品经济转换到社会主义市场经济，同时要建立与这个经济体制相适应的微观基础和宏观调控体系。这种经济体制转轨的需要激发了中国经济学界进一步研究、介绍和应用西方经济学的热情。因为西方经济学的理论和政策的主要内容正是西方发达国家的市场经济实践和经验总结的产物。中国既缺少市场经济实践，也缺少市场经济理论，西方经济学正好可以供我们学习、研究和借鉴。

20世纪90年代中后期，中国经济学界主要关注如下的理论问题：一是市场经济与社会主义的关系，市场经济能否与社会主义制度相结合，如何结合；二是如何认识市场经济的性质、优缺点和运行机制，它与计划经济有什么区别；三是如何构建社会主义市场经济的微观基础，如培育市场体系、完善市场价格机制、建立现代企业制度等。由于要回答这些问题，所以这个时期的中国经济学界更多地介绍和应用西方经济学中的价格理论、产权经济学、企业理论，以及对市场经济制度进行正面论述较多的新古典经济学、新奥地利学派经济学、货币主义等。

在这个阶段，虽然在如何正确对待西方经济学的问题上一直存在争论①，但是进入 21 世纪以来，加入争论的学者越来越少，争论的声音也越来越小了，避开争论而直接应用西方经济学的理论和方法来研究中国经济改革和发展的学者越来越多了。我们观察到，中国经济学界在这个阶段出现了一些明显的变化：一是越来越多的大学分别开设微观经济学和宏观经济学，不再把这些课程称作"西方经济学"，并且许多大学开设了初级、中级和高级微观经济学和宏观经济学。二是大多数教师在讲授微观经济学和宏观经济学时不再进行评论和批判，不再强调它的意识形态色彩和庸俗性，而是注重联系中国实际来进行取舍和讲授。三是在大学财经类课程安排上，政治经济学的课时被削减，微观经济学和宏观经济学的课时得到增加。四是不但微观经济学和宏观经济学课程直接使用的是西方学者编写的教材，而且其他的财经类课程，如货币金融学、国际经济学、计量经济学、财政学，也直接使用西方学者编写的教材。如曼昆的《经济学原理》和《宏观经济学》、萨缪尔森和诺德豪斯的《经济学》、斯蒂格利茨的《经济学》、尼科尔森的《微观经济理论》、瓦里安的《微观经济分析》、多恩布什等人的《宏观经济学》、罗默的《高级宏观经济学》、米什金的《货币金融学》、罗森的《财政学》、克鲁格曼的《国际经济学》、肯尼迪的《计量经济学指南》……都是在中国的大学经常被使用的教科书。五是越来越多的西方经济学的理论、方法和分析工具被直接用于研究中国经济，主要的报纸杂志上的经济类文章绝大多数使用的都是西方经济学的概念、理论和方法。在这个过程中，也存在对西方经济学的概念、理论和方法的滥用、误用和简单套用的现象，因此一些学者提出要把西方经济学"本土化"②和

---

① 这个阶段有三次大的争论，分别是 1994 年、2005 年和 2008 年。1994 年争论的主题是"国有企业改革能不能以科斯等人的产权理论为基础"以及"国有企业能不能股份化"，2005 年的争论由刘国光先生于 2005 年 7 月 15 日发表《经济学教学和研究中的一些问题》谈话引发，2008 年的争论起因于国际金融危机爆发没有被西方经济学家们预测到。

② 林毅夫：《本土化、规范化、国际化》，《经济研究》1995 年第 10 期。

"中国化"[①]。六是学习和研究西方经济学的人越来越多，甚至一些从事马克思主义政治经济学教学和研究的人也改行进行西方经济学教学和研究。在这种局势下，一部分经济学人主张把"西方经济学"更名为"现代经济学"。

值得一提的是，1993年国务院学位办决定设立西方经济学硕士和博士点，教育部也正式把西方经济学增设为（理论）经济学的二级学科。这意味着西方经济学正式被中国政府承认为中国经济学教学和科研体系中的一员。

在这个阶段，中国政府制定的改革开放措施和经济政策似乎越来越多地借鉴和参考了西方经济理论及其政策。1998年和2008年，中国政府为了应对外部冲击带来的经济波动，两度实施以扩大内需为目的的积极的财政政策，这些政策措施是根据中国经济形势和经济发展需要出台实施的，但是从中不难看出凯恩斯主义的影子。2015年，中国政府实施供给侧结构性改革，通过"三去一降一补"来调整优化经济结构，进而通过深化经济体制改革来进一步调整和定位市场与政府关系，以实现市场机制在资源配置中的决定性作用和更好发挥政府作用，最终实现完善社会主义市场经济体制和建成社会主义现代化强国的目标。供给侧结构性改革是中国中长期改革和发展战略，是一场"中国式供给革命"[②]，其中的一些政策和改革措施也参考了20世纪70年代美国供给学派的一些政策建议和里根政府的一些做法，例如结构性减税，削减不必要和过时的规章条例，治理虚拟经济、强化实体经济等。

三 结束语

改革开放40年来，西方经济学在中国的地位和影响发生了颠覆性的

[①] 方福前：《新时期的西方经济学如何"中国化"》，《学术月刊》2006年第3期。
[②] 方福前：《中国式供给革命》，中国人民大学出版社，2018，第1~4、207~210页。

变化。改革开放以前和改革开放初期，西方经济学在中国是被批判、被否定、被排斥的，时至今日，西方经济学在中国不但获得了政府颁发的身份证，而且在经济研究和政府政策制定中被运用得越来越多。

回顾引进西方经济学40年历程，我们不难发现，西方经济学在中国的境遇变迁是与中国经济体制改革进程的重大节点相对应的。1978年实行改革开放以来，中国的经济体制经历了高度集中的计划经济体制、有计划的商品经济体制和社会主义市场经济体制三个阶段，与此相对应，以微观经济学、宏观经济学和西方经济学主要流派理论为主体的经济学在中国分别被称作"资产阶级经济学"或"庸俗经济学""西方经济学"和"现代经济学"，它在中国的境遇也经历了三个不同的阶段，即以批判为主的阶段、评论与借鉴相结合的阶段和以应用为主的阶段。可以看出，西方经济学在中国的境遇变迁是与中国的改革开放需要、与中国发展的需要联系在一起的，是与中国改革开放的广度和深度呈正相关的。

西方经济学进入中国经济学教学科研体系已经40年，但是中国学界在"如何科学地对待西方经济学"的问题上还没有形成共识，分歧和争论一直存在，在一些背景和形势下，分歧会扩大，争论会升级。这些分歧和争论主要涉及四大问题：①如何正确地客观评价西方经济学；②如何处理好西方经济学与马克思主义（政治）经济学的关系；③如何处理好西方经济学与中国实践的关系；④如何处理好西方经济学与中国制度、国情、历史和文化的关系。这四大问题是中国学界在新时代面临的重大课题。

习近平总书记为解决上述四大问题提供了指导性的意见。2016年5月17日，他在哲学社会科学工作座谈会上发表讲话时指出，发展和繁荣中国特色哲学社会科学要善于融通古今中外各种资源，特别是要把握好三方面资源。"一是马克思主义的资源，包括马克思主义基本原理，马克思主义中国化形成的成果及其文化形态，如党的理论和路线方针政策，中国特色社会主义道路、理论体系、制度，我国经济、政治、法律、文化、社会、生态、外交、国防、党建等领域形成的哲学社会科学思想和成果。这是中国特色哲学社会科学的主体内容，也是中国特色哲学社会科学发展的最大增量。二是中华优秀传统文化的资源，这是中国特色哲学社会科学发展十分宝贵、不可多得的资源。三是国外哲学社会科学的资源，包括世界所有国家哲学社会科学取得的积极成果，这可以成为中国特色哲学社会科学的有益滋养。要坚持古为今用、洋为中用，融通各种资源，不断推进知识创新、理论创新、方法创新。我们要坚持不忘本来、吸收外来、面向未来，既向内看、深入研究关系国计民生的重大课题，又向外看、积极探索关系人类前途命运的重大问题；既向前看、准确判断中国特色社会主义发展趋势，又向后看、善于继承和弘扬中华优秀传统文化精华。"① 总书记的这段话实际上指明了我国哲学社会科学发展繁荣的路径。融通好运用好这三方面资源是发展繁荣我国哲学社会科学的有效生产方法，要发展繁荣我国哲学社会科学，这三方面资源缺一不可。对于中国经济学界来说，如何从西方经济学这种国外哲学社会科学资源中分离出提炼出积极成果为我所用，将是我们面临的一项高难度的具有重要意义的课题。

参考文献

1. 〔英〕凯恩斯：《就业利息和货币通论》，商务印书馆，第 1 版，1977 年第 3 次印刷。
2. 〔英〕凯恩斯：《就业利息和货币通论》，商务印书馆，1983 年第 2 版。
3. 〔美〕萨缪尔森：《经济学》（第 10 版）中译本，商务印书馆，1979。
4. 《陈岱孙文集》，北京大学出版社，1989。
5. 《高鸿业选集》，山西经济出版社，1999。

---

① 习近平：《在哲学社会科学工作座谈会上的讲话》，《人民日报》2016 年。

6. 林毅夫:《本土化、规范化、国际化》,《经济研究》1995 年第 10 期。

7. 方福前:《新时期的西方经济学如何"中国化"》,《学术月刊》2006 年第 3 期。

8. 方福前:《中国式供给革命》,中国人民大学出版社,2018。

9. 习近平:《在哲学社会科学工作座谈会上的讲话》,《人民日报》2016 年。

发展经济学在中国:引介、传播与发展

彭 刚

·作者简介·

彭刚，经济学博士，中国人民大学经济学院教授，博士生导师。中华外国经济学说研究会发展经济学研究分会副会长，中国人民大学发展中国家经济研究中心主任。长期从事国际经济学、发展经济学、世界反贫困、经济一体化和中国经济发展理论、战略、政策等方面的教学与研究工作。曾留学意大利经济发展研究院（1987-1989），获得发展经济学硕士学位，美国哈佛大学肯尼迪政府学院 Mossavar-Rahmani 商政研究中心专职研究员（2007-2008）。主要代表作有主编《发展经济学教程》（第三版）（2018）、《彭刚自选集》（2017）、《新入盟成员国与欧盟经济整合研究》（2016）、《世界贫困化问题的经济学分析——理论、战略与政策研究》（2015）、《发展经济学教程》（第二版）主编（2012）、《国际经济学教程》（第二版）（2012）、《稳健东扩 积极整合 协调发展：新入盟成员国与欧盟经济整合研究》主编（2009）、《中国经济发展理论与实践研究》（2004）等；在《新华文摘》《人民日报》《人民论坛》《经济日报》《中国经济时报》《中国人民大学学报》《中国人民大学学报》（英文版）、《经济理论与经济管理》《教学与研究》《经济学动态》等核心刊物上发表论文百余篇。

2018年是中国改革开放40周年。40年来，亿万中国人民在中国共产党的领导下，坚定不移地坚持改革开放的政治方向，百折不挠地探索具有中国特色的社会主义发展道路，众志成城地开创了经济腾飞、富民强国的人间奇迹；同时也在中国发展道路的选择、发展经验的总结、发展模式的探讨等方面，做出了难能可贵的探索与贡献。中国经济的迅猛发展，与发展经济学在中国的引介、传播和发展有着极其密切的联系。40年前，对于国人来说，发展经济学还是一个完全陌生的领域，即使是业内人士，也没有几个人知道发展经济学为何物。而40年后的今天，发展经济学在中国已经是家喻户晓、妇孺皆知。可以说，中国改革开放40年来，在诸多西方经济学的分支学科中，对于中国的经济发展与富民强国贡献最多、影响最大的就是发展经济学了。在我们隆重纪念中国改革开放40周年之际，本文旨在回顾和总结改革开放40年来西方的经济发展理论在中国引介、传播与吸收创新发展的主要历程，并以此致敬那些为了发展经济学在中国的引介、传播与吸收发展做出杰出贡献的先驱和同人。

一 改革开放，"西风"渐进

第二次世界大战以后，整个世界格局发生了重大变革，其中最深刻的变革之一就是民族解放运动的兴起和旧的殖民体系的瓦解。在这一过程中，世界上先后有100多个国家和地区摆脱了殖民统治，获得了民族独立和国家主权。这些国家的人民和政府领导人，在遭受了几十年、上百年的殖民统治之后，第一次掌握了自己国家的命运。以往的经历使他们痛切地认识到，没有经济上的独立，就没有政治上的最终独立。因此，在独立之后，如何迅速发展本国的民族经济，使自己的国家能够自立于世界民族之林，就成为这些年轻国家所面临的首要的、最为紧迫的任务。与此同时，随着现代化传播媒介的发展，广播、电视、互联网的广泛普及和广大第三世界国家普遍实行的对外开放政策，使人们看到、了解到甚至亲身感受到在那些经济先行发展的国家,生活水准有了普遍的提高,认识到人类通过自己的努力可以过上富庶的生活。千百年来在苦难的深渊中无望挣扎的第三世界人民,第一次燃起了强烈的希望,希望迅速发展经济、创造物质财富,改善自己穷困的生活。这使他们对经济发展问题加以深切关注。广大第三世界国家尽管在历史发展、社会形态、经济结构、发达程度等方面存在着这样那样的差别,但都面临着一些共同的问题,需要找出解决问题的方针、政策和措施。于是,如何从共同的问题中找出具有普遍性、规律性的东西,对落后国家的贫困状况做出合乎实际的说明,向落后国家的经济发展提供适宜的战略、道路、政策和措施,就成为历史赋予经济学家的任务。可以说,第二次世界大战后民族独立蓬勃兴起这一划时代的根本性转折,对发展经济学的产生提出了时代的要求。综上所述,我们可以看到,发展经济学是在第二次世界大战后形成的一门新兴的综合性、应用性很强的经济学科。发展经济学通过对各种发展理论和战略、经济体制和可行性对策进行比较的方法,研究不发达条件下经济发展的过程和规律。西方发展经济学的诞生一方面出自发展中国家要求独立自主地发展民族经济、自立于世界民族之林的强烈愿望;另一方面也反映出西方发达国家为使发展中国家走资本主义的发展之路,把它们的未来与世界资本主义体系联系在一起所做的努力。经济学家们为了相互矛盾的目标而研究同一个经济领域的问题,使发展经济学从诞生之日起就没有一个完整统一的理论体系,而成为一种观点彼此相左、意见尖锐冲突的经济学分支学科。这种状况在其他经济学科的研究中是比较罕见的,自然加大了学科研究的难度,也使中国的发展经济学学者承担起更为艰巨神圣的使命,面临更为严峻的挑战。

中国是世界上最大的发展中国家,有着沦为殖民地、半殖民地的痛苦遭遇,富民强国从来是中华志士仁人永不磨灭的梦想。事实上,真正最早系统地研究脱胎于殖民地、半殖民地的不发达国家的经济发展问题的是我国伟大的资产阶级革命先行者孙中山。尽管当时还没有"发展中国家""第三世界"这样的提法,也没有"发展经济学"的概念,然而孙中山的《建国大纲》《建国方略》等著作全面研究并确定了不发达经济的发展战略规划。我国经济学家张培刚教授的《农业国工业化问题初探》(1949)①应该说是第一部从历史和理论上比较系统地研究经济发展问题的专著,曾经荣获美国哈佛大学1946~1947年度最佳论文奖和"威尔士奖金",1949年被收入"哈佛经济丛书"出版,1951年被译成西班牙文,1969年英文本又再版,在国际上,特别是在拉丁美洲影响很大。他的许多观点被后来的拉丁美洲和其他国家的学者所吸收,是真正的发展经济学的先驱人物之一。此外,在第二次世界大战结束的1945年前后,国内学者关心祖国的前途,有不少人撰写了研究中国经济发展问题的著作②。

  发展经济学在中国的广泛传播和迅猛发展是改革开放以后的事情。1979年11月初,为了增加对当代国外经济学及其研究情况的了解,国务院财政经济委员会调查组理论与方法研究小组委托外国经济学说研究会在北京大学举办了"国外经济学讲座",系统介绍当代国外经济学说。就是在这个讲座上,北京大学范家骧教授以"发展经济学"为题第一次将西方的经济发展理论引入了中国高等院校的课堂。在这个讲座中,还有北京师范大学陶大镛教授主讲的"罗斯托的经济成长阶段论"和张培刚教授主讲的"熊彼特的创新理论",这些都是西方发展经济学的经典理论。1985年10月,人民出版社出版了"现代外国经济学说知识丛书",作为丛书之一,中国著名发展经济学学者谭崇台教授撰写了中国第一本系统介绍西方经济发展理论的著作《发展经济学》,从而揭开了发展经济学在中国引介、传播、发展的历史序幕。1988年,陶文达教授撰写的《发展经济学》和杨

---

① 张培刚:《农业与工业化——农业国工业化问题初探:上卷》,华中工学院出版社,1984。
② 如吴景超的《中国经济建设之路》(1944)、翁文灏的《中国经济建设与农村工业化》(1944)、周宪文的《中国经济的两条路线——工业化或农业化》(1945)和谷春帆的《中国工业化通论》(1947)等。

敬年教授撰写的《西方发展经济学概论》先后问世。1989年，谭崇台教授主编的《发展经济学》出版。1991年，张培刚教授的《发展经济学通论》第一卷《农业国工业化问题》出版。1989年，发展经济学被国家教育委员会列为"中国高等院校财经类专业核心课程"。1992年7月，由陶文达教授主编，黄卫平、彭刚副主编的高等学校财经类专业核心课程教材《发展经济学》出版，发展经济学成为中国高等院校财经类专业的必修课。可以说，20世纪80年代末90年代初，是中国发展经济学的春天。有关经济发展的论文、专著、教科书如雨后春笋般出现，数不胜数的本科生、研究生涌入发展经济学的课堂。以张培刚、谭崇台、陶文达、杨敬年为代表的一代中国发展经济学学者为发展经济学在中国的传播与发展做出了重大贡献，培养了整整一代年轻的发展经济学学者。1986年，陶文达教授率先成立了中国人民大学经济发展研究中心；1988年3月，张培刚教授创立了华中科技大学（当时为华中理工大学）经济发展研究中心；1990年，谭崇台教授创立了武汉大学经济发展研究中心。多年来，在老一辈发展学者的带领下，中国发展经济学的园地繁花似锦，硕果累累。

改革开放之初，中国对于发展经济学的了解和学习不仅是通过"引进来"的途径，而且还积极地"走出去"，由国家派出留学生到发达国家系统地学习发展经济学。1985年，袁宝华当时还担任国家经济委员会主任，在他的积极主导下，我国分批派出留学生前往意大利经济发展研究院（ISVE）攻读发展经济学专业硕士学位。1985年至1987年，中国人民大学黄卫平、清华大学孙礼照、国家计划委员会的张勇等六位同志经过两年的刻苦拼搏，全部顺利荣获学位。1987年至1989年，中国人民大学的彭刚、国家科学技术委员会的张群和内贸部的邓红国三位同志经过严格的考核筛选进入这个项目并顺利荣获学位。应该说这是我们国家在改革开放以后最早在西方发达国家系统研读发展经济学理论并荣获学位的学者，并且在学成归国后都成为了各自领域发展经济学研究和传播的骨干与领军人物。黄卫平、彭刚回到中国人民大学后，率先为本科生和研究生开设了发展经济学和发展计划与项目评估等课程；张勇等在国家政府机关工作的同志则集体撰写了《方法与参数》等经济发展理论著作。实际上在改革开放伊始便走出国门去海外留学在今天已成为著名学者的很多经济学家，都是以发展经济学家而蜚声海内外的，诸如林毅夫、海闻、张维迎、卢峰等，随着时光的流逝，这个名单还可以延续很长，很长……

二 致力于创立马克思主义的发展经济学

发展经济学在中国的引介、传播与发展具有起点高、发展快、变革深的特征。纵观 40 年来中国发展经济学学者的不懈努力，其研究的焦点和所取得的成果首先就集中体现在，在总结中国丰富的经济发展实践的基础上，致力于创立具有中国特色的马克思主义的发展经济学。

1985 年，当谭崇台教授撰写中国第一部发展经济学的著作时，就明确提出："我国属于第三世界，是一个发展中国家。在增长和发展过程中，我们已经遇见，今后还会遇见在其他发展中国家出现的类似问题，而我们在过去三十多年中积累了不少成功的经验和令人难忘的教训。如何把我们的经验教训和其他发展中国家的经验教训进行比较、鉴别，在马克思列宁主义指导下，建立起崭新的、科学的发展经济学，更是我国经济学界的重大任务。"[1] 1988 年，陶文达教授在他的研究著作《发展经济学》中，第一次专辟章节，明确提出要"建立马克思主义发展经济学"。在论及发展经济学的出路何在时，陶文达教授强调指出："真正能解释当代发展中国家贫困与落后，真正能解决不发达经济体各种根本矛盾的只有概括马克思主义立场、观点和方法建立的发展经济学。事实将证明，在这个问题上，也只有马克思主义才能取得成就，只有社会主义才能最终使第三世界广大人民群

---

[1] 谭崇台：《发展经济学》，人民出版社，1985，第 183 页。

众摆脱贫困与落后,走上和平与发展的光明大道。"[1] 正是在发展经济学学科建设最根本的问题上,中国的发展经济学学者达成了空前的共识。尽管我国第一代发展经济学家也都在西方接受过严格、系统的经济学训练,并取得过令世人瞩目的研究成果,但是,作为坚定的马克思主义经济学家,他们深知,只有以马克思主义的立场、观点、方法为指导,以发展中国家的发展实践为依据,创建具有中国特色的发展经济学理论,才是发展经济学的真正出路。令人振奋的是,2011年国家教育部马克思主义理论建设工程发展经济学教材立项,由武汉大学、中国人民大学、南京大学、吉林大学、陕西师范大学等高校的资深学者历经七个寒暑,呕心沥血、几易其稿,终见雏形,几代发展经济学学者的宏图大志正在成为现实。

三 发展经济学在中国的新发展

当中国第一代发展经济学学者将西方发展经济学引介给中国读者的时候,他们就在考虑如何赋予发展经济学新的生命。进入20世纪90年代,中国经济发展的辉煌成就更是令一代中国发展经济学学者深受鼓舞。从20世纪80年代末开始,发展经济学的先驱人物、世界著名发展经济学家张培刚教授便连续撰文,探讨建立"新发展经济学"。在题为《发展经济学往何处去——建立新型发展经济学刍议》的论文中,张培刚教授明确提出了建立新型发展经济学的几条基本原则:第一,要扩大研究范围,包括发展中的社会主义国家。第二,要改进研究方法,加深分析程度,并具体提出:首先,要以发展中大国作为重点研究对象;其次,必须从社会经济发展的历史角度探根溯源;再次,必须从发展中国家的本国国情出发,制定发展战略;最后,既要研究采用市场机制的发展中国

---

[1] 陶文达:《发展经济学》,中国财政经济出版社,1988,第419页。

家如印度对计划体制的应用，又要研究原来是计划经济的国家如中国市场取向的改革[①]。1992 年 9 月，张培刚教授主编的《新发展经济学》由河南人民出版社出版，这是一部运用历史的、综合的分析方法，首次试图建立发展中国家自己的发展经济学的学术专著[②]。2002 年 10 月 18 日，"发展经济学与中国的工业化和现代化研讨会暨张培刚教授九十华诞庆贺会"在华中科技大学隆重举行，随后举行了张培刚教授的《农业与工业化》（英文版）再版、《农业与工业化（上卷）——农业国工业化问题初探》、《农业与工业化（中下合卷）——农业国工业化问题再论》以及张培刚教授与廖丹青教授合著的《20 世纪中国粮食经济》四本发展经济学经典著作的首发式。这是张培刚教授倾其毕生精力对经济发展理论进行原创性研究的奠基之作，也是他对发展中国家经济发展事业的卓越贡献。张培刚教授以 70 年对经济发展理论孜孜不倦的刻苦钻研，为中国的发展学者树立起一座不朽的理论丰碑。

1999 年 11 月，谭崇台教授主编的《发展经济学的新发展》一书问世。该书篇幅浩大，内容丰富，几乎囊括了 20 世纪 70 年代以后西方发展经济学学界研究的所有主要成果。书中系统阐述了新增长理论的兴起和发展，详细介绍了新增长理论中知识外溢和"干中学"内生增长的思路、内生技术变化增长的思路、线性技术内生增长的思路、开放经济内生增长的思路、劳动分工和专业化内生增长模式以及知识经济的兴起对经济发展的影响等。书中探讨了与经济发展密切相关的诸如技术创新、市场完善、金融深化、政策调整、体制转换、制度变迁等一系列重大问题。《发展经济学的新发展》不拘泥于传统发展经济学研究领域的约束，对涉及现代经济发展的主要经济学理论如新制度经济学、新历史经济学、经济发展中的寻租活动与寻租理论等都进行了系统的阐述和评价，从而使国内发展学界对西

---

① 张培刚：《发展经济学往何处去——建立新型发展经济学刍议》，《经济研究》1989 年第 6 期；张培刚：《关于建立新型发展经济学的几个问题》，《经济学家》1986 年第 6 期。

② 张培刚：《新发展经济学》，河南人民出版社，1992。

方发展经济学有了更丰富、更深刻的了解和认识，也为创建具有中国特色的发展经济学体系提供了更为广阔的思路与借鉴[①]。

四　林毅夫教授和他的"新结构经济学"

"新结构经济学"这一概念第一次被正式提出，发生在林毅夫教授前往世界银行担任发展经济学首席经济学家、副行长一周年之际。更为确切地讲，是在2009年6月2日举行的世界银行发展经济学部第四次高级经济学研讨会期间，林毅夫教授作题为《新结构经济学——重构发展经济学的框架》的报告时首次明确提出。2011年应邀到耶鲁大学做库兹涅茨年度讲座时，他再次以此为题发表演讲，英文稿发表于同年 *World Bank Research Observer* 的第26卷第2期，成为新结构经济学的纲领性奠基之作。

新结构经济学运用的是现代经济学的方法，主要研究的是经济结构的决定因素、动态内生变化以及对经济发展的各种含义，被认为是发展经济学自第二次世界大战结束后作为独立领域诞生以来逐渐兴起的第三波发展经济学的思潮[②]。林毅夫教授在给他的学生、年轻的发展经济学家王勇所著的《新结构经济学思与辩》一书所作的序言中，在对发展经济学的理论发展进程进行总结评价的基础上，对新结构经济学进行了精辟而又深入的阐述：发展经济学是因两次世界大战之后，为满足许多新摆脱殖民地、半殖民地地位的发展中国家现代化建设的需要，而从现代经济学独立出来的一门学科。第一波思潮结构主义，强调克服市场失灵，主张发展中国家采用进口替代战略，以政府主导的方式直接配置资源，发展发达国家当时拥有的那些资本和技术密集型的现代化大产业。遵循这种政策建议的国家在早期取得了一段时间的投资拉动的增长后，经济便普遍陷入了停滞状态，危

[①] 谭崇台：《发展经济学的新发展》，武汉大学出版社，1999。
[②] 王勇：《新结构经济学思与辩》，北京大学出版社，2017。

机不断,和发达国家的差距继续拉大。

从20世纪80年代开始,经济学界便开始反思结构主义政策失败的原因,由此催生了发展经济学的第二波思潮——新自由主义,强调克服政府失灵,主张按"华盛顿共识",以"休克疗法"推行私有化、市场化、自由化等激进的改革措施,建立像发达国家那样的市场经济体制。其结果却是使众多发展中国家经济面临崩溃,经济增长速度较之前缓慢,危机发生较之前更为频仍。

第二次世界大战后,"亚洲四小龙"和日本是少数追赶上发达国家的成功经济体。从20世纪60年代开始,"亚洲四小龙"开始推行出口导向战略,重点发展传统的劳动密集型加工业,并利用工资优势承接发达国家转移过来的劳动密集型产业,吸引外国资金和技术。当时的主流理论认为,实行这种发展战略的经济体将永远落后于发达国家,然而,它们实现了经济的快速腾飞,成为追赶上发达国家的新兴工业化经济体。

20世纪80年代,中国、越南、柬埔寨等社会主义国家启动改革,采取的是一种务实的渐进式的双轨制,即对原有违反比较优势的大型国有企业继续给予转型期的保护补贴,同时放开传统的、受抑制的劳动密集型轻工业的准入,并设立经济特区和工业园,改善基础设施和营商环境,因势利导促其发展。当时的主流理论认为,这种双轨制是最糟糕的转型方式,但是这些国家在转型中获得了稳定和快速的发展。

迄今为止,没有一个发展中国家是根据主流理论制定的政策而实现成功发展的。少数取得稳定、快速发展的成功经济体,推行的政策从主流理论来看却是错误的。新结构经济学试图从发展中、转型中国家自身的成败经验来总结出一套新的经济发展和转型理论。

新结构经济学的核心思想是,每个时点上的生产力和产业结构是由该时点的要素禀赋及其结构决定的,交通、电力等硬的基础设施和作为上层建筑的制度安排则需与之适应。不同发展程度的国家,要素禀赋状况各异。在发展中国家,资本较为稀缺,劳动力与自然资源相对丰富;在发达国家，资本相对丰富，劳动力资源相对短缺。要素禀赋结构在每个时点是既定的，但随着时间的推移，要素禀赋及其结构将发生变化。新结构经济学的分析逻辑是，任何经济体在每一时点的要素禀赋是该经济体在此时点的总预算，而要素禀赋结构决定着要素的相对价格，并由此决定在那个时点具有比较优势的产业。

新结构经济学认为，结构主义的失败在于不了解产业结构是由要素禀赋结构内生决定的，误认为发展中国家市场中的资本密集型现代化大产业发展不起来是市场失灵所致，因此主张由政府直接动员和配置资源来优先发展资本和技术密集型现代化大产业。但发展中国家的资本相对短缺，在这类产业上没有比较优势，此类产业的企业在开放竞争的市场中缺乏自生能力，只有在政府的保护补贴下才能建立起来并继续生存。所以，结构主义强调的市场失灵，是对发展中国家资本密集型先进产业不能发展壮大的误判。新自由主义的失败则在于，对政府失灵的原因缺乏正确的认识。发展中国家存在的市场扭曲，是政府为保护赶超战略下缺乏自生能力的企业而存在的。若取消保护补贴，缺乏自生能力的企业必将倒闭，进而引发失业和动荡，经济发展无从谈起。同时，一些资本密集型现代化大产业是国防产业的基础。为避免社会动荡和损害国防安全，转型中国家推行了"华盛顿共识"的改革，取消保护补贴后，实施隐蔽的保护补贴，但其效率更低。新结构经济学为渐进式双轨制改革的成功也提供了合理的解释：给予原来优先发展的产业部门中缺乏自生能力的企业以必要的保护，有助于维护经济和社会稳定；放开对原先受抑制的、符合比较优势部门的准入，有利于实现经济可持续增长。符合比较优势的部门的资本快速增长，原先缺乏自生能力的企业逐渐获得了自生能力，当传统部门的企业具备自生能力时，再取消保护补贴，就可以实现向市场经济的过渡。

新结构经济学认为，一个经济体按要素禀赋结构的特性来发展具有比较优势的产业是经济取得稳定、快速、包容发展的最佳途径。企业会按要素禀赋结构所决定的禀赋优势来选择技术和产业的前提是要素价格必须能够充分反映各种要素的相对稀缺性,而这种价格体系只有在充分竞争的市场中才能存在,因此,有效市场是按照比较优势发展经济的前提。随着技术的创新和产业的升级,硬的基础设施和软的制度环境必须随着产业和技术提高的需要而不断完善,因此,在市场经济中,政府必须发挥积极有为的作用,以克服在经济转型升级中必然存在的外部性以及改善硬的基础设施和软的制度安排的协调等市场失灵问题。

发展中国家软、硬基础设施普遍不足,但是,政府的资源和执行能力有限,只能针对所要发展的符合比较优势的产业的需要来完善软、硬基础设施,也就是政府在经济发展过程中必须采用针对特定产业的"产业政策"才能发挥"有为政府"应该有的作用。从历史经验来看,许多产业政策是失败的,但是,尚没有不用产业政策而能成功追赶发达国家的发展中国家,也没有不用产业政策而能继续领先、快速发展的发达国家。我们不能因为有产业政策失败而"把婴儿和洗澡水一起倒掉",否定一切产业政策的必要性。经济学家,尤其是发展经济学家的一个重要职责就是探讨清楚产业政策失败的原因和成功条件,向政府决策者提供参考,以降低产业政策失败的概率。

新结构经济学认为,绝大多数产业政策之所以失败是因为政府所要支持的产业违反了比较优势,这些产业中的企业在开放竞争的市场中缺乏自生能力,需要政府长期的保护补贴,这就导致了资源错配,滋生了寻租和腐败行为。成功的产业政策应该通过因势利导使企业进入具有潜在比较优势的产业,这种产业符合要素禀赋结构的特性,要素生产成本在国际同行业中处于较低的水平。但是在国际竞争中,由于电力、交通基础设施、金融、法制等软硬基础设施不完善,因此企业的交易成本和总成本太高而缺乏竞争力。产业政策的目标就是,通过改善基础设施、金融环境、法制环境等以降低交易成本,并给予先行企业一定的激励以补偿其外部性,将具有潜在比较优势的产业快速发展成为具有竞争优势的产业[①]。

---

① 王勇:《新结构经济学思与辩》,北京大学出版社,2017。

新结构经济学主张在每一个时点上的产业和技术结构内生于在该时点给定的要素禀赋和其结构，合适的硬的基础设施和软的制度安排则内生决定于该时点的产业和技术结构的特征。马克思历史唯物主义主张经济基础决定上层建筑、上层建筑反作用于经济基础，经济基础由生产力和生产力决定的生产关系所组成，一个经济体的生产力反映在其产业和技术，不同的产业会有不同的劳资关系，新结构经济学可以说是在谭崇台、陶文达等中国老一辈发展经济学家所指出的在马克思列宁主义指导下，总结我国和其他发展中国家成败经验基础上建立起崭新的、科学的发展经济学的一个有意义的尝试和努力。

值得庆幸的是，2017年7月8日，第十一届中华发展经济学年会以"供给侧结构性改革与新结构经济学"为主题在山清水秀、人杰地灵的中国温州隆重举行，新一届学术委员会主任林毅夫教授在大会开幕式上为全体与会人员作了题为《新结构经济学、自生能力与新的理论见解》的主旨报告并引发了强烈反响。这届学会的召开标志着林毅夫教授所倡导的新结构经济学在中国发展经济学学术研究领域得到了广泛的认同，中国发展经济学学者对发展经济学理论的研究和探索进入了一个崭新的历史发展时期。尽管当今的中国发展学界对新结构经济学还充满了分歧和争议，但是，新结构经济学的出现代表了中国发展经济学学者在中国40年改革开放、经济腾飞丰富实践的基础上对于发展经济学理论的潜心探索和创新贡献，彰显了以林毅夫教授为代表的中国发展学者在对发展中国家经济发展理论与政策研究的不懈探索中处于领先地位，并在国际经济学界产生了影响。林毅夫教授出版的和新结构经济学相关的 *Economic Development and Transition：Thought，Strategy and Viability*（Cambridge University Press，2009）（中文版《经济发展与转型：思潮、战略与自生能力》，北京大学出版社，2008），*Demystifying Chinese Economy*（Cambridge University Press，2012）（中文版《解读中国经济》，北京大学出版社，2012），*New Structural Economics：A Framework for Rethinking Development and Policy*

（World Bank，2012）(中文版《新结构经济学：反思发展与政策的理论框架》，北京大学出版社，2012），*The Quest for Prosperity: How Developing Countries Can Take Off*（Princeton University Press，2012）(中文版《繁荣的求索：发展中经济如何崛起》，北京大学出版社，2012），*Going beyond Aid: Development Cooperation for Structural Transformation*（Cambridge University Press，2017）(中文版《超越发展援助：在一个多极世界中重构发展合作新理念》，北京大学出版社，2016），*Beating the Odds: Jump-Starting Developing Countries*（Princeton University Press，2017）(中文版《战胜命运：跨越贫困陷阱，创造经济奇迹》，北京大学出版社，2017）6本专著共有11位诺贝尔奖获得者写了18篇推荐序，并且 *World Bank Economic Observer*（2011）、*Development Policy Review*（2011）、*Journal of Economic Policy Review*（2014）等期刊都出过专辑讨论新结构经济学。*Journal of Economic Policy Reform* 由于新结构经济学专辑讨论的引用率高，2016年的影响因子比2014年提高了0.61，在经济学期刊的国际排名中提升了121位。在实践上，新结构经济学获得了许多非洲、亚洲和其他发展中国家经济学界和政府部门的高度重视，并在埃塞俄比亚和卢旺达的工业现代化实践中产生了立竿见影的效果。同时，在波兰于2015年10月上台的法律和公正党也正式宣布将新结构经济学作为波兰经济发展政策的理论基础。

目前，北京大学新结构经济学研究院已经在国内和兄弟院校成立了众多新结构经济学研究中心或研究分院，从雪域边疆到内蒙古大草原，从春城昆明到黑水白山，已经成立和正在达成意向积极筹备的已达23所之多，遍布祖国的大江南北、长城内外。截至目前，三个年度举办新结构经济学的国际夏令营5届、冬令营4届、国际学术研讨会5届，我们高兴地看到，在林毅夫教授和他的团队的不懈努力和辛勤工作下，新结构经济学正在从经济学家的书斋里走出来，成为广大民众改变贫穷现状、走向富裕生活的理论工具。

对国内发展经济学来说，更为重要的是，新结构经济学的提出为中国的发展学者开辟了发展经济学理论研究的新方向、新领域、新课题。林毅夫教授语重心长地对大家反复强调，新结构经济学是一座金矿，号召大家同心协力来挖掘。我们坚信，以林毅夫教授为代表的中国发展经济学的一代新人，必将会以新结构经济学为研究的目标和对象，将中国的发展经济学研究推向一个崭新的境界。

20世纪90年代以来遍及全球的经济发展浪潮，尤其是中国经济发展的强劲势头，给沉闷了多年的经济发展理论带来了新的生机。人们越发认识到，丰富的发展实践有待于总结升华，曲折漫长的发展进程更需要经济发展理论的指导。经济发展包容了如此丰富的内容，牵涉到亿万人的命运，维系着整个世界的安宁，这便从根本上决定了发展经济学终将成为一门最有发展前景的经济学科。也正是由于发展经济学是从如此广袤富饶的实践园地中结出的理论硕果，所以它必然是一个科学、完整、严密的理论体系，舍此便不能完成人类历史赋予它的庄严使命。而要构建这样一个科学的理论体系，又必须以马克思主义的辩证唯物主义和历史唯物主义为指南，坚持用马克思主义的立场、观点和方法来观察、认识、分析中国与世界的经济发展问题。正因为如此，这一任务便落到了中国发展经济学学者的肩上。

改革开放40年，梦想在心、重任在肩的中国人民承负着更为艰巨的发展使命：彻底根除绝对贫困、全面建成小康社会，建设现代化的社会主义强国，任重而道远。在中国这片经济发展的热土上，发展经济学必将进入一个繁荣发展的历史新阶段。

参考文献

1. 张培刚：《农业与工业化（上卷）——农业国工业化问题初探》，华中工学院出版社，

1984。

2. 谭崇台:《发展经济学》,人民出版社,1985。

3. 陶文达:《发展经济学》,中国财政经济出版社,1986。

4. 彭刚,黄卫平等:《发展经济学教程》(第三版),中国人民大学出版社,2018。

5. 林毅夫:《新结构经济学:反思发展与政策的理论结构》,北京大学出版社,2012。

6. 德怀特·H.波金斯等:《发展经济学》(第七版),中国人民大学出版社,2018。

计量经济学引进发展 40 年历史回顾

赵国庆

· **作者简介** ·

赵国庆，中国人民大学经济学院教授、博士生导师，日本京都大学经济学博士。主要研究方向为计量经济学理论与应用。在 *International Journal of Production Economics*，*Japanese Economic Review*，*China & World Economy*，《金融研究》《经济学季刊》《数量经济＆技术经济研究》《统计研究》等国内外专业杂志发表论文60余篇。负责和承担过国家省部委等多个科研项目。浙江大学、华侨大学兼职教授，日本关西学院大学客座教授。中国数量经济学会学术委员会副主任。

改革开放的40年，也是我国计量经济学引进发展的40年。本文主要讨论两个问题：(1)对我国计量经济学引进发展40年历史的回顾；(2)计量经济学在我国发展过程中存在的若干问题及未来计量经济学的发展展望。

一 我国计量经济学引进发展40年历史的回顾

1. 计量经济学发展简史与诺贝尔经济学奖

计量经济学是现代经济学实证分析的重要工具，与经济学其他学科相比，计量经济学的历史较短。1929年10月24日，美国华尔街股票市场暴跌，世界经济危机爆发，以"看不见的手"为核心的亚当·斯密经济学受到挑战，古典经济学被迫作出大幅度的修正。20世纪30年代的全球性经济萧条凸显出政府通过政策手段对经济运行进行干预的必要性，在这一背景下如何对经济政策的效果进行量化研究就显得十分重要。在第一届诺贝尔经济学奖获得者挪威学者弗里希（Frisch）与荷兰学者丁伯根（Tinbergen）的主导下，世界计量经济学会（Econometric society）于1930年在美国成立，英国学者费希尔（Fisher）当选首届会长。计量经济学会的成立是计量经济学诞生的标志。1933年学会杂志 *Econometrica* 创刊，按照弗里希在 *Econometrica* 杂志创刊词所言，"为理解经济现象中的数量关系，统计学、经济理论与数学是必不可缺少的条件，但最有效方法是这三者的统合，而计量经济学正是三者的统合"（裘谷等，2007）。1936年凯恩斯（Keynes）的著作《就业、利息和货币通论》也对宏观经济理论与计量经济学的发展起到重要推动作用。

经济理论的数量化研究是计量经济分析的主要目的，包括经济模型的设计、建立、估计、检验及使用经济模型进行预测和政策评价的整个过程。伴随着经济学的发展，统计学、经济理论、数学已成为理解现代经济生活中数量关系所不可缺少的条件，计算机的日益更新和计量分析软件的多样化又为现代经济的数量化研究提供了强有力的工具,这些条件的组合形成了计量经济分析的基础。计量经济分析的建模过程可概括为如下几个步骤:(1)基于经济理论确立变量之间的因果关系式,(2)收集统计资料,(3)估计模型参数,(4)对模型进行假设检验。计量经济分析的建模过程可用图1所示的流程图表示。

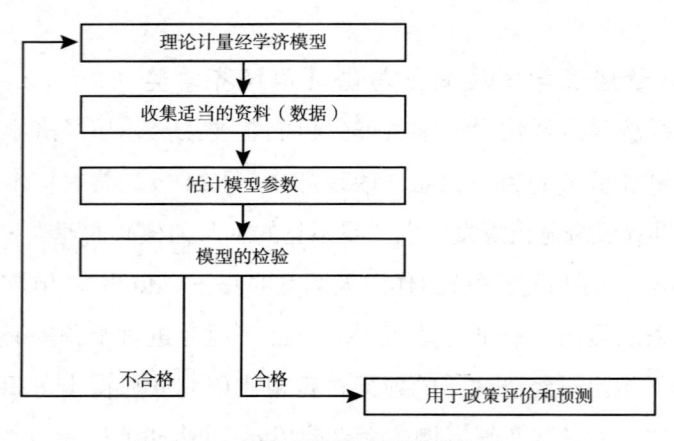

图1 计量经济模型化过程分析

图1中,第一步为理论计量经济学模型的建立,其基于相关经济学理论与数学方法;第二步、第三步与第四步基于相关统计学方法。在第四步中,如果模型通过检验,可应用模型估计结果进行预测与政策评价;如果模型没有通过检验,则需要返回第一步对给出的理论计量经济学模型进行再讨论。

1968年瑞典中央银行成立300周年之际,为纪念诺贝尔增设诺贝尔经济学奖(The Nobel Economics Prize),其全称为纪念阿尔弗雷德·诺贝尔瑞典银行经济科学奖(The Bank of Sweden Prize in Economic Sciences in Memory of Alfred Nobel)。该奖项从1969年开始颁奖,其中,对计量经济学做出突出贡献的诺贝尔经济学奖获得者如下:1969年弗里希(R. Frisch)与丁伯根(J. Tinbergen),获奖理由为经济分析中动态模型的运用与发展;

1973年列昂惕夫（W. Leontief），获奖理由为经济研究中投入产出分析方法的运用与发展；1980年克莱因（L. R. Klein），获奖理由为在经济波动与经济政策中成功运用计量经济模型；1984年斯通（R. Stone），获奖理由为国民核算体系的创建与基础数据统计方法的发展；1989年哈维默（T. Haavelmo），获奖理由为计量经济学概率论基础建立与联立方程体系分析；2000年赫克曼（J. J. Heckman）与麦克法登（D. L. McFadden），获奖理由为选择性样本和离散选择模型分析方法与理论的发展；2003年恩格尔（R. F. Engle）与格兰杰（C.W. J. Granger），获奖理由为时间序列计量经济学中的自回归条件异方差 ARCH（autoregressive conditional heteroskedasticity）与协整（cointegration）分析理论的发展；2011年西姆斯（C. A. Sims）与萨金特（T. J. Sargent），获奖理由为宏观经济学中对成因及其影响的实证研究；2013年汉森（L. P. Hansen），获奖理由为对资产价格的实证分析（广义矩阵估计 GMM，generalized method of moments）。

2. 我国计量经济学的引进与发展

始于1978年的中国改革开放已经过去40年，这40年也见证了我国计量经济学的引进与发展。1979年3月，中国数量经济研究会（1984年更名为中国数量经济学会）在北京成立，来自全国的18位学者就数量经济学有关问题进行了讨论，讨论内容包括：（1）经济学要重视数量和方法的研究；（2）对资产阶级经济计量学如何评价；（3）学科命名问题；（4）数量经济学如何为四个现代化服务；（5）在经济工作中应用的数学方法；（6）建立数量经济研究会与今后工作的设想（彭战等，2010）。中国数量经济研究会成立是计量经济学在我国开始推广的重要标志。1980年6月，由中国社会科学院邀请诺贝尔经济学奖获得者美国宾夕法尼亚大学克莱因（L. R. Klein）教授、斯坦福大学安德森（T. W. Anderson）教授、普林斯顿大学邹至庄（G. C. Chow）教授、斯坦福大学刘遵义（L. Lau）教授、宾夕法尼亚大学安藤（A.Ando）教授、纽约市立大学粟庆雄（V. Su）教授、南加州大学萧政（C. Hsiao）教授组成的专家组在北京颐和园讲学，举办了为期 7 周的计量经济学讲习班，我国有大约 100 名学者参加，参加讲习班的学者大多成为近 40 年计量经济学在我国普及发展的中坚力量。颐和园讲习班是计量经济学在中国发展的重要奠基石，对我国数量经济学的发展起到了重要的、历史性的推动作用（宋健，1991；刘国光，1991）。

  颐和园讲习班之后，在 20 世纪 80 年代，我国学者相继出版了一批计量经济学教材。根据笔者的不完全统计，比较有影响的计量经济学教材有《计量经济学》（张寿、于清文，1984）、《经济计量学基础知识》（张守一等，1984）、《经济计量学——理论与方法》（吴可杰、秦宛顺、赵德滋，1986）、《计量经济学——理论、方法和模型》（唐国兴，1988）。上述教材主要内容为计量经济学的基本知识、理论与方法。这批教材的作者多参加过 1980 年颐和园的计量经济学讲习班。20 世纪 90 年代，具有较大影响力的计量经济学教材为《计量经济学——方法和应用》（李子奈，1992），该教材获得 1995 年度国家教委优秀教材一等奖。

  1998 年 7 月，教育部高等学校经济学学科教学指导委员会把《计量经济学》列为经济学类专业 8 门核心课程之一，这是计量经济学在我国推广普及的一个里程碑事件。根据调查资料，1980 年至 2000 年，我国高等学校财经类专业开设计量经济学课程的比例如下：1980 年为 0，1987 年为 18%，1993 年为 51%，1997 年为 92%，2006 年为 98%（李子奈，2008）。上述资料表明，从 2000 年开始，计量经济学已经成为高等学校经济学专业的核心课程。

  进入 21 世纪后，我国高等学校财经类专业本科与研究生的计量经济学教学体系逐步与国际接轨，一批国际上有影响的主流计量经济学教材被引进，主要包括 *Mostly Harmless Econometrics*（Angrist，2009）；*Econometric Analysis of Panel Data*（Baltagi，2005）；*Microeconometrics: Methods and Applications*（Cameron & Trivedi，2005）；*Econometric Analysis*（Greene，2008）；*Basic Econometrics*（Gujarati，2003）；*Econometrics*（Hayashi，2000）；*Introduction to Econometrics*（Stock

& Watson，2011）；*Introductory Econometrics*：*A Modern Approach*（Wooldridge，2014）；*Econometric Analysis of Cross Section and Panel Data*（Wooldridge，2014）等。上述原本英文教材都有相应的中文译本出版。

同时，我国学者编写的计量经济学教材也有了"量与质"的提升，入选"十一五"与"十二五"普通高等教育本科国家级规划教材的有《计量经济学》（李子奈、潘文卿，2010）、《计量经济学》（庞浩，2014）、《计量经济学》（王少平等，2011）、《计量经济学》（于俊年，2014）、《计量经济学基础》（张晓峒，2007）、《计量经济学》（赵国庆，2008，2016）等。

伴随计量经济学课程在我国大学本科与研究生课堂的普及，对经济问题进行定量分析的重要性得到越来越多经济学者的认同。同时，我国高水平经济类杂志发表定性与定量相结合论文的比例逐年大幅度提升：1984~2007 年于《经济研究》刊发的论文中，以计量经济学模型方法作为主要分析方法的论文占全部论文的比例，1984 年为 0，1992 年为 5%，1998 年为 11%，2004 年为 40%，2005 年为 56%，2006 年与 2007 年均为 53%；《管理世界》在 2000 年全年刊发的论文中，几乎看不到采用计量经济学模型作为主要研究方法的论文，但在 2009 年第 1 期至第 6 期论文中，以计量经济学模型作为主要研究方法的论文占 55%（李子奈、齐良书，2010）。上述现象表明，我国计量经济学研究与应用取得了快速发展。

随着计量经济学在我国的推广与普及，计量经济学科的国际性学术交流也愈发频繁。2006 年 7 月，世界计量经济学会 2006 年远东会议（FEMES2006，*Far Eastern Meeting* of the *Econometric Society*）在清华大学召开，这是世界计量经济学会第一次在中国内地举办会议。本次会议评审录用了来自世界 37 个国家与地区的 400 余篇论文。从 2013 年开始，世界计量经济学会中国会（CMES，China Meeting of the Econometric Society）在我国定期召开。首届世界计量经济学会中国会于 2013 年 6 月在北京大学举行，随后，2015 年、2016 年、2017 年、2018 年的中国会分别由厦门大学、西南财经大学、武汉大学及复旦大学承办。世界计量经济学会除每年在不同地区召开国际会议之外，学会每五年组织一次世界大会，这是全球经济学领域最高级别的学术会议。"2010第十届世界计量经济学大会"由上海交通大学承办，多位经济学家应邀在大会上作主题报告，1500余名海内外经济学者参会。经过多年的努力，我国计量经济学研究与应用进入一个发展与创新阶段。

二　我国计量经济学发展过程中存在的若干问题与未来发展展望

1. 我国计量经济学发展过程中存在的若干问题

从目前我国高等学校的经济学科各专业课程设计来看，已经形成从本科阶段的初级计量经济学，到研究生阶段的中级与高级计量经济学课程体系，计量经济学的教材基本与国际接轨。近十年来，国内众多高等院校的经济与管理学科通过引进年轻"海归"学者进一步加强了计量经济学的教学与研究水平，同时也推动了经济学各个学科研究水平的提升。但是应该注意到，在计量经济分析方法应用十分广泛的今天，在经济学的实证分析中错误和滥用计量经济学模型的现象还较为普遍，主要表现如下。

（1）忽视计量经济学模型的设定条件

模型设定是对计量经济模型进行统计推断的基础，很多实证分析的论文，忽视使用计量经济模型的基本前提与建模准则，不考虑模型设定的前提与适用范围，或者模型的设定过于随意。错误的设定会带来错误的推断，其结果造成模型估计的可信度降低。"改造计量经济学教科书的内容体系，将模型设定作为核心内容之一，是我们面临的一项重要任务。任何计量经济学应用，只有正确设定了回归模型，才能获得成功"。（李子奈和齐良书，2010）

（2）滥用计量经济分析软件

计量经济分析软件的多样化使模型估计变得十分便利，同时也带来经济实证分析中计量软件的滥用。不少建模者忽略了模型适用性与变量本身的经济含义，过度注重参数估计在统计上的显著性，忽视了统计意义上的显著性与实证意义上的重要性的区别。建模者对估计结果的解释显得过于随意，存在对错误问题给出正确答案的现象，其结果只能是建模者的一种自娱自乐。"一项成功的、高水平的经验研究通常具有高度综合性，需要对经济理论、计量方法、数据特征、国别情况及其制度约束有深刻理解，并在上述各环节体现研究的科学性与可信性"。（王美金和林建浩，2012）

（3）过度使用复杂模型

很多实证分析的论文，忘记了计量经济学模型需要保持合理简单性的法则。在应用计量经济学方法时，人为增加不必要的复杂性，存在偏好复杂模型和过度使用复杂数学工具的倾向。对于数据与研究对象而言，计量经济学模型构建的一个重要法则是，要注重简单模型的适用条件与解释能力是否合理。"在过去的20年中，计量经济学理论与实证应用之间隔阂在变大，计量理论越来越复杂，应用计量在某些领域变得越来越简单。"（Heckman，2001）

2. 计量经济学未来发展展望

笔者参加过1995年在东京召开的世界计量经济学大会，1995年东京会议的主题报告与分组会议内容多与时间序列研究有关，当时计量经济学研究热点主要是以时间序列分析为核心的宏观计量经济学。从1995年到2018年的二十余年间，计量经济学在多个领域取得了突破性的进展，其中尤以金融市场计量经济学、面板数据计量经济学、微观计量经济学以及高维数据计量经济学最为显著。从2017年与2018年的世界计量经济学会中国会的主题报告以及不同国家与地区学者的最新研究成果来看，计量经济学已经在上述研究领域取得了长足的进步。

（1）金融市场计量经济学

1997年的诺贝尔经济学奖被授予美国学者默顿（R. C. Merton）与斯科尔斯（M. S. Scholes）以表彰他们在期权定价方法上的创新。早在20世纪70年代，布莱克、斯科尔斯与默顿提出了期权定价模型（Black-Scholes-

Merton option pricing model）。布莱克于 1995 年去世，故无缘诺贝尔经济学奖。上述期权定价模型把股票市场价格波动视为一个随机过程（布朗运动，Brownian motion processes），在一定条件下，通过对随机微分方程求解，可以得到期权价格的溢价。以默顿与斯科尔斯获得诺贝尔经济学奖为契机，进入 21 世纪后，金融市场计量分析方法迅速普及。在这一背景下，我国于 2002 年在五所大学（中国人民大学、武汉大学、厦门大学、中央财经大学、西南财经大学）增设金融工程本科专业；之后在研究生教育层面，于一级学科应用经济学下增设金融工程专业。

资本市场波动率（volatility）的测度一直被视为金融风险管理的核心问题。近年来，随着计算能力提升与高频数据可得性的不断增强，在资本市场波动性的测度研究中，非线性模型在条件波动率预测领域扮演着愈发重要的角色。就现有方法而言，时变条件波动率可以使用 ARCH 族、随机波动模型 SV（stochastic volatility）或在 Risk Metrics 系统中使用指数加权移动平均模型 EWMA（exponentially weighted moving averages，Morgan，1996）进行估计。在 ARCH 族模型中，收益率的条件波动率依赖于滞后收益率实现值与滞后波动率，这意味着在给定前期信息集合的情况下，某时期的条件波动率是完全确定的。诺贝尔经济学奖得主恩格尔提出了 ARCH 模型（1982），并利用其分析了英国通货膨胀率的波动。Bollerslev（1986）对 ARCH 模型进行推广，提出 GARCH 模型（Generalized ARCH）。20 世纪 90 年代，研究者提出了种类繁多的非线性 GARCH 族模型（Nelson，1991；Ding et al.，1993；Glosten et al.，1993；Fornari & Mele，1996），极大地推动了非线性 GARCH 族模型的理论发展。单变量随机波动模型 SV 由泰勒（Taylor，1986）提出。在 SV 模型中，条件波动率是一个随机过程，需要由收益率和条件波动率的联合似然函数积分给出。SV 模型的似然函数涉及多重积分（high-dimensional integration），计算比较复杂。模型的参数估计可利用模拟最大似然 SML（simulated maximum likelihood）方法，首先基于模拟方法估算积分，随后最大化似然函数，得到 SML 估计

（Jungbacker & Koopman，2006）。估计 SV 模型也可利用马尔可夫链蒙特卡罗算法 MCMC（Markov chain Monte Carlo，Broto & Ruiz，2004）与模拟最大似然方法 QML（quasi-maximum likelihood，Harvey et al.，1994）。

种类繁多的模型丰富了研究者的实证选择，但也为研究者带来模型选择的困难。当备选模型组中包含不同函数结构的非线性模型时，可以证明模型平均估计（MA，model averaging）具有最优性，特别在备选模型错误设定的条件下。MA 方法将为描述金融市场时变波动性与资产收益率的不对称性提供有力的实证分析工具（Liu et.al.，2018；赵国庆等，2017；姚青松等，2018）。

如果有一个足够高抽样频率下的数据，那么在任意固定的时间间隔内，其样本方差可以作为条件方差的一个精确估计（Merton，1980）。基于高频数据构建的条件波动率估计值被称为已实现波动率（RV，realized volatility）。在忽略高频数据噪音影响的前提下，可以证明已 RV 为真实波动率的一致估计量（Anderson et al.，2003）。考虑到金融市场的微观结构，高频数据存在噪音在一些情况下是不可避免的，结构噪音的存在使得 RV 估计量失去一致性，且具有较大的偏误。此时，RV 方法面临的问题是如何对观测噪声进行处理（Hansen & Lunde，2006）。诸多研究已经仔细讨论了高频数据下 RV 估计量统计性质（例如 McAleer & Medeiros，2008）。笔者认为，金融市场出现突发事件的情形较多，当金融市场存在多个未知结构突变时，如何提升波动率估计量的稳健性，如何估算高频数据下微观结构噪音的分布，仍是金融市场计量经济学亟待解决的问题。

（2）面板数据计量经济学

面板数据是由横截面与时间序列数据综合而成的数据集合，包含横截面与时间方向的两个维度，也称为时间序列与横截面的合成数据（pooling of time-series and cross-section data）。面板数据计量经济学的历史可追溯到 20 世纪 50 年代利用面板数据估算投资函数问题（Kuh，1959）。由于面板数据描述了不同个体不同时间的行为，面板数据计量经济方法在处理横截面上个体之间的差异性、模型误差项的分解以及模型内生性等问题具有较强的优势（Baltagi，2005；Hsiao，2003；Nerlove，2002），正是这些理由导致面板数据方法在近二十年来备受研究者的关注。

近年面板数据计量经济学的发展集中在以下三个方面：非线性空间面板数据模型、非平稳面板数据模型以及横截面相依面板数据估计与推断（Kao，1999；Levin et al.，2002；洪永淼等，2016）。对于面板数据模型，特别是非平稳面板数据模型的使用存在一些不同观点（Maddla et.al.，2000），但是笔者认为，面板数据计量经济学还存在较大发展空间，特别在非平稳面板数据与因子模型相结合方面，理论与应用上还存在一系列问题。另外，关于截面数据相依性分析也是面板数据未来发展方向之一（Bai，2013）。最近面板数据计量模型的另一个研究热点在于亚组（subgroup）的识别以及组间异质性的分析（Bester & Hansen，2016；Ma & Huang，2017）。研究者面临的研究对象常常可以被划分为若干组别，属于同一组别的个体具有相同或相似的特征。如何对潜在分组进行识别，并进一步对各组的性质进行分析便显得尤为重要。

（3）微观计量经济分析

微观计量经济学分析对象为截面数据与面板数据。21世纪之前，计量经济学研究多围绕宏观计量经济学为中心展开。2000年的诺贝尔经济学奖授予赫克曼与麦克法登，表彰他们在选择性样本和离散选择模型分析方法上的创新。以赫克曼与麦克法登获诺贝尔经济学奖为契机，微观计量经济学理论与方法在二十余年间成为计量经济分析中一个最为活跃的研究领域，已构成现代计量经济学的重要组成部分。

微观数据通常是低水平上的汇总数据，具有容量大、离散与非线性的特征。微观计量经济分析主要使用抽样调查与人口普查数据，与宏观经济时间序列的至多几百个观测数据相比较，微观样本抽样调查可以提供截面及时间方向上数千数万个观测数据，包含更大的信息量。基于微观数据的这些特点，在模型设定尽可能弱的条件下，获得参数可靠性推断是微观计量经济学分析的主要工作。在微观计量经济模型的构建过程中，由于模型中解释变量反映个体决策，变量存在潜在内生性。为减少内生性的影响，可以借鉴工具变量 IV（instrumental variables）分析框架，获得参数的一致估计量。工具变量与内生解释变量相关程度直接影响 IV 估计的性质，研究发现当工具变量和内生解释变量之间相关性很低时，IV 估计的方差变大，且不再渐近服从正态分布（Staiger & Stock，1997；Stock，Wright & Yogo，2002），这一现象被称为"弱工具（weak instruments）"问题。如何提高 IV 估计的有效性，是微观计量经济分析近年关注的核心问题。

为获得经济变量之间稳健的因果关系，处理效应（treatment effect）模型近年来受到研究者的重视（Wooldridge，2002；Imbens，2004；Heckman & Vytlacil，2007）。处理效应最早源于医学中治疗效果的度量问题，研究某一项处理如何对所关注结果产生影响的问题。随着科学化决策的不断推进，政策制定者更加关注政策效应的定量化评估，如就业技能培训是否提高了失业者的就业水平，政府对于教育的补贴是否提高了高校毕业生的职场竞争力，某一工作培训项目如何影响受训者收入，最低工资的政策效应分析及转移支付的影响等。在理想实验中，为了评价某种处理带来的影响，研究者随机地将研究对象划分为实验组与对照组，通过对比不同组别的最终表现，研究者可以评价某种处理所引致的影响。然而在现实世界中，这一评价过程存在一些弊端。由于政策的实施过程具有不可逆性，研究者只能观测到个体接受处理或未接受处理所表现出的最终结果，而不能同时观测到潜在的另一种状态。当实验组与对照组的划分不具有独立性时，比较不同组别的最终产出不能够为处理效应提供一致的估计。针对因果效应与政策效应的度量问题，计量经济学者提出了许多解决方法，包括匹配法（matching）、双重差分法（difference-in-difference）以及断点回归法（RD，regression discontinuity）。匹配法的核心思想在于搜寻个体特征相同或相近的研究对象进行处理效果的比较。此时，是否接受处理独立于研究对象的个体因素，是处理效应能否得到一致估计的关键

（Heckman，et al.，1997；Imbens，2000；Abdie & Imbens，2006）。双重差分法的核心思想在于，当个体间具有相同的时间趋势时，可以通过两次差分以去除个体效应与时间效应，最终得到处理效应的一致估计（Athey & Imbens，2006）。除了匹配法与双重差分法外，断点回归法也是一种常用方法。被研究者是否接受处理受到某种可观测变量的影响，只有当该变量超过某个阈值时，研究者才会受到处理。由于处理跳跃性在阈值处，这种在阈值处接受处理的非连续概率的研究称为断点回归设计。在此情况下，在阈值的某个领域选取比较对象能够有效控制个体差异对处理效应的影响。在现有方法中，存在两种断点回归设计的类型，包括清晰断点（sharp RD）与模糊断点（fuzzy RD）（Hahn et al.，2000；Imbens & Lemieux，2008）。

由于微观数据具有容量大、离散与非线性等特征，使用区间估计与识别方法也是一个重要选择，参数的区间识别和部分识别是一个具有潜力的发展方向（Imbens & Manski，2004；Bugni et.al.，2017；Fan，2018）。此外，分位数回归模型下处理效应的 IV 估计（quantile treatment effect，Abadie et al.，2002；Cai，2018）、双重差分模型下分位处理效应（Callaway et al.，2018）、横截面相关面板数据的处理效应估计与推断，无论在理论层面还是在应用层面都存在一系列需要探寻与解决的问题。

与国际现有的诸多企业与家庭微观调查数据库相比较，我国在微观调查数据库的建设方面存在一定滞后性。近年来，这一情况有所变化，如北京大学中国社会科学调查中心的中国家庭追踪调查数据 CFPS（China Family Panel Studies）、西南财经大学与中国人民银行金融研究所的中国家庭金融调查 CHFS（China Household Finance Survey）等微观抽样调查数据的公开，有利于我国研究者用微观调查数据进行理论与应用研究，并将进一步提升我国微观计量经济学理论与应用的研究水平。

（4）高维数据计量经济学

近年来，高维数据计量经济学受到广泛关注，并逐步成为计量经济分析的主流范式之一。一方面，随着科技水平的不断进步，数据搜集、存储与处理技术迅猛发展，高维数据的可获得性在不断增强。另一方面，社会生产与实践的发展对高维数据分析产生了急切需求。例如，企业进行产品生产时需要考虑消费者对于某种产品的偏好。由于消费者偏好可能受到包括年龄、性别、生活区域、收入水平以及受教育程度在内的大量潜在因素的影响，有效识别这些潜在因素对于消费者消费偏好的影响能够优化企业的供给结构并最终提高企业生产效益。

不同于传统计量经济学的分析框架，在高维数据模型中，建模者所关心的解释变量以及待估计参数个数可能远高于可获得的样本量，这带来了所谓的维数灾难问题（curse of dimensionality）。在高维数据情况下，传统的参数估计方法（例如最小二乘法）可能难以给出唯一的参数估计结果，更不能保证估计结果的一致性或有效筛选出关键解释变量。为了解决上述问题，研究者需要全新的方法与技巧。

对于高维数据模型的早期研究应追溯至 LASSO 算法（least absolute shrinkage and selection operator，Tibshirani，1996）。在线性结构以及稀疏性（sparsity）的设定下，LASSO 通过在损失函数中加入特定的惩罚项并控制惩罚力度保证了参数估计结果的唯一性以及一致性，这弥补了传统计量经济理论在高维数据参数估计以及变量选择方面的不足。随后，LASSO 得到了深入研究与推广（Tibshirani et al.，2005；Yuan & Lin，2006；Zou，2006）。LASSO 在实践领域的巨大成功使得高维分析逐步转变为研究范式，进而被融入包括金融计量模型、时间序列模型、面板数据模型以及微观计量模型在内的大量模型（Fan et al.，2008；Onatski，2009；Belloni & Chernozhukov，2011；Belloni et al.，2014；Kock & Callot，2015；Barigozz et al.，2018）。高维数据计量经济学依然是时下的研究热点与学术前沿。除了对已有模型进行高维化扩展外，其与统计学以及计算机科学的融合以及对其他学科方法的借鉴也是未来的主要发展方向之一。

三　结束语

计量经济学从 20 世纪 30 年代算起已经走过八十余年。在计量经济学理论与计量分析软件工具全面发展的今天，计量经济学已经成为经济理论、统计学、数据与分析软件四要素缺一不可的统合学科。计量经济学作为一门独立的学科取得了迅速发展，其各个分支领域发展至今已臻于成熟；在没有重大理论与实践突破的情况下，现有计量模型很难在短期内实现本质性的突破。在此情况下，计量经济研究展现出强劲的交叉化发展趋势，研究者更加注重多类计量模型或多种方法的融合，如带有结构突变的单位根检验（Kejriwal & Perron, 2010）、基于模型平均方法的处理效应的半参数估计（Kitagawa & Muris, 2016）、面板数据的异质性结构突变估计（Okui & Wang, 2018; Okui & Yanagi, 2018）等。总体而言，多种计量经济模型的交叉与融合对已有模型进行了推广，进一步深化了模型的内涵，也增强了模型的解释能力。更为重要的是，模型的交叉化发展使得新模型更加贴合现实，满足了实证研究者的需求。

实证研究方法论的先进，仍无法代替或克服由于经济系统和经济数据特点所造成的局限性，这使得经济的分析与预测远没有像很多自然科学学科那样精确（洪永淼，2007）。把经济系统和经济变量视为一个随机过程，这是计量经济学学科的重要基石，这也必然带来计量经济学分析的局限性，计量经济学的这种局限性某种意义上也是经济学本身的局限性。在大数据时代下，如何提升计量经济分析模型参数估计的可靠性，减少模型预测结果的质疑，计量经济学者的研究之路依然十分漫长。

参考文献

1. Abadie A., J. D. Angrist, G. W. Imbens, "Instrumental variables estimates of the effect of subsidized training on the quantiles of trainee earnings", *Econometrica*, 2002, 70 (1): 91-117.

2. Abadie A., G. W. Imbens, "Large sample properties of matching estimators for average treatment effects", *Econometrica*. 2006, 74 (1): 235-267.

3. Andersen T. G., T. Bollerslev, F. X. Diebold, P. Labys, "Modeling and forecasting realized volatility", *Econometrica*, 2003, 71 (2): 529-626.

4. Angrist J. D., J.-S. Pischke, Mostly Harmless Econometrics: An Empiricist's Companion. Princeton University Press, 2009.

5. Angrist J. D., J.-S. Pischke, Mastering"Metrics": The Path from Cause to Effect. Princeton University Press, 2014.

6. Athey S., G. W. Imbens, "Identification and inference in nonlinear difference-in-differences models", *Econometrica*, 2006, 74 (2): 431-497.

7. Bai J., "Fixed effects dynamic panel data models, a factor analytical method", *Econometrica*, 2013, 81 (1): 285-314.

8. Baltagi B. H., Econometric Analysis of Panel Data, 3rd ed. John Wiley, 2005.

9. Bester C. A., C. B. Hansen, "Grouped effects estimators in fixed effects models", *Journal of Econometrics*, 2016, 190 (1): 197-208.

10. Barigozzi M., H. Cho, P. Fryzlewicz., "Simultaneous multiple change-point and factor analysis for high-dimensional time series", *Journal of Econometrics*, 2018, 206 (1): 187-225.

11. Belloni A., V. Chernozhukov., "l_1-penalized quantile regression in high-dimensional sparse models", *Annals of Statistics*, 2011, 39 (1): 82-130.

12. Belloni A., V. Chernozhukov, C. Hansen, "High-dimensional methods and inference on

structural and treatment effects", *Journal of Economic Perspectives*, 2014, 28 (2): 29-50.

13. Bollerslev T., "Generalized autoregressive conditional heteroscedasticity", *Journal of Econometrics*, 1986, 31 (3): 307-327.

14. Broto C., E. Ruiz, "Estimation methods for stochastic volatility models: a survey", *Journal of Economic Surveys*, 2004, 18 (5): 613-649.

15. Bugni F. A., I. A. Canay, X. Shi, "Inference for subvectors and other functions of partially identified parameters in moment inequality model", *Quantitative Economics,* 2017, 8 (1): 1-38.

16. Cai Z., "Partial quantile treatment effects model, recent advances in econometric theory and applications", The 3rd BeiHang IEB Forum, June 19, 2018.

17. Callaway B., T. Li, T. Oka, "Quantile treatment effects in difference in differences models under dependence restrictions and with only two time periods", *Journal of Econometrics*, 2018, forthcoming.

18. Campbell J. Y., A. W. Lo, A. C. MacKinlay, The Econometrics of Financial Markets. Princeton University Press, 1997.

19. Cameron C. A., P. K. Trivedi, Microeconometrics: Methods and Applications. Cambridge University Press, 2005.

20. Ding Z., C. W. J. Granger, R. F. Engle, "A long memory property of stock market returns and a new model", *Journal of Empirical Finance*, 1993, 1 (1): 83-106.

21. Engle R. F., "Autoregressive conditional heteroscedasticity with estimates of the variance of United Kingdom inflation", *Econometrica*, 1982, 50 (4): 987-1008.

22. Fan J., Y. Fan, J. Lv, "High dimension covariance matrix estimation using a factor model", *Journal of Econometrics*, 2008, 147 (1): 186-197.

23. Fan Y., "General framework for the estimation, inference, and prediction for interval data", The 8th International Symposium on Econometric Analysis and Forecasting, Jun 23-24, 2018, Dalian, China.

24. Fornari F., A. Mele, "Modeling the changing asymmetry of conditional variances",

Economic Letters, 1996, 50 (2): 197-203.

25. Glosten L. R., R. Jagannathan, D. E. Runkle, "On the relation between the expected value and volatility of the nominal excess return on Stocks", *Journal of Finance*, 1993, 48 (5): 1779-1801.

26. Greene W. H., Econometric Analysis. Prentice Hall, 2008.

27. Gujarati D. N., Basic Econometrics. McGraw-Hill, 2003.

28. Hahn J., P. Todd, W. Vanderklaauw, "Identification and estimation of treatment effects with a regression-discontinuity design", *Econometrica*, 2000, 69 (1): 201-209.

29. Hansen P. R., A. Lunde, "Realized variance and market microstructure noise", *Journal of Business and Economic Statistics*, 2006, 24 (2): 127-161.

30. Harvey A. C., E. Ruiz, N. Shephard, "Multivariate stochastic variance models", *Review of Economic Studies*, 1994, 61 (2): 247-264.

31. Hayashi F., Econometrics. Princeton University Press, 2000.

32. Heckman J. J., "Econometrics and empirical economics", *Journal of Econometrics*, 2001, 100 (1): 3-5.

33. Heckman J. J., H. Ichimura, P. Todd, "Matching as an econometric evaluation estimator: evidence from evaluating a job training program", *Review of Economic Studies*, 1997, 64 (2): 605-654.

34. Heckman J. J., E. Vytlacil, Chapter 70 Econometric Evaluation of Social Programs, Part I: Causal Models, Structural Models and Econometric Policy Evaluation. In Handbook of Econometrics, vol. 6B, eds. J. J. Heckman and E. Leamer, North-Holland.

35. Hsiao C., Analysis of Panel Data (2nd edition). Cambridge University Press, 2003.

36. Imbens G. W., "The role of the propensity score in estimating dose-response functions", *Biometrica*, 2000, 87 (3): 706-710.

37. Imbens G. W., "Semiparametric estimation of average treatment effects under exogeneity: a review", *Review of Economics and Statistics*, 2004, 86 (1): 4-29.

38. Imbens G. W., T. Lemieux, "Regression discontinuity designs: a guide to practice",

Journal of Econometrics, 2008, 142 (2): 615-635.

39. Imbens G. W., C. F. Manski, "Confidence intervals for partially identified parameters", *Econometrica*, 2004, 72 (6): 1845-1857.

40. Jungbacker B., S. J. Koopman, "Monte Carlo likelihood estimation for three multivariate stochastic volatility models", *Econometric Reviews*, 2006, 25 (2-3): 385-408.

41. Kao C., "Spurious regression and residual-based test for cointegration in panel data", *Journal of Econometrics*, 1999, 90 (1): 1-44.

42. Kejriwal M., P. Perron, "A sequential procedure to determine the number of breaks in trend with an integrated or stationary noise component", *Journal of Time Series Analysis*, 2010, 31 (5): 305-328.

43. Kennedy P. E., "Sinning in the basement: what are the rules? The ten commandments of econometrics", *Journal of Economic Surveys*, 2002, 16 (4): 569-589.

44. Kitagawa T., C. Muris. "Model averaging in semiparametric estimation of treatment effects", *Journal of Econometrics*, 2016, 193 (1): 271-289.

45. Kock A. B., L. Callot, "Oracle inequalities for high dimensional vector autoregressions", *Journal of Econometrics*, 2015, 186 (2): 325-344.

46. Kuh E., "The validity of cross-sectionally estimated behavior equation in time series application", *Econometrica*, 1959, 27 (2): 197-214.

47. Levin A., C.F. Lin, C.S. J. Chu, "Unit root test in panel data: asymptotic and finite-sample properties", *Journal of Econometrics*, 2002, 108 (1): 1-24.

48. Li Q., J. S. Racine, Nonparametric Econometrics: Theory and Practice. Princeton University Press, 2007.

49. Liu Q., Q. Yao, G. Zhao "Model averaging estimation for conditional volatility model family", *Unpublished*, 2018.

50. Ma S., J. Huang, "A concave pairwise fusion approach to subgroup analysis", *Journal of the American Statistical Association*, 2017, 113 (517): 410-423.

51. Maddala G. S., Introduction to Econometrics, 2nd ed. Macmillan, 1992.

52. Maddala G. S., S. Wu, P. C. Liu, "Do panel data rescue purchasing power parity (PPP) theory?", Krishnakumar and E. Ronchetti, eds. Panel Data Econometrics: Future Directions, North-Holland, Amsterdam, 2000.

53. McAleer M., M. Medeiros, "Realized volatility: A Review", *Econometric Reviews*, 2008, 27 (1-3): 10-45.

54. Merton R. C., "On estimating the expected return on the market: an exploratory investigation", *Journal of Financial Economics*, 1980, 8 (4): 323-361.

55. 蓑谷千凰彦、縄田和満、和合肇. 計量経済学ハンドブック. 朝倉書店，2007.

56. Morgan J. P. RiskMetrics-Technical Document. J. P. Morgan, New York, 1996.

57. Nelson D. B., "Conditional heteroskedasticity in asset returns: a new approach", *Econometrica*, 1991, 59 (2) , 347-370.

58. Nerlove M., Essays in Panel Data Econometrics. Cambridge University Press, 2002.

59. Okui R., W. Wang, "Heterogeneous structural breaks in panel data models", *SSRN*, 2018, DOI: http://dx.doi.org/10.2139/ssrn.3031689.

60. Okui R., T. Yanagi, "Kernel estimation for panel data with heterogeneous dynamics", *SSRN*, 2018, DOI: https://ssrn.com/abstract=3128885.

61. Onatski A., "Testing hypotheses about the number of factors in large factor models", *Econometrica*, 2009, 77 (5): 1447-1479.

62. 佐和隆光. 数量経済分析の基礎. 日本筑摩書房，1984.

63. Staiger D., J. H. Stock, "Instrumental variables regression with weak instruments", *Econometrica*, 1997, 65 (3): 557-586.

64. Stock J. H., Wright J. H., M. Yogo, "A survey of weak instruments and weak identification in generalized method of moments", *Journal of Business & Economic Statistics*, 2002, 20 (4): 518-529.

65. Stock J. H., M. W. Watson. Introduction to Econometrics. Addison-Wesley, 2011.

66. Taylor S. J., Modeling Financial Time Series. John Wiley & Sons, 1986.

67. Tibshirani R., "Regression shrinkage and selection via Lasso", *Journal of the Royal*

Statistical Society. Series B (Methodological), 1996, 58 (1): 267-288.

68. Tibshirani R., M. Saunders, S. Rosset, J. Zhu, K. Knight, "Sparsity and smoothness via the fussed lasso", *Journal of the Royal Statistical Society. Series B (Methodological)*, 2005, 57 (1): 91-108.

69. Wooldridge J., Introductory Econometrics：A Modern Approach. Cengage Learning, 2012.

70. Wooldridge J., Econometric Analysis of Cross Section and Panel Data. MIT Press, 2014.

71. Yuan M., Y. Lin, "Model selection and estimation in regression with grouped variables", *Journal of the Royal Statistical Society. Series B (Methodological)*, 2006, 86 (1): 49-67.

72. Zou H., "The adaptive Lasso and its oracle properties", *Journal of the American Statistical Association*, 2006, 101 (12): 1418-1429.

73. 洪永淼:《计量经济学的地位、作用和局限》,《经济研究》2007 年第 5 期。

74. 洪永淼、方颖、陈海强等:《计量经济学与实验经济学的若干新近发展及展望》,《中国经济问题》2016 年第 2 期。

75. 李子奈:《世界计量经济学会 2006 年远东会议纪要》,《数量经济技术经济研究》2006 年第 10 期。

76. 李子奈:《计量经济学——方法和应用》,清华大学出版社，1992。

77. 李子奈:《计量经济学应用研究的总体回归模型设定》,《经济研究》2008 年第 8 期。

78. 李子奈:《我国计量经济学发展的三个阶段与现阶段的三项任务》,《经济学动态》2008 年第 11 期

79. 李子奈、齐良书:《关于计量经济学模型方法的思考》,《中国社会科学》2010 年第 2 期。

80. 李子奈、潘文卿:《计量经济学（第三版）》,高等教育出版社，2010。

81. 庞浩:《计量经济学（第三版）》,科学出版社，2014。

82. 刘国光:《把数量经济学运用于中国 90 年代的发展与改革》,李京文、张守一主编《数量经济学的新发展》,社会科学文献出版社，1991。

83. 彭战等:《中国数量经济学的 30 年大事记（1979~2009 年）》,张守一、汪同三、葛

新权主编《中国数量经济学的 30 年》，社会科学文献出版社，2010。

84. 宋健：《数量经济学架起连接人文科学和自然科学的历史桥梁》，李京文、张守一主编《数量经济学的新发展》，社会科学文献出版社，1991。

85. 唐国兴：《计量经济学——理论、方法和模型》，复旦大学出版社，1988。

86. 王美金、林建浩：《计量经济学应用研究的可信性革命》，《经济研究》2012 年第 2 期。

87. 王少平、杨继生、欧阳志刚：《计量经济学》，高等教育出版社，2011。

88. 吴可杰、秦宛顺、赵德滋：《经济计量学——理论与方法》，南京大学出版社，1986。

89. 姚青松、赵国庆、刘庆丰：《非线性 GARCH 族的模型平均估计方法》，《统计研究》2018 年第 6 期。

90. 于俊年：《计量经济学（第三版）》，对外经贸大学出版社，2014。

91. 张寿、于清文：《计量经济学》，上海交通大学出版社，1985。

92. 张守一等：《经济计量学基础知识》，中国社会科学出版社，1984。

93. 张晓峒：《计量经济学基础（第三版）》，南开大学出版社，2007。

94. 赵国庆：《高级计量经济学——理论与方法》，中国人民大学出版社，2014。

95. 赵国庆：《计量经济学（第五版）》，中国人民大学出版社，2016。

96. 赵国庆、姚青松、刘庆丰：《GARCH 族的模型平均估计方法》，《数量经济技术经济研究》2017 年第 6 期。

西方产业组织理论在中国的引进及相关评论

吴汉洪

作者简介

吴汉洪，经济学博士，中国人民大学"杰出学者"、特聘教授、博士生导师。兼任中国人民大学产业经济与竞争政策研究中心主任，中国世界贸易组织研究会常务理事，中国工业经济学会互联网经济与产业创新发展专业委员会副主任委员，北京外国经济学说研究会副会长，比利时鲁汉大学和美国乔治城大学高级访问学者，中国世界贸易组织研究会竞争政策与法律专业委员会高级顾问，国务院反垄断委员会专家咨询组成员，中央马克思主义理论研究和建设工程重点教材《西方经济学》课题组专家。主要从事经济理论与经济政策的教学及研究工作。曾获评"中国人民大学十大教学标兵"、"宝钢教育基金优秀教师"和"北京市高等学校教学名师"等荣誉和称号。其参与编写的由高鸿业主编的教材《西方经济学》被评为"十五"和"十一五"国家级规划教材，该教材曾获评教育部全国普通高等学校优秀教材一等奖、北京市普通高等学校精品教材和第五届吴玉章人文社会科学奖一等奖等。出版有《西方寡头市场理论与中国市场竞争立法》、《垄断经济学》和《横向并购竞争效应评估的经济分析方法》等10余部学术专著和教材，参与或主持了多项国家级和省部级科研项目。

在众多的经济现象中，也许竞争和垄断是最常见的现象，它们深植于人类历史和人类本性之中。人们为了生存而竞争，企业为了获得经济利益而彼此争胜。竞争和垄断是永恒的，也是无处不在的。在当代西方经济学科中，关于市场竞争与垄断的研究被称为产业组织理论（The Theory of Industrial Organization）或产业经济学（Industrial Economics）。产业组织理论通过考察厂商在产业和市场中的行为，以解释产业和市场的运行、绩效以及竞争（垄断）现象。

作为西方经济学的一门分支学科，产业组织理论具有两个特征。一是现实性，该理论通过考察现实的产业和企业所展示的各种现象，用理论来说明各种现象发生的机制。在一些情况下，为了检验理论上的结论与现实是否相符，要用经济计量学等工具来进行实证分析。与微观经济学中对完全竞争的分析不同，产业组织理论更关注现实中的不完全竞争市场中的企业行为。二是政策性，在经济政策中，产业组织理论无论在理论上还是在实证上都对反垄断政策和规制（regulation）政策提供了经济学的依据。

本部分旨在论述西方产业组织理论或产业经济学在我国改革开放过程中的引进情况，并进行评论。

一　西方产业组织理论发展综述

西方产业组织理论不仅历史漫长，而且研究范围广。鉴于本文的目的，下面主要从三个方面对其理论发展进行梳理。

（一）产业组织理论的研究范围

产业组织领域的核心是竞争与垄断以及它们对市场和经济的影响。这一主题又被分为一些具体的专题。根据美国学者谢泼德（W. G. Shepherd）的分类，产业组织理论涵盖如下16个专题。

（1）在正确界定的经济市场中"有效竞争"的含义。这包括界定真实的相关市场、竞争的本质（动态与静态、短期与长期等）、竞争的均衡条件，以及市场不完全的种类和程度。

（2）给定的市场特征和结构是怎样起作用的，其中包括企业所拥有的市场份额。市场份额可能赋予企业以市场支配地位，或者由几家大公司共同构成的市场结构的集中程度所代表。大公司之间的相互影响也很重要。在严格寡头市场结构中，企业之间往往协调配合，而不是相互竞争；但是在松散寡头市场中往往存在激烈竞争。

（3）规模经济，通常表示为平均成本曲线下降的陡峭程度，以及由曲线最低点所代表的最小有效规模（minimum optimum scale），还包括辨别经济与不经济的各种方法。没有一种方法是最好的，但是某些方法会比另一些更为可靠。

（4）企业的本质，无论其规模如何。这包括企业管理者的多种经营目标（短期或长期利润、公司规模、风险规避等），以及决定企业边界的交易成本。

（5）各种类型的合并（水平的、垂直的以及跨行业合并）。其中包括友好合并与恶意收购的区别、合并的动机和本质、何种合并增强或减弱市场力量，以及合并（包括恶意收购）对效率和创新的影响。

（6）各种垂直条件和垂直行为，包括垂直整合、垂直结构、垂直限制和其他垂直控制行为。主要问题是界定和测度垂直条件。

（7）市场之外的"潜在竞争"。这包括潜在竞争是否存在、如何度量，进入（何为进入，如何度量），进入壁垒（如何定义，如何度量），如何界定和测度各种进入壁垒（既包括固有的"外生"壁垒，也包括各种自发的"内生"行为，特别是战略性定价及相关的进入阻止行为）。

（8）竞争的益处和垄断力量的作用。其中包括：(a) 金钱方面的影响，比如价格水平、盈利能力和价格歧视；(b) 经济方面的影响，比如资源配置的效率、X效率、创新、公平问题和垄断的其他影响，以及"效率结构假说"的内涵和测度。

（9）创新的概念。对创新速度、规模和效率的估计，以及竞争和垄断对创新的影响。

（10）竞争带来的其他重要价值，包括选择的自由、公平、稳定和民主等。

（11）对经济中单个行业的研究，从原材料和农业，到制造业、服务业、军事工业等。

（12）博弈论、理论的数学化和各种计量经济模型。对企业、竞争者、消费者和政策制定者在特定条件之下选择的经验研究。

（13）反垄断政策，针对市场支配地位、合并和价格共谋这三种主要的形式。判定何种行为真正有碍竞争，比如价格歧视、"掠夺性定价""提高竞争对手的成本"、合并和联合等。

（14）自19世纪80年代以来的公共规制政策。作为社会企业的规制、对价格和利润的限制、对垄断地位的保护、对效率和投资的不同影响，以及其他反对和赞成规制的理论。

（15）在美国等地对各行业解除规制的政策，解除限制的前提条件，及其利与弊，包括天然气、银行、证券市场、民用航空、铁路、电话通信、邮政、电力、自来水供应等行业。

（16）各类公有企业、非营利的"第三方"组织。如何根据国家持股比例、控制程度和财政拨款数量来确定企业的公有性质，包括各种形态的非营利组织和社会组织。

所有这16个领域及其分支共同组成了产业组织理论庞杂的研究范围。每一领域还包括不同层次，如理论层面、现实层面和研究方法。

（二）产业组织领域的主要流派

围绕着产业组织领域的核心，一个最基本的因果关系显现出来，即市场结构和市场绩效何为"因"，何为"果"。西方学者对这个问题有两种看法,第一种看法是市场结构决定厂商行为与市场绩效。第二种看法与此相反,认为厂商的市场绩效决定其市场地位。早期的主流学者赞成第一种观点,即有什么样的市场竞争(或垄断力量),就会产生什么样的厂商行为和绩效。他们还认为,通常情况下,市场竞争将使厂商具有更加出色的表现,而垄断只会损害市场绩效(提高价格和减少创新)。如在不完全竞争市场中,厂商就可以获得和实施垄断力量,从而损害社会福利。另外,自由市场拥护者认为,厂商只有在比别人更有效、更有创新精神的情况下才能真正获得市场力量。为此,市场必须没有任何缺陷,而自由市场拥护者的确认为市场是完美无缺的。所以,他们认可第二种因果关系,即市场绩效决定市场结构和厂商行为。他们声称,真正的垄断很少发生;而且即便确实存在垄断,其益处也大于坏处;除非政府以干预政策保护垄断,否则垄断不会持续很长时间。这个因果关系问题看似枯燥,晦涩难解,却至关重要。从这个问题产生之日起,学者们的观点就存在着巨大的分歧。因篇幅有限,下面从反垄断政策的视角介绍产业组织领域中两个较有影响的经济学流派,即哈佛学派和芝加哥学派。

从现代意义上看,产业组织的第一次研究高潮始于 20 世纪 30 年代,其主要成果是形成了产业组织理论。在 20 世纪 30 年代前,传统的微观经济学虽然对垄断问题有所涉及,但并未予以足够的重视。针对西方国家企业规模不断扩大的现实,美国哈佛大学的张伯伦(E. H. Chamberlin)和英国剑桥大学的罗宾逊(J. Robinson)于 1933 年分别出版了《垄断竞争理论》(*The Theory of Monopolistic Competition*)和《不完全竞争经济学》(*The Economics of Imperfect Competition*)两部著作,对不完全竞争问题进行了研究,丰富了传统微观经济学中的市场理论。在张伯伦等人的工作影响下,20 世纪 30 年代,哈佛大学的梅森(E. S. Mason)率先开设了产业组织课程。1938 年,以梅森为中心,由贝恩(J. S. Bain)、凯森(C. Kaysen)、麦基(J. W. Mckie)、马克汉姆(J. Markham)和艾德曼(M. Addman)等人组成了一个产业组织研究小组，1939 年，该小组出版了第一批美国主要行业在 1935 年市场集中程度的资料。1957 年，梅森出版了他自 1936 年以来的论文集《经济集中和垄断问题》（Economic Concentration and Monopoly Problem）。在这部论文集中，梅森特别强调了把市场结构和其他客观市场条件作为识别市场行为一般模式的关键因素的重要性。继梅森之后，梅森当年的博士生贝恩继续强调市场结构的重要性，特别是，他在产业进入壁垒问题上做过重要的研究。1959 年，贝恩的《产业组织》一书出版，该书被推崇为产业组织领域的经典著作。该书在产业组织领域的意义在于提出了"结构—绩效"范式（或称贝恩范式）。1970 年，哈佛大学的谢勒（F. M. Scherer）出版了《产业市场结构和经济绩效》（Industrial Market Structure and Economic Performance）一书。该书集梅森和贝恩的思想之大成，折中了来自各方面的意见，提出了"市场结构—市场行为—市场绩效"的分析范式，将贝恩范式又向前推进了一步，最终形成了产业组织领域中哈佛学派的理论框架。人们有时用 S-C-P 来表示哈佛学派的"市场结构—市场行为—市场绩效"范式。按照这个范式，市场结构决定企业行为，企业行为产生市场绩效。

哈佛学派在反垄断问题上的基本观点是，市场是脆弱的，竞争容易被私人企业干扰；市场并不具有自我调节的机制，反垄断能够有助于维护有效的市场竞争。

哈佛学派的主要观点如下。第一，除了那些规模经济效应显著的产业，在一个产业内，高市场集中度往往与高利润率呈正相关，这种高垄断利润是大企业行使市场势力或与寡头合谋的结果，因此，高集中度会产生较差的市场绩效。在反垄断执法中，市场集中度和企业市场份额成为判断市场竞争状况的重要依据。第二，高集中度和高垄断利润的产生是因为市场存在进入障碍。哈佛学派认为进入障碍主要是产品差别化、绝对成本优势和规模经济。高市场进入障碍与低市场进入障碍相比，高市场进入障碍会对市场绩效产生更明显的负面影响。因此，要提高市场绩效，需要消除市场进入障碍。第三，企业之间的横向并购会增加市场集中度，提高企业的市场力量。第四，大企业的低价格驱逐对手行为和大零售店的折扣行为是非法的图谋垄断行为，应该被禁止。但是在原子性市场结构中，所谓的"破坏性竞争"并不值得政府关注，它实际上是产业结构变化过程中的一种短期的结构调整现象。第五，过高的产品差别化程度并不能收获很好的市场绩效，因为消费者通常只在一些十分相近的产品之间进行选择，消费者可选择的产品数量并不会随着产品差别化程度增加而增加。因此，有效竞争市场需要适度的产品差异化而非特别高的产品差别化。

基于上述认识，哈佛学派认为高集中度往往是垄断或合谋的结果，巨型企业和高集中度的市场结构的存在破坏了自由竞争体制，带来了市场运行的低绩效。为了矫正市场失灵、促进有效竞争，获得令人满意的市场绩效，政府必须干预市场结构。具体地说，政府必须通过反垄断政策来阻止卡特尔组织和合谋行为的产生，拆散市场中占垄断地位的企业，控制大企业间的并购，禁止人为的进入障碍。

如果说产业组织领域的哈佛学派为反垄断领域中的干预主义辩护的话，那么芝加哥学派（Chicago School）则为反垄断领域中的自由主义辩护。在产业组织领域或反垄断领域，芝加哥学派有众多的代表人物，包括施蒂格勒（G. Stigler）、博克（R. Bork）、波斯纳（R. A. Posner）、威廉姆森（O. E. Williamson）、麦吉（J. McGee）、蒂莱科特（A. Director）和德姆塞茨（H. Demsetz）等，其中博克的《反托拉斯悖论》（1978）和波斯纳的《反托拉斯经济学》（1976）是芝加哥学派反垄断经济学思想的较好总结。

芝加哥学派崇尚自由竞争，相信市场的力量。芝加哥学派以新古典经济学的价格理论为基础，通过微观经济学的模型分析指出，市场机制远比人们想象的要强有力得多，竞争是市场经济的常态，而垄断只是暂时的现象，通过市场机制的自我调节，最终能够实现市场经济的理想竞争状态。

由于市场竞争机制能有效发挥作用，政府不需要介入。通过运用微观经济学理论，芝加哥学派提出了经济自由主义至上的反垄断思想主张。

芝加哥学派的主要观点体现在以下几个方面。

第一，市场机制本身是完美的，绝大多数市场都是竞争性的。有效的市场竞争并不一定需要数量众多的企业，即使市场中只有少数几家企业，在非合谋的情况下，也足以保证市场的竞争性。进一步说，即使竞争不充分，企业制定任何垄断价格的企图也会被其他企业的进入所排除。现实中的垄断和低效率不是市场失灵的结果，而是由于政府的规制和行政干预造成的。如果没有政府的支持，私人企业的垄断力量将是短暂的，因为在自由进入的情况下，加入竞争会消除企业的市场力量。垄断市场力量的存在往往是由政府阻碍新企业进入引起的。因此，政府应该做的是，尽量减少干预，让市场机制发挥基础性作用。

第二，经济效率应当成为反垄断的唯一目标。正如博克（1978）所指出的，"反垄断的所有任务可以总结为在不伤害生产效率的同时提高配置效率，从而达到既不产生额外收益又不使消费者剩余产生净损失的状态"。因此，反垄断的目标是提高经济效率，以实现社会福利的最大化。波斯纳（1976）则进一步指出，反垄断的唯一目标应当是促进经济学意义上的效率，而不能是其他。

第三，在市场竞争和企业发展过程中，高效率企业拥有竞争优势，会逐渐占据高的市场份额，其高利润率并不一定是行使市场力量的结果，而是高效率运营的结果。因此，高市场集中度是市场竞争效率选择的结果，高市场集中度是与企业高效率相一致的，对整个社会是有好处的（德姆塞茨，1973）。据此，不应仅以市场结构来判断是否存在垄断，反垄断法不应该打击通过高效率经营获得市场垄断地位的企业。

第四，企业之间的横向并购在使企业市场力量增强的同时，也可能带来对资产的更充分利用，提高经济效率。因此，对企业之间横向并购的反垄断分析，既要分析其对价格上升的影响，又要分析其成本节省效应（威廉姆森，1968）。而且根据可竞争市场理论，由于市场进入在很大程度上决定了在位企业市场势力的大小，因此市场进入条件成为分析横向并购限制竞争效应的重要因素。

第五，芝加哥学派的"单一垄断利润理论"认为，在一个市场拥有垄断力量的企业将其垄断力量延伸到另一个市场并不能增加其利润，"企业只能获得一种产品的垄断利润"（博克，1978）。企业之间的纵向限制行为，如一体化、搭售、固定转售价格、独占交易、价格歧视等更多的是出于效率原因，是企业实现外部成本（或收益）内部化和节约交易成本的效率选择，因此，纵向限制本身是合法的。

芝加哥学派的经济学理论对美国反垄断领域的影响不仅是技术层面的，而且它改变的是反垄断的基本价值观念和目标。芝加哥学派思想影响美国反垄断领域最重要的体现是美国《企业并购指南》的变化。美国在1982年所颁布的《企业并购指南》中，不再将企业纵向并购和混合并购作为反垄断执法的重点，在企业横向并购案件中，并购的效率因素成为其考虑的重点。

（三）产业组织的分析方法

1. 结构—行为—绩效方法

结构—行为—绩效产业组织范例（SCP范例）是由梅森和贝恩在20世纪四五十年代建立的。梅森、贝恩还有他们的追随者假设市场结构、市场行为和市场绩效之间有直接的联系。微观经济学课程虽然没有公开地认可，但仍强调这个联系。在完全竞争市场，独立的市场结构通过价格等于边际成本的方式带来有效率的经济绩效，无效率的厂商将被赶出市场，长期的经济利润为零。

SCP范例把结构—行为—绩效的关系扩展到寡头垄断市场。图1描述了这一范例。右侧粗箭头表示了主要的关系：基本的市场条件决定市场结构；市场结构决定行为；行为决定绩效。另外，政府政策对结构、行为和绩效有直接的影响。左侧细箭头显示行为对结构的反作用以及绩效对行为和结构的反作用。

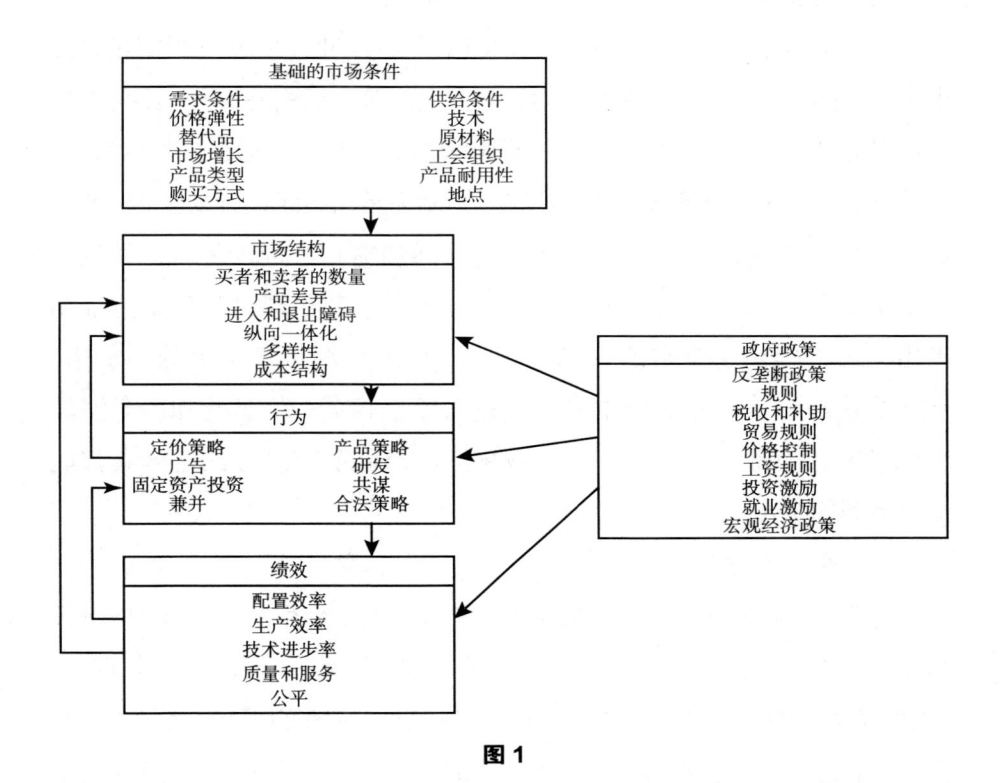

```
┌─────────────────────────────┐
│        基础的市场条件        │
│  需求条件          供给条件  │
│  价格弹性          技术      │
│  替代品            原材料    │
│  市场增长          工会组织  │
│  产品类型          产品耐用性│
│  购买方式          地点      │
└─────────────────────────────┘
           │
           ▼
┌─────────────────────────────┐
│          市场结构            │
│       买者和卖者的数量       │
│          产品差异            │
│        进入和退出障碍        │
│         纵向一体化           │
│           多样性             │
│          成本结构            │
└─────────────────────────────┘
           │
           ▼
┌─────────────────────────────┐           ┌──────────────┐
│           行为               │           │   政府政策   │
│   定价策略      产品策略     │◀──────────│  反垄断政策  │
│   广告          研发         │           │    规则      │
│   固定资产投资  共谋         │           │  税收和补助  │
│   兼并          合法策略     │           │   贸易规则   │
└─────────────────────────────┘           │   价格控制   │
           │                               │   工资规则   │
           ▼                               │   投资激励   │
┌─────────────────────────────┐           │   就业激励   │
│          绩效                │◀──────────│  宏观经济政策│
│         配置效率             │           └──────────────┘
│         生产效率             │
│        技术进步率            │
│        质量和服务            │
│           公平               │
└─────────────────────────────┘
```

图 1

产品差异的重要性导致厂商采取包括大量广告和产品策略的行为，即每个厂商都不断地试图建立新的品牌。在 20 世纪六七十年代，SCP 产业组织经济学家详细地研究图 1 显示的各种关系。这项工作的大部分是经验性的，许多案例研究和统计研究使用了产业间的数据。

2. 芝加哥学派的研究方法

芝加哥学派的经济学家一直认为，价格理论模型应该是分析市场的主要工具。芝加哥学派的支持者在很大程度上依靠价格理论模型对期望的行为和绩效做出预测以及对他们的理论设计的经验进行检验。早在 SCP 方法建立之前，19世纪的经济学家就用理论化的模型分析了寡头垄断行为。因此，这种方法早在SCP方法之前就进入了这个领域。

在20世纪六七十年代，对于许多由SCP方法支持者得出经验化的主要结论，芝加哥经济学派的经济学家提出了质疑。例如，SCP经济学家提出有足够的经验证据显示垄断势力和利润之间有正相关关系——市场力量的增强能带来利润的提高。然而，芝加哥学派经济学家质疑这种观点，指出真正的关系是高效率导致的高的市场控制力及高利润。类似地，SCP产业组织经济学家的经验研究显示广告的增加提高了进入障碍，并且带来了更高的利润。然而芝加哥学派的经济学家利用理论和经验的证据指出，广告提供了丰富的信息，丰富的信息来源带来了更低的价格。SCP的追随者认为高的资本进入与进入壁垒相关，但是芝加哥学派的经济学家认为资本市场运行是有效率的，因此所有潜在的进入者都能平等地利用资本。

3. 博弈论方法

博弈论分析方法主要研究决策主体的行为发生相互直接作用时的决策和这类决策的均衡问题。产业组织理论研究不完全竞争市场，特别是寡头市场中的企业行为。在寡头市场上，企业的决策具有策略的相互依赖性，一个企业决策的结果会受到其他企业决策的影响，同时也影响其他企业决策的结果。正是这种决策相互依赖性的普遍存在，博弈论在产业组织理论中得到了广泛应用，成为产业组织理论中重要的理论分析工具。在产业组织理论中，在考察在位企业与潜在进入者间的策略性行为、企业间的合谋、企业的研发决策等问题时都可以通过博弈论模型来分析企业的决策及其影响。

4. 新经验产业组织分析

新经验产业组织（New Empirical Industrial Organization，NEIO）分析是20世纪80年代以来逐渐兴起的产业组织经验研究方法，它是目前产业组织理论经验研究的主流方法。新经验产业组织分析改变了早期产业组织研究无法对微观个体进行经验研究或使用会计利润数据来间接研究企业行为和市场势力的困境，它以企业利润最大化与消费者效用最大化作为微观基础，发展出以结构式计量模型为特征的研究方法。这一方法在企业生产势力估计、合谋判别、市场进入等问题的研究中发挥着重要作用。

二 产业组织理论在中国的引进和发展

要说明产业组织理论或产业经济学在中国的引进和发展，应该了解的一个历史背景就是，新中国成立之初，我国的经济学科体系是20世纪50年代从苏联引进的，那时，产业的概念主要是指计划经济中的"行业""部门"，例如农业、工业、商业等，学科专业也相应设立了农业经济学、工业经济学、商业经济学等门类。由于新中国成立之初至改革开放前实行计划经济体制，经济学科整体相对封闭，这种模式一直延续了近30年。

笔者把产业组织理论在中国的引进和发展划分为两个时期，即介绍引进期和研究发展期，前者从20世纪80年代至20世纪末，后者从20世纪末至今。

改革开放初期，在产业经济学领域，对我国产生一定影响的是日本的产业经济学。1985年，中国人民大学的杨治编著的《产业经济学导论》出版，该书较系统地介绍了日本对于产业的经济研究，曾在国内产生了较大的影响。产业经济这一名称首先来源于日本某些学者的著作，与西方不同，日本学者的研究范围比较宽泛，将产业之间的结构与关联问题（如投入产出关系）等也纳入产业经济学的研究领域。此后，随着我国改革开放的推进，与产业组织理论相关的国外文献相继被引进。主要包括：1986年出版美国经济学家谢泼德（William G. Shepherd）的《市场势力与经济福利导论》；1988年出版日本经济学家植草益的《产业组织论》；1989年出版了美国经济学家斯蒂格勒的《产业组织和政府管制》，同年出版了美国经济学家克拉克森等著的《产业组织：理论、证据和公共政策》；1990年出版了陈小洪、金忠义编著的《企业市场关系分析——产业组织理论及其运用》；1991年出版了王慧炯主编的《产业组织及有效竞争》；1992年出版了日本经济学家植草益的《微观规制经济学》；1993年出版了马建堂主笔的《结构与行为：中国产业组织研究》；1994年出版了夏大慰主编的《产业经济学》；1995年出版了王俊豪的《市场结构与有效竞争》。此后，还相继出版了毛林根的《结构·行为·效果——中国工业产业组织研究》（1996），泰勒尔的《产业组织理论》（1997），丹尼斯·卡尔顿等著的《现代产业组织》（1998），小艾尔弗雷德·D.钱德勒的《企业规模经济与规范经济》（1999）。与此同时，自20世纪80年代以来，经济学界还发表了为数不多的与产业组织理论相关的论文，在一定程度上推动了产业组织理论在我国的发展。

与此同时，国内一些大学也尝试开设了产业经济学课程。1996年，国务院公布了新的研究生专业学科目录，产业经济学被列入其中。

与上述的引进介绍期相比，研究发展期具有以下几个特征。

其一，明确了学习、研究产业经济学的重要意义，产业经济学的学科地位得到提升。一些国内学者认为，产业经济学以现实中的产业为研究对象，填补了微观经济学和宏观经济学之间的研究空白，这有利于我国建立和完善现代经济学科体系，增强经济学对现实经济问题的解释能力；此外，政府制定的产业政策必须要有相应的经济理论支撑，产业经济学能承担此重任；再有，学习、研究产业经济学有利于企业认识其所处的产业环境，有助于选择投资领域，提高资本的使用效率；在现在教育部学科门类中，产业经济学作为二级学科，归属于应用经济学（一级学科），在我国的一些高等学校中，产业经济学既作为本科生的专业，又作为硕士生和博士生的专业。

其二，围绕着产业经济学的学科（或专业），国内学者编写了一些产业经济学的教材。如干春晖编写的《产业经济学：教程与案例》（2006）、王俊豪主编的《产业经济学》(第二版)(2012)、芮明杰主编的《产业经济学》(第三版)(2016)和吴汉洪编写的《产业组织理论》(第二版)(2018)等。纵观国内出版的相关教材，可以发现，关于产业经济学的理论体系（或研究内容），目前存在两种主要观点：第一种观点认为，产业经济学应该等同于产业组织理论，主要以特定的产业为研究对象，并以市场结构、市场行为、市场绩效和产业组织政策为基本理论框架。这种观点与欧美国家的情况比较一致。第二种观点则认为，产业经济学不仅是产业组织理论，还应包括产业结构、产业关联、产业布局、产业发展和产业政策等内容。这种观点认为，产业组织理论只占一部分内容。

其三，出现了一批应用产业经济学分析方法来研究中国相关经济问题的成果。例如，杜传忠在其 2003 年出版的专著《寡头垄断市场结构与经济效率：兼论中国市场结构调整》（经济科学出版社）中，在对西方寡头垄断市场效率进行梳理的基础上，考察了发达国家寡头垄断结构形成的历史与发展趋势，该书对中国的市场结构进行了分析，包括中国市场结构的演变与发展趋势，中国市场结构现存问题及其产生的原因，对中国市场集中过程中所出现的竞争与垄断行为进行了一定的分析。干春晖在其编著的《产业经济学：教程与案例》一书中，在介绍了产业经济学的理论知识和基本方法的基础上，运用规范的产业经济学分析框架（S-C-P 框架）对中国的十个重要产业进行了分析，展现了中国产业经济的发展现状。在肖兴志主编的《产业经济学理论研究新进展与文献评述》（科学出版社，2010）一书中，对 2007~2009 年国内产业组织理论研究进展进行了回顾和评述，评述视角集中于定价行为、生产率、研发行为、寡头垄断和兼并五部分。这里以研发行为部分为例来展现该书的考察结果。根据中国知网的统计，2007~2009 年，我国学者对研发、技术进步、创新的研究成果十分丰富。按照上述三个关键词进行检索，发现篇名为创新的文献最多，共计 39429 篇，以研发为篇名的文献 5520 篇，以技术进步为篇名的文献 9193 篇，如表 1 所示。

表1 2007~2009年中国期刊全文数据库对篇名含有研发／技术进步／创新等文章的检索列表

单位：篇

年份	研发	技术进步	创新	合计
2007	1881	2648	15367	19896
2008	1960	2919	13813	18692
2009	1679	3626	10249	15554
合计	5520	9193	39429	54142

资料来源：肖兴志主编《产业经济学理论研究：新进展与文献评述》，科学出版社，2010年，第27页。

根据表1，2007~2009年总计研究论文篇数为54142篇。这从一个侧面反映了我国学术界对产业经济研究的情况。

其四，反垄断领域成为关注的热点。1978年至2008年的30年，中国经济总体保持了高速发展的态势，国内生产总值从3650亿元增长到316752亿元。如果我们从竞争政策（反垄断政策）的角度来观察这30年的发展，会清晰地看到，中国经济体制改革的过程，就是逐步引入市场竞争的过程，也是竞争政策逐步形成的过程。本文选择中共中央、国务院1978年以来发布的关于经济体制改革和制度建设方面的重要决议和文件，以及在此期间颁布实施的法律、行政法规，从中梳理竞争政策在中国发展的脉络。

1978年，党的十一届三中全会召开，提出以经济建设为中心，开启中国经济的改革开放历程。

1980年，《国务院关于开展和保护社会主义竞争的暂行规定》提出"竞争逐步开展起来，在我国经济生活中显示出它的活力，推动着经济的发展和技术的进步。"国务院第一次就竞争制定规定。当然，文件同时强调"社会主义的竞争和资本主义的竞争有着本质的区别，它是在生产资料公有制的基础上，在国家计划指导下开展的，是为社会主义经济服务的"。

1984年，党的十二届三中全会《中共中央关于经济体制改革的决定》

提出"建立自觉运用价值规律的计划体制,发展社会主义商品经济",这是我国第一次明确提出价值规律与商品经济的关系。

1987年实施的《价格管理条例》提出"保障经济体制改革的顺利进行,促进社会主义有计划商品经济的发展;国家对价格管理采取直接管理和间接控制相结合的原则,实行国家定价、国家指导价和市场调节价三种价格形式"。

1992年,党的十四大确定我国经济体制改革的目标是建立社会主义市场经济体制。这是我国第一次明确提出了建立社会主义市场经济体制。

1993年,党的十四届三中全会《中共中央关于建立社会主义市场经济体制若干问题的决定》提出"发挥市场机制在资源配置中的基础性作用,必须培育和发展市场体系。创造平等竞争的环境,形成统一、开放、竞争、有序的大市场"。

1995年,党的十四届五中全会提出经济体制从传统的计划经济体制向社会主义市场经济体制转变。

1997年,党的十五大提出坚持和完善社会主义市场经济体制,使市场在国家宏观调控下对资源配置起基础性作用;坚持和完善对外开放,积极参与国际经济合作和竞争。

1998年,《价格法》提出"国家支持和促进公平、公开、合法的市场竞争,维护正常的价格秩序,对价格活动实行管理、监督和必要的调控"。

2002年,党的十六大确定全面建设小康社会的奋斗目标,提出增强发展协调性,努力实现经济又好又快发展。社会主义市场经济体制更加完善。

2003年,党的十六届三中全会《中共中央关于完善社会主义市场经济体制若干问题的决定》提出"更大程度地发挥市场在资源配置中的基础性作用。建设统一开放竞争有序的现代市场体系"。

2007年,全国人大审议通过并颁布了《反垄断法》,确定从2008年8月1日起实施。《反垄断法》第九条规定:"国务院设立反垄断委员会,负责组织、协调、指导反垄断工作,提出研究拟订有关竞争政策的职责主张。这是我国第一次在法律中明确提出了竞争政策的概念。

从 1978 年到 2008 年，中国经历了重大的经济体制改革，经济得到长足发展，经济管理体制也从基本覆盖所有经济活动的计划管理体制逐步转向与现代市场制度相匹配的治理体制，经济政策的内涵和外延不断更新和丰富。中国《反垄断法》的颁布和实施，标志着中国竞争政策的框架的形成和中国反垄断政策的实施。

笔者作为中国《反垄断法》审查修改专家组成员和之后的国务院反垄断委员会专家咨询组成员，不仅见证了中国反垄断政策的出台，也目睹了中国反垄断政策实施 10 年来取得的了不起的成就。中国商务部在 2009 年禁止了可口可乐收购汇源案；国家发改委在 2015 年公布了高通公司滥用市场支配地位一案，高通公司被处以 60.88 亿元人民币罚款；原国家工商总局 2016 年公布了利乐垄断案，利乐被处以 6.68 亿元人民币罚款。这些垄断案件的公布，不仅在社会各界产生了较大影响，也进一步激发了人们对反垄断领域的关注。

随着中国反垄断政策的实施和对重要垄断案件的查处，人们对反垄断领域的关注又带来了两个方面的变化。一是国内较集中地翻译出版了国外反垄断经济学方面的学术著作。例如，东北财经大学出版社翻译出版了"反垄断经济学与政策前沿丛书"（六本），法律出版社翻译出版了德国学者的著作《卡特尔法与经济学》，人民出版社相继翻译出版了《共谋经济学：卡特尔与串谋竞标》和《欧盟竞争法的经济学：概念、应用和测量》，等等。二是反垄断方面的学术研讨会召开，会议主办方既有政府部门，也有高校研究机构和反垄断领域的实务部门。这说明在反垄断政策领域，我国的经济学、法学还是比较活跃的。

三　几点评论

在完成了上述论述后，这里对西方产业组织理论或产业经济学在中国的引进做出几点评论。

第一，产业经济学较好地适应了中国的改革开放进程，在多方面取得了积极成效。(1)在思想认识方面，对市场的有效竞争有了较深入的认识。产业经济学告诉人们，有效的市场竞争意味着买方有选择权，而卖方要激励改进产品。要让竞争发挥积极作用，则必须满足几个基本条件，包括：厂商的经营活动应保持彼此独立，其财务生存能力须完全取决于它们在相关市场上的绩效；有足够数量的竞争者；竞争者在竞争规则方面处于平等的地位；没有过高的市场进入壁垒；没有市场支配者等。在上述条件都得到满足的情况下，市场竞争有着巨大的潜在收益，包括效率的提升、消费者福利的增进、竞争力的提升、迅速的创新等。党的十八届三中全会和党的十九大报告明确提出处理好政府和市场的关系，使市场在资源配置中起决定性作用，更好发挥政府作用。发挥市场决定性作用的主要内涵体现在两个方面：从作用领域来看，就是更多地放权给市场，使市场成为经济发展的主导力量，政府直接干预经济的功能不断弱化，逐步从微观经济领域退出，释放出更大的空间给市场；从作用机制来看，市场发挥决定性作用的前提和基础是市场是正常的而不是扭曲的，以竞争机制为核心的市场机制是运行有效的。应该说，我们党对市场作用的认识与产业经济学的相关观点是不谋而合的。(2)在学科建设方面取得了较大的进展。伴随着我国市场化改革的进程，我国的产业经济学科走过了从无到有，从简单的介绍、引进到结合我国国情的改良，从较封闭状态到较开放状态的道路。时至今日，产业经济学不仅是一门课程，还是一个专业或一个硕士点或博士点，它承担着培养我国经济建设人才的重任。(3)在反垄断领域，产业经济学发挥着重要的作用。随着我国反垄断政策的执行，对产业经济学的需求也在增加。产业经济学至少在下面三个方面能发挥作用：一是对反垄断的立法和相关的指南的制定和出台提供理论指导；二是对反垄断的行政执法工作能提供观念上和方法上的支撑；三是对反垄断民事诉讼领域的当事方或法庭提供相关的证据支持。(4)在学术研究方面取得了较大进展。在我国经济科学的学术研究中，以产业经济学为论题的出版物（包括著作和学术论文）占有相当的比重，相关的学术组织和学术研讨会也颇具规模。

第二，我们在看到上述积极成效的同时，也应看到相关的一些问题或不足之处。首先，如前所述，在产业经济学的理论体系（或研究内容）方面，目前国内的认识还不一致。可分为"窄派"和"宽派"两种观点。前者认为，产业经济学和产业组织理论是同义语，两者是一回事。后者则认为，产业经济学的研究领域比较宽泛，它不仅包括产业组织理论，还包括产业结构理论、产业关联理论、产业布局理论和产业政策等。显然，在产业经济学领域，"窄派"和"宽派"并存的格局，不仅影响该学科本身的发展，而且还影响高等学校相关专业的人才培养。其次，在国际产业经济学领域缺乏中国学者的声音。这又表现为两个方面，一方面，中国内地的学者还没有出现在国际顶尖的产业经济学家的的行列；另一方面，我国产业经济学家的理论成果并没有在国际产业经济学界获得认可。最后，国内产业经济学的研究，更多的是照搬西方产业经济学的理论或方法进行研究，对中国的特殊国情和情况考虑不够，更缺乏那种结合中国在改革发展过程中的特殊情况，并对国外产业经济学理论或模型进行适当改造后对相关问题进行的研究。更具体地说，我国产业经济学领域缺乏考虑到中国的具体国情，能够对我国的产业经济现象给出较有说服力的理论创新。

第三，在产业经济学所涵盖的政策领域中，反垄断领域引起的关注较多，但政府规制领域似乎关注度不够。在产业经济学领域，反垄断政策的目标主要是阻止威胁市场竞争功能的市场集中行为的发展。而经济性规制则认为，市场集中（例如自然垄断）不仅是不可避免的，而且在很多情况下是特定市场所必需的，因此，规制的目的是对这一市场中的企业运行加以限制，以便减少其可能导致的损失。根据发达国家的经验，自然垄断产业规制政策的发展趋势是放松规制。另外，政府对于健康、安全与环境这三个方面的规制的所谓社会性规制则有加强的趋势。尤其对我国来说，环境污染的频繁出现、食品药品健康问题日益凸显，客观上需要更多的研究投入社会性规制领域。但从目前看，有分量和有针对性的研究仍显不足。

第四，产业经济学需要回应经济新业态带来的挑战。近年来，随着互联网经济的迅猛发展，一批平台企业在全球迅速崛起。2017年，全球市值最高企业的前十强，平台企业就占了七席，其中包括阿里巴巴和腾讯。平台经济是基于平台所产生的经济活动的总和。平台经济在当代遍及我国经济生活的众多方面。社交平台、电子商务平台、出行平台、搜索平台、媒体平台、支付平台、互助平台等线上平台的发展，使得平台的地位越来越重要，成为经济活动中新的业态与组织方式。当代平台经济的出现，给产业经济学带来一些挑战。例如，如何认识平台企业的组织形式？如何理解平台经济中的垄断和竞争？反垄断执法机构如何依据相关法律评估平台企业的一些商业行为？传统的产业经济学并没有现成的理论和方法回应这些问题。美国和欧洲的一些经济学家对此已有研究，有了一些初步的成果。据笔者所知，我国产业经济学界对平台经济还缺乏较系统的认识和研究，从这个意义上说，理论落后于现实，也值得引起学界的重视。

第五，产业经济学在建设现代化经济体系中能够发挥重要作用。众所周知，建设现代化经济体是党中央针对我国经济发展内外部环境和条件的新变化，经济结构存在的突出矛盾和问题，经济发展质量和效益整体偏低，国际竞争能力有待进一步提高等提出的战略性举措。习近平在2018年初强调，建设现代化经济体系是一篇大文章，既是一个重大理论命题，更是一个重大实践课题，需要从理论和实践的结合上进行深入探讨。2018年1月30日，中共中央政治局就建设现代化经济体系进行集体学习，进一步明确了建设现代化经济体系的目标。其中的两个目标是建立统一开放、竞争有序的市场体系和建设充分发挥市场作用、更好发挥政府作用的经济体制。笔者认为，产业经济学在建设现代化经济体系中的作用可以从理论层面和政策层面来认识。在理论层面，一个现代化经济体系是以完善的市场经济体制为基础的。对于一个国家而言，没有高度的市场化水平和成熟的市场经济体制，也就没有真正意义的经济现代化。党的十九大报告指出，加快完善社会主义市场经济体制，经济体制改革必须以完善产权制度和要素市场化配置为重点，实现产权有效激励、要素自由流动、价格反应灵活、竞争公平有序、企业优胜劣汰。完善的现代产权制度和有效的生产要素市场配置机制是一个成熟市场经济体制的基本条件和必然要求。显然，在要素自由流动、竞争公平有序和企业优胜劣汰等问题上，产业经济学是可以给出自己的观点的。

在政策层面，我国已经实施的反垄断政策也是有所作为的。建设现代化经济体系包括两个重要方面，一是加快完善现代市场体系，建设统一开放、竞争有序的市场体系，这是市场配置资源的基础。二是加快完善社会主义市场经济体制，这是建设现代化经济体系的制度保障。应当说，中国反垄断政策在上述两个方面的建设中是有所作为的。其一，反垄断政策有助于克服市场竞争的不完全性。反垄断政策重要的经济学理论基础是，相对于完全竞争而言，现实的市场竞争通常是不完全的，进而会导致市场出现"失灵"，即使经济资源不能得到有效配置。在这种情况下，政府通过反垄断政策保护市场的有效竞争，提高市场运行的效率，提高社会经济福利就是必要的。正如党的十九大报告所指出的，我国仍处于并将长期处于社会主义初级阶段的基本国情没有变，我国是世界上最大发展中国家的国际地位没有变。在上述基本国情背景下，加上与发达市场经济国家相比，我国社会主义市场经济体制运行的时间并不长，在市场经济环境下人们的观念、意识和行为的转变尚需一定的过程。因此，市场竞争的不完全性所带来的资源配置的低效率的状况可能更加普遍，进而对市场竞争监管的需求也更加强烈。反垄断政策所体现的对市场竞争监管的一个重要作用是，通过矫正一定程度市场竞争的不完全性所导致的市场失灵，使市场配置资源的作用得以正常发挥，促进市场经济的健康发展。其二，反垄断政策有助于维护市场竞争秩序。在市场经济条件下，市场秩序是各个市场主体在进入、退出及交易过程中共同遵循的规则，以及由此形成的正常有序的市场运行状态和格局。社会和经济的发展都需要一个相对稳定的秩序，而秩序的维持需要借助于制度来实现。制度通过规则规范每一个社会主体的行为，从而在社会经济系统中维护秩序。规则是用以约束市场主体行为的一系列规范和准则的总和。在市场竞争中，如果没有规则的约束，就无法判断竞争行为的对错与否。只有制定出一系列的规则，市场参与者的行为才能有判断的依据。市场规则包括的内容很多，其中一个重要方面是竞争规则，即关于竞争正当有序开展的规则。竞争是市场经济中的重要机制，但没有秩序的竞争只能导致混乱。历史经验表明，有效的竞争秩序是市场经济运行的基础，而竞争秩序的形成和维系，有赖于竞争规则的建立和确定。随着《反不正当竞争法》和《反垄断法》的出台和实施，我国的市场竞争规则已基本形成。我国的市场竞争规则，对于保护市场公平竞争、提高经济运行效率、维护市场竞争秩序、保护消费者合法权益和社会公共利益、促进社会主义市场经济健康发展，已经并将继续发挥十分重要的作用。健康的市场经济是有活力、有秩序的。没有活力，市场经济就失去了生机；没有秩序，市场经济就失去了保障。要把规范市场秩序、维护公平竞争作为市场竞争监管的重要着力点，坚持放活和管好相结合，做到放而不乱、活而有序，为企业优胜劣汰和产业转型升级提供保障。

总之，具有中国特色的产业经济学是能够在建设我国现代化经济体系中有所作为的。

参考文献

1. 卡布尔:《产业经济学前沿问题》，中国税务出版社，2000。
2. 狄庸、谢泼德:《产业组织理论先驱》，经济科学出版社，2010。
3. 杜传忠:《寡头垄断市场结构与经济效率》，经济科学出版社，2003。
4. 高鸿业:《西方经济学（第7版）》，中国人民大学出版社，2018。
5. 干春晖:《产业经济学：教程与案例》，机械工业出版社，2006。

6. 卡布罗:《产业组织导论》,人民邮电出版社,2001。
7. 马建堂:《结构与行为——中国产业组织研究》,中国人民大学出版社,1993。
8. 佩波尔、理查兹等:《产业组织:现代理论与实践》,中国人民大学出版社,2014。
9. 芮明杰主编《产业经济学(第三版)》,上海财经大学出版社,2016。
10. 夏伊:《产业组织——理论与应用》,清华大学出版社,2005。
11. 梯若尔:《产业组织理论》,中国人民大学出版社,2018。
12. 吴汉洪:《产业组织理论(第二版)》,中国人民大学出版社,2018。
13. 维斯库斯、哈林顿等:《反垄断与管制经济学(第四版)》,中国人民大学出版社,2010。
14. 威廉姆森:《反托拉斯经济学》,经济科学出版社,1999。
15. 王俊豪主编《产业经济学(第二版)》,高等教育出版社,2012。
16. 肖兴志主编《产业经济学理论研究:新进展与文献评述》,科学出版社,2010。
17. 植草益:《微观规制经济学》,中国发展出版社,1992。

改革开放以来实验经济学的本土化历程[*]

周业安

[*] 本文是国家社会科学基金一般项目《思想史视角的行为经济学及其当代意义研究》(项目批准号：18BJL012)的阶段性成果之一。笔者曾经给《中国经济学年鉴（2014）》撰写了《实验经济学》一文，在该文中对实验经济学本土化进行了初步的总结。由于当时所收集的资料有限，总结得不全面、不到位。这篇文章可以看作在比较全面地收集相关资料的基础上进行的重写。本文写作过程中，以下老师为本文提供丰富的写作材料、意见和相关信息（按拼音排序）：陈发动（浙江大学）、陈岩（密西根大学）、陈叶烽（浙江大学）、崔驰（东北师范大学）、代志新（中国人民大学）、丁婷婷（上海财经大学）、董志强（华南师范大学）、杜宁华（上海财经大学）、何浩然（北京师范大学）、姜树广（浙江财经大学）、雷震（西南财经大学）、李建标（南开大学）、李玲芳（复旦大学）、连洪泉（华南师范大学）、罗俊（浙江财经大学）、王湘红（中国人民大学）、韦倩（山东大学）、许彬（浙江工商大学）、杨晓兰（上海外国语大学）、杨扬（中山大学）、叶航（浙江大学和浙江财经大学）、郑捷（清华大学）、宗计川（东北财经大学）等，在此表示特别感谢！尤其感谢陈岩教授、杜宁华教授和郑捷教授细致阅读全文并做了仔细修改！特别感谢付梦妮假期帮助整理了参考文献目录。当然，由于笔者的局限，文中难免有遗漏或表述不准确之处，还请同行多批评指正。

· 作者简介 ·

周业安,经济学博士,中国人民大学经济学院教授,博士生导师。主要研究领域为行为和实验经济学。已出版多部学术著作,在《中国社会科学》《经济研究》《管理世界》《世界经济》《经济学季刊》等核心学术期刊上发表七十余篇学术论文,《上海证券报》和《中国经营报》等报刊专栏作者。主要著作有《金融市场的制度与结构》(中国人民大学出版社,2005)、《地方政府竞争和经济增长》(与李涛合著,中国人民大学出版社,2013)、《社会偏好理论与社会合作机制研究:基于公共品博弈实验的视角》(与宋紫峰、连洪泉和左聪颖合著)等。曾获得中国高校人文社会科学优秀成果奖经济学一等奖、北京市哲学社会科学优秀成果一等奖等省部级以上科研奖励九项,并入选2005年度教育部新世纪优秀人才支持计划,《社会偏好理论与社会合作机制研究:基于公共品博弈实验的视角》一书入选2016年度国家社科文库。

实验经济学从20世纪60年代开始兴起，经过众多研究者的努力，迄今已经发展成为经济学的重要分支领域。实验经济学已经构建出了包含实验室实验、准实地实验和实地实验在内的系统的方法论和技术体系，并逐渐和计量经济学、计算机模拟方法并驾齐驱，成为经济学实证研究的三大代表性方法之一。实验经济学和行为经济学紧密结合，共同构成了近五十年来经济学领域最具影响力的流派，并且这种影响还在持续，大有引领经济学朝新的方向前进的趋势。实验经济学对经济学理论和方法贡献卓著，其领域的重要代表人物相继获得诺贝尔经济学奖和克拉克奖，这些对实验经济学做出了开创性研究的经济学家包括：卡尼曼（Daniel Kahneman）、史密斯（Vernon L. Smith）（2002年度）、泽尔腾（Reinhard Selten）（1994年度）、罗斯（Alvin E. Roth）（2012年度）、席勒（Robert J. Shiller）（2013年度）、塞勒（Richard Thaler）（2017年度）。对实验经济学的发展做出过思想性贡献的诺奖得主还包括西蒙（Herbert A.Simon）（1978年度）、阿莱（Maurice Félix Charles Allais）（1988年度）、阿克洛夫（George A. Akerlof）（2001年度）。克拉克奖得主有拉宾（Matthew Rabin）（2001年度）。实验经济学家这种获奖规模已经可以媲美经济学思想史上曾经的第一大帮"凯恩斯主义者"。

实验经济学的本土化影响起始于20世纪90年代。一些外国学者开始在国内传播行为和实验经济学，与此同时，部分海外华人学者也开始回国普及行为和实验经济学，一些本土研究者和学生开始认识到实验方法对经济学的重要性，进行了初步的探索。2006~2008年，国内实验经济学本土化迎来了第一个高潮，一些代表性成果相继在重要期刊上发表，让国内经济学界耳目一新。包括实验室实验、实地实验、问卷实验、心理实验等多种实验方法在内的研究论文相继涌现。从21世纪初算起，行为和实验经济学的本土化研究经历了近二十年，这二十年虽然一直处于小众状态，但其影响悄然扩大。随着经济科学学会亚太会议2007年在上海交通大学成功举办，2012年又在厦门大学成功举办；2015年首届行为和实验经济学全国研讨会开始举办；2017 年国家自然科学基金把行为经济学和实验经济学单列编码，这些都标志着实验经济学研究在本土已经形成了一股力量，并且这股力量正有效地汇集起来，共同致力于中国经济学的构建。国内行为和实验经济学的研究者对经济学理论和政策设计的影响与日俱增。可以预见，随着实验经济学的逐步发展状态，对中国经济学的形成和发展必将做出独特的贡献。

实验经济学的本土化过程鲜为人知，即便从事这方面研究的学者也都是了解一部分，这不仅影响了实验经济学在国内的传播，而且也在一定程度上阻碍了国内实验经济学研究者间的合作。本文试图弥补这方面的空白。本文将对实验经济学的本土化历程、国内研究者的相关理论贡献、实验经济学本土化迄今的不足和未来的发展进行客观的和系统的描述和讨论，期望能对未来实验经济学的蓬勃发展提供有益的帮助。由于在整个实验经济学本土化过程中，最核心和最突出的是实验室实验，并且整个本土化研究群体的形成也是围绕各高校实验室展开的。因此，本文把讲述的对象着重放在实验室实验的相关研究上，并且以各实验室的兴建和发展为主线进行组织。当然，并非行为经济学的理论研究以及实地实验研究不重要，仅仅因为这方面的研究相对较少，并且在整个实验经济学本土化的过程中，经济学实验室扮演了至关重要的核心角色。

在进入正文之前，需要先进行三点限定：第一，本文主要描述本土学者在实验经济学本土化过程中所做的工作。其中本土学者是指在国内高校和研究机构任全职的研究者。第二，本文主要总结本土成果。本土成果是指包含了本土学者以国内高校和研究机构名义发表的相关研究成果，但不限定为第一作者或者通讯作者，因为许多成果都是本土学者与海外学者合作完成的。第三，本文所指的本土化，是指中国元素，引入中国的一些特定元素作为实验设计或者参数设计的依据，比如特定的制度安排、特定的社会网络、特定的社会经济结构等；或者中国视角，从中国传统文化、制度和习俗中寻求某些独特的研究视角，比如整体观；或者中国问题；以中国的某些特征事实为研究对象进行一般性的研究，也包括跨文化比较；或者国际化，本土化的过程本身也是国际化的过程，本土学者基于本土被试进行的一般性和基础性的理论前沿探索。

本文分为四个部分：第一部分对实验经济学的本土化历程进行尽可能客观的描述；第二部分简要描述了实验经济学的现状；第三部分简单总结了迄今本土学者在实验经济学领域取得的主要成果；第四部分对当前实验经济学研究的一些不足以及未来的发展进行简评和展望。

一 实验经济学的发展、理论贡献和影响简述

实验经济学是通过经济学实验来探求经济学理论、对现有经济学理论展开实证研究、从实验视角来理解和解释社会政治经济现象的一种经济学学科。实验经济学作为一种新兴的经济学学科具有经济学学科的共同特点：第一，实验经济学和其他经济学学科一样，首要的任务是探求新的经济学思想，构建新的经济学理论，也就是说，和其他经济学学科一样，发现理论才是实验经济学的第一要务；第二，实验经济学可以像计量经济学那样，通过经济学实验方法来证伪既定的经济学理论，从这个角度讲，实验经济学也可以看作一种实证经济学方法论；第三，和其他经济学学科类似，实验经济学通过发现理论、对理论进行实证，来有效地解释社会政治经济现象，并指导相关领域的政策实践。也就是说，实验经济学既可以是理论研究，也可以是实证研究；既是演绎的，也是归纳的。

实验经济学有别于其他经济学学科的地方在于：首先，实验经济学采用的方法论和研究方法是经济学实验，包括实验室实验、准实地实验和实地实验三大类[1]。经济学实验方法既不同于自然科学的实验方法，又不同于经济学常用的计量经济学、计算机模拟等实证方法。虽然在原理上经济学

---

[1] 李斯特等人把经济学实验划分为实验室实验、人工实地实验、框架实地实验（Harrison & List, 2004; Al-Ubaydli & List, 2012）。

实验接近自然科学的实验，但经济学实验侧重参与人的真实激励，通过采集参与人的反应数据来推断隐藏其中的经济学因果关系，这点和自然科学的实验完全不同。同时经济学实验依赖实验设计中的受控条件，而不是像计量经济学和计算机模拟那样依赖模型和参数的设定。其次，实验经济学本质上是跨学科的研究，由于人的行为涉及认知科学、心理学、社会学等多个学科，研究者必须从中提炼出影响行为的关键因素，并为这些因素建立相关的理论逻辑和抽象的模型，基于此来实现实验设计。这个过程就不局限经济学理论，还可以从其他学科汲取营养。因此，实验经济学实际上要比大多数其他经济学学科更加开放和包容。

实验经济学在早期还是服务于新古典范式的，到了20世纪七十年代，随着认知科学研究对经济学的影响越来越大，实验经济学开始倾向于认知科学与经济学的有机结合，乃至今天迈入更广阔的跨学科研究领域。从20世纪七十年代开始，实验经济学和行为经济学开始逐步相互渗透，直至很多情况下两者几乎成为一体，以至于人们通常用"行为和实验经济学"一词来合称行为经济学和实验经济学。实验经济学在一定程度上成为行为经济学的独特方法论，而实验经济学本身也更多地以行为经济学的理论思想为指南，去发现和构造新的理论。

当然，也不能简单地把实验经济学等同于行为经济学。对实验经济学来说，既可以用于行为经济学的理论和经验研究，也可以用于其他经济学学科的研究，即实验经济学并不局限于行为经济学的范畴。同样，行为经济学既可以运用实验经济学的理论和方法进行研究，也可以运用计量经济学、计算机模拟以及数学建模等方法进行研究。行为经济学和实验经济学有很大程度的交集，但并非完全叠加。即便是行为经济学家本身也有一些人反对或者不认同实验经济学的方法。本文讨论的是实验经济学的本土化，虽然包含了部分行为经济学的内容，但并不完全一致[①]。

[①] 特别感谢杜宁华教授的建议，实验经济学和行为经济学之异同的确需要明确澄清。限于篇幅，此处只能简单表明看法。

实验经济学的核心在于经济学实验。经济学实验就是通过实验室状态或者实地状态（可以是人工的，也可以是自然的）来抽象地再现某个社会政治经济现象，通过设定某些控制机制，以激发处于实验状态的参与人（通常称作"被试"）的行为，通过观测和记录被试的行为数据，来推断影响行为的可能因素。对经济学实验而言，有四个关键特征：第一，经济学实验的设计必须依赖某些特征事实，比如公共品供给实验、分配实验、资本市场实验、拍卖实验等，都能找到现实的对应，实验实际上就是对对应现实的抽象。这是史密斯提出的实验经济学方法论之"并行原理（parallelism）"（Smith，1982）。第二，控制机制的设计必须依赖某些理论，这些理论可以是经济学的，也可以是认知科学或者其他社会科学学科的，实验中的控制机制实际上是某些理论思想的体现，比如独裁者实验就包含了不同学科对利他行为的争议理论。第三，真实激励。和其他类型的实验不同，经济学实验寻求真实激励，以再现现实中的真实行为。比如实验室实验中所用的筹码是可以兑换真实货币的；实地实验中对被试的激励是直接用货币或者有价值的物品来完成的。真实激励是史密斯提出的实验经济学方法论的体现，即"诱导价值原理（induced value theory）"（Smith，1982）。第四，随机性的权衡。在经济学实验中，随机性是一大难题。但实验经济学家通过合理的方法来确保随机性，比如实验室实验的被试随机招募，实地实验中的任务安排等。

　　当然，对经济学实验来说，可控制性和可复制性这两个核心要件尤其需要注意。只有满足这两个条件，才称得上是经济学实验[①]。可控制性是经济学实验的核心优势所在。虽然自然实地的数据采集都满足随机性，但自然生成的数据难以刻画微观行为，而只能刻画行为的结果。通过问卷调查形式虽然在一定程度上能够测度行为，但主观性太强，而且依赖问卷设计

[①] 关于实验经济学的详细介绍可以参见两本权威教材 Davis 和 Holt（1992）以及 Friedman 和 Shyam（1994）。戴维斯和霍尔特（1993）则在第 13~16 页明确讨论了这两个核心元素。

者的认知和研究水平以及调查员的认知和业务水平。更何况很多行为特征无法通过问卷来描述。通过在实验中设置控制条件，经济学实验可以有效观察某些微观因素对行为的影响，特别是不可观测的偏好因素。经济学实验可以实现偏好的内生，这是其他经济学学科无法做到的。不过，可控制性的出现意味着实验过程和结果可能有人为操纵，这是经济学实验饱受质疑的地方。为此，经济学实验强调可复制性，也就是说，同样的实验可以在不同的空间用不同的被试进行复制，通过可复制性来解决人们对操纵的疑虑。假如通过复制能获得稳健的结论，那么意味着研究的有效性和可靠性得以提升。

实验经济学一直以来确实有这些固有的争议，比如随机性有时难以完全满足、实验研究的有效性受到质疑、数据和实验结果的可操纵性等。实验经济学家已经努力通过改进实验设计来弥补这些不足。而实验经济学自身也是在巨大的争议声中兴起的。从思想史的角度看，实验经济学的研究最早应该可以追溯到20世纪30年代瑟斯通（Thurstone，1931）的研究（Roth，1995等均认可这个说法）。随后二十余年有少数人在此基础上尝试进行了个体选择实验、博弈论实验、产业组织实验和分配实验等。但规范的实验经济学研究直到20世纪六七十年代才开始出现。

首先，经济学家西格尔（Siegel）、泽尔腾（Selten）、史密斯和普劳特（Plott）在早期实验研究的基础上，开始独立或者相互合作构建新的经济学实验，用以研究谈判、拍卖、价格机制、投票等经典的经济学问题，并由此开创了实验经济学这门独特的经济学分支学科。其中最具代表性的就是Smith（1962）的双向拍卖实验。史密斯深受张伯伦（Chamberlin，1948）产业组织和市场竞争实验的启发，进一步设计出了拍卖实验，再现了价格机制的形成和演变过程。这些经济学家的实验研究已经形成了自身的独立的规范。包括被试的随机性和匿名性；真实的货币激励；控制和激发机制；实验流程规范等。特别是史密斯（Smith，1976，1982）提出了系统的实验经济学的方法论，突出了经济学实验设计的基本原则，填补了实验经济学方法论上的空白，从而使得实验经济学在理论、方法论、技术方法和应用方面形成了比较完整的体系，这是实验经济学成为一个学科的标志。

其次，实验经济学的发展也得益于行为经济学的兴起。20世纪六七十年代，心理学家卡尼曼和特维斯基开始通过心理学实验方法研究人的判断和决策问题，并把其研究延伸到经济学领域，探讨体的经济决策问题，提出了"前景理论（Prospect theory）"（Kahneman & Tversky，1979），该理论试图取代新古典范式的效用最大化理论，激发了众多经济学家参与其中，从而导致现代行为经济学的兴起。而心理学家采用的心理学实验后来也被实验经济学家广泛借鉴采用。

到20世纪80年代，一批新的研究者开始把卡尼曼和特维斯基的研究与史密斯等人的研究有机结合起来，实验经济学开始作为行为经济学的独特的代表性研究方法亮相，行为和实验经济学作为一个整体开启了其逆风之旅[①]。

从20世纪80年代开始，实验经济学开始渗透到经济学的各个领域，大大推进了这些领域的发展。迄今为止，实验经济学对经济学的很多方面都做出了重要贡献，其中最重要的一个方面是构建了新的微微观基础，这有可能成为未来经济学发展的新基础。笔者把这个新基础概括为"偏好的微观结构理论"（周业安，2015）。这个新基础是微微观的，也就是过去传统经济学所谓的微观基础之上，进一步讨论偏好的内生性，打开了人的决策黑箱，从而终结了新古典范式的偏好外生假定和理性预期假说，通过引入人的认知系统和社会属性，让经济学得以有效解释现实的人的行为的复杂性和多样性。这个偏好的微观结构可以理解为个体偏好包含自利偏

---

① 有关实验经济学的相关总结和评述参见 Kagel 和 Roth（1995，2015）以及 Plott 和 Smith（2008）编辑出版的三本实验经济学手册；Camerer 和 Loewenstein（2003）编辑的行为经济学文集中包含了很多经典实验研究论文；以及凯莫勒（2006）对行为博弈的系统阐述。

好和社会性偏好[①]两大类，社会性偏好通常又包括利他偏好（Andreoni & Miller，2002 等）、不平等厌恶偏好（Fehr & Schmidt，1999 等）以及互惠偏好（Rabin，1993 等）等。

　　行为和实验经济学除了全面革新了个体决策和判断理论外，还开始重新诠释经济学的各种经典理论，并且把新古典范式当作一个特例来处理。也就是说，行为和实验经济学不仅能够有效解释新古典范式可以解释的各种问题，同样也可以有效解释新古典范式无法解释的各种难题。经过四十多年的努力，行为和实验经济学已经基本重构或者正在重构传统经济学的多个分支领域，比如重构了企业和组织理论，形成了行为组织理论；重构了劳动经济学，形成了行为劳动经济学；重构了博弈论，形成了行为博弈理论和行为产业组织理论；重构了公共经济学，形成了行为公共经济学；正在创新宏观经济学，并形成了行为宏观经济学的雏形；形成了助推为核心的政策设计思想，并对现实的公共政策的设计和制定产生了巨大影响。实验经济学更是与脑科学和认知科学有机结合，探求决策的物质基础，并形成了神经经济学。实验经济学取得的进展异常丰富，本文难以详述，具体可以参见 Kagel 和 Roth（1995）、Plott 和 Smith（2008）以及 Kagel 和 Roth（2015）编辑的三本实验经济学手册。

二　实验经济学在本土的发展及现状概述

（一）实验经济学的本土化发展历程简述

　　实验经济学在本土的传播和发展不到二十年时间。据密歇根大学陈岩教授介绍，1990 年加州理工学院的三位教授 John Ledyard、Charlie Plott 与 Peter Ordeshook 曾受胡乔木邀请来中国社会科学院和北京大学做了一系列

[①] 经过和王湘红教授等人反复讨论，social preferences 一词还是译作社会性偏好比较合理，一是可以更好地刻画个体的社会属性，二是可以和传统意义上的社会偏好明确区分。

关于实验经济学的讲座，可看成是实验经济学本土化的起点。这个讲座对当时国内的许多研究者和学生产生了很大的影响，陈岩教授后来从事实验经济学研究就与此相关。到 2000 年前后，本土的部分研究者开始对行为和实验经济学感兴趣，并进行了个别的初步的研究，迄今能检索到的最早比较系统地介绍实验经济学的文章是汪丁丁（1994），而符合实验经济学研究规范的早期文献是王若颖和陈宏民（1998），早期实验研究论文还包括曹敏、Hsee 和吴冲锋（2002）、刘小兵（2004）等。在早期阶段，德国波恩大学实验经济学实验室的施密特博士（Heike Hennig-Schmidt）对国内实验经济学的发展起到了一定的普及和推动作用。施密特教授从 1999 年就开始与四川大学欧洲研究中心、中心研究员李竹渝教授合作，先后在成都、波恩等地举办了中德联合实验经济学暑期班，并于 2004 年在四川大学成功举办了"实验经济学国际研讨会"，这是有资料记载的国内第一次实验经济学国际性的学术交流会议，对实验经济学的本土化产生了一定的影响[①]。相关的论文也是国内较早的实验经济学论文之一（李竹渝等，2001，2002；施密特、李竹渝，2006）。

不过，严格地说，实验经济学的本土化真正开始于 2003 年。从 2003 年起至今，整个本土化过程大致可以划分为三个阶段：第一阶段为发展的雏形阶段，时间大概是 2003~2006 年。第二阶段可视为实验经济学的本土化兴起阶段，时间大概是 2006~2010 年。第三个阶段可看作实验经济学本土化的初步繁荣阶段，时间大概是 2010 年至今。

第一个阶段有两条主线。第一条主线是海外学者来国内传播行为和实验经济学。第二条主线是本土学者自发学习和研究行为和实验经济学。第一条主线的标志性事件是两大实验室的建成，一个是上海交通大学的 Smith 实验经济学研究中心和 Smith 实验经济学实验室，2003 年筹建，2004 年建成。具体牵头人是费方域教授，诺奖得主史密斯教授资

---

① 详细资料参见 http：//ces.scu.edu.cn/action56.pdf。

助并担任中心和实验室主任，密歇根大学的陈岩教授担任实验室副主任（2005~2012）。依托这个实验室，2005年，陈岩开始回国讲授实验经济学课程，并和其他人一起陆续开设夏季实验经济学短期培训班，为国内实验经济学的发展培养了一批优秀人才，迄今仍有不少活跃在实验经济学研究领域[①]。除了史密斯和陈岩，这个实验室当时还有费方域、秦向东、龚冰琳、Thorsten Chmura 和 Thomas Pitz。另一个是南开大学的泽尔腾实验室，在2003年成立，当时的发起人包括诺奖得主泽尔腾教授、南开大学李维安教授、当时在香港中文大学任职的唐方方教授、香港大学张俊喜教授和宋敏教授五人[②]。该实验室成立之初，由泽尔腾教授出任首任实验室主任。唐方方教授等人基于这个平台开始传播实验经济学。李建标和宗计川等由此步入实验经济学领域并成长起来。

第二条主线则表现为本土学者的自发研究过程。通过学习相关的文献，本土学者开始撰写行为和实验经济学相关的评介性文章或初步的思想史研究，或者尝试进行实验设计，进行规范的实验经济学研究。这一阶段的特点是相关文章的形式多样化，并且开始尝试多种实验方法。在思想史方面，代表作有周业安（2004，2005）、叶航（2005）等。在实验方法方面，规范的实验室实验论文开始出现，代表作有金雪军和杨晓兰（2004）、杨晓兰和金雪军（2005，2006）、杨晓兰（2006）、高鸿桢、林嘉永（2005）等。此外，其他实验方法也得到运用，比如问卷实验，如伍利娜和陆正飞（2005）；心理实验，如林树等（2006）；实地实验，如周黎安等（2006）。这些文章和实验研究论文虽然大多是比较初步的，但对于后来实验经济学的本土化起到了一定的引领作用。

这个阶段集中介绍行为和实验经济学的网站开始出现。这方面的代表

---

① 这段史料由陈岩教授提供，在此特别感谢！

② 参见当时的新闻报道 http://learning.sohu.com/2003/11/17/00/article215680052.shtml。

是 2004 年成立的原人大经济论坛①以及杨晓兰个人办的实验经济学工作坊。这个阶段经典译著开始出现，中国人民大学出版社 2003 年出版了史莱佛的《并非有效的市场——行为金融学导论》中译本，这是国内第一次出版行为金融学领域的学术专著；2006 年出版了凯莫勒的《行为博弈——对策略互动的实验研究》中译本，是国内第一次出版行为和实验经济学领域的学术专著。

第二阶段大概在 2006~2009 年，是实验经济学本土化的兴起阶段。这个阶段的标志性事件是 2007 年 8 月 4 日，在上海交大成功举办了第三届经济科学学会（ESA）实验经济学亚太会议。这是国内第一次举办大型的实验经济学国际性学术会议，在国内学术界产生了很大的影响②。这个阶段具体来说，第一，海外学者开始陆续回国任教。代表人物有中国人民大学经济学院的王湘红教授、上海财经大学经济学院的杜宁华教授、华东师范大学的龚冰琳教授。这些海外学者回归后率先在各自院系开设了专门的行为和实验经济学本科和研究生课程，并列入了所在专业本科和研究生教学大纲，意味着这些课程开始成为正式的"计划内"课程。

第二，本土自学成才的研究者开始初步掌握行为和实验经济学的理论和研究方法，并撰写出了一批规范的实验经济学研究论文，并对外宣读和公开发表，这方面的代表作有李建标和李晓义等（2007）；朱宪辰、李妍绮、曾华翔（2008）；周业安和宋紫峰（2008）；万迪昉等（2008）；陈叶烽（2009）；龚强（2009）；李晓义和李建标（2009）等。此外，还有自然实验类的论文，如攀登、施东晖、宋铮（2008）。相关的学术专著也开始出版，代表著有杨晓兰（2007）。除了本土学者自行发表的成果外，一些国外学者与本土学者合作的学术论文也开始在国外重要学术期刊上发

---

① 原人大经济论坛在经过重整后，成立了新的人大经济论坛，如今仍然保留了行为和实验经济学板块，由代志新等负责。目前论坛网址 http：//econforum.ruc.edu.cn/forum.php。

② 会议相关情况参见 http：//www.acem.sjtu.edu.cn/news_center/news/ZH2-279612.html。

表，比如施密特与李竹渝等人合作的论文（Hennig-Schmidt，Li & Yang，2008）就发表在 JEBO 上。

第三，本土独立建设的标准的经济学实验室开始出现，代表性的有中国人民大学经济学院经济组织与经济行为实验室（2006 年）；上海财经大学经济学院实验经济学实验室（2006 年）；东北财经大学实验经济学实验室（2009 年）；西南财经大学实验经济学实验室（2009 年）；厦门大学实验经济金融实验室（FEEL）（2010）等。这些实验室的出现大大拓展了实验经济学在本土的影响力和传播空间，为后来的实验经济学的繁荣打下了坚实的基础。

第四，有影响力的实验经济学教材开始出版，除了董志勇（现北京大学教授）和杨晓兰（现上海外国语大学教授）等人撰写的行为经济学和实验经济学的教材之外，这方面的代表著是杜宁华的《实验经济学》教材（杜宁华，2008），这本教材几乎是当时自学实验经济学的老师和学生的必备宝典。

总体上看，这四年是实验经济学本土化的关键时期，无论是科研成果的发表还是科学知识的传播都引发了学界的热议和关注，并开始吸引众多年轻学生加入其中，大大充实了这个领域的研究力量。

第三阶段是实验经济学在本土化的初步繁荣阶段，时间上算可以把 2010 年作为这个阶段的起点。这个阶段有三个标志性大事件，一个是中国人民大学出版社首次推出了专门的《行为和实验经济学前沿译丛》，开始系统传播海外的行为和实验经济学研究成果。第二个大事件是全国性的行为和实验经济学会议开始陆续举办。ESA 实验经济学亚太会议继 2007 年在上海交大成功举办后，2011 年 12 月再次在厦门大学成功举办[①]，并且 2020 年将在中国人民大学举办。本土的全国行为和实验经济学研讨会也开始举办，2015 年"第一届行为与实验经济学学术研讨会"成功举办，标志

---

① 参见 http://www.wise.xmu.edu.cn/experimental2011/。

着行为与实验经济学本土化进入了一个新的阶段。与此同时，国内高校也开始自主举办国际性的研讨会，代表性的有厦门大学的 WISE 实验经济学、金融学国际研讨会；上海财经大学经济学院举办的行为和实验经济学国际研讨会；清华大学经管学院举办的行为实验和理论国际研讨会（Tsinghua BEAT）等。第三个大事件是国家自然科学基金在 2017 年开始把行为经济学和实验经济学单列出来资助，代码是 G0302，这意味着行为和实验经济学作为独立的经济学学科之一开始正式登上舞台，并得到了学术界的认可。

除了这两个大事件之外，这个阶段呈现出以下特点：第一，实验经济学领域的国际交流开始频繁，越来越多的海外学者回国任教。第二，随着本土学生陆续培养以及海外研究者的陆续回归，一些高水平研究团队开始组建和运行，并且风格鲜明。第三，本土研究者开始广泛而深入的合作研究，并呈现出跨学科特征，相关成果开始在海外顶级期刊发表。第四，海外知名教授开始越来越频繁地致力于带动国内实验经济学的发展，并帮助国内实验经济学开始逐步拓展海外影响，代表人物是密歇根大学的陈岩教授、德克萨斯大学达拉斯分校的李欣教授等，其中一些近年来已经在内地高校任职，比如唐方方教授 2008 年正式入职北京大学；杨春雷教授目前正式任职于南京审计大学。在这些顶尖学者的带动下，一些年轻的海外学者也开始积极和国内交流与合作，比如南洋理工大学的包特博士和洪福海博士（现为香港岭南大学副教授）等就是其中的代表。总之，这个阶段是实验经济学本土化的关键时期，目前加入这个领域研究的年轻学者越来越多，各高校陆续建立了自己的实验室，并形成了多个研究团队，实验经济学本土化正呈现出繁荣的景象。

（二）实验经济学本土化的现状[①]

从空间上看，当今从事实验经济学的研究者众多，广泛分布在众多

[①] 本节的介绍均来自各单位和个人主页所提供的公开资料。

高校，但也展示出一个明显的特征，那就是呈现出三个活跃地带，一是北京、天津及周边地区，二是上海、杭州及长三角其他地区，三是厦门、广州为核心的东南地区。这和当前整个高校学术研究资源的分布和流动性趋势是一致的。

1. 北京、天津和周边地区高校的实验经济学发展状况

北京、天津及周边地区高校云集，从事实验经济学研究的学者也比较多，主要集中在北京大学、清华大学、中国人民大学、南开大学，北京师范大学、中央财经大学、山东大学、中国社会科学院等也有部分研究者。经济学实验室的分布要更广些，几乎每个高校都建立起了教学辅助或者专门的经济学实验室。中国社会科学院整合全院资源，也组建了相应的实验室。

南开大学商学院泽尔腾实验室（SelLab）是国内成立最早的经济学实验室。该实验室在 2003 年建立，该实验室成立之初，由泽尔腾教授出任首任实验室主任。目前该实验室最活跃的学者是李建标教授。此外，南开大学经济学院的贺京同教授和那艺博士主要侧重行为经济学研究。中国人民大学经济学院是实验经济学本土化的拓荒者之一。早在 2006 年，中国人民大学经济学院在考察了北美一些高校代表性实验室之后，组建了经济组织与经济行为实验室，其后该实验室纳入中国人民大学国家级实验教学示范中心及中国人民大学国家级虚拟仿真实验教学中心，成为其下设实验室之一。实验室目前包括于泽（主任）、王湘红、陆方文、孙文凯、韩松、刘凤良、代志新、翁茜、叶光亮、周业安等人。人大研究团队还培养了一批年轻的本土实验经济学研究骨干，如宋紫峰、连洪泉、黄国宾、王一子等。清华大学的实验经济学研究在近年来开始崛起。一方面得益于连暐虹（Jaimie Lien）、郑捷、刘潇等海外博士回来任职；另一方面归功于陈岩教授受聘担任杰出访问教授，对实验经济学的教学和研究起到了极大的促进作用。清华大学经济管理学院经济科学与政策实验室（ESPEL）由连暐虹、郑捷、钟笑寒三人 2011 年创建，目前实验室主要成员包括陈岩（主

任）、郑捷（执行副主任）、钟笑寒、刘潇、连暐虹等。其中陈岩是美国密歇根大学信息学院教授，是实验经济学领域最优秀的华人经济学家，培养了一批年轻的实验经济学研究者，有些已经在国际上有了较高知名度，比如李欣教授；有些已经回国任教，比如清华大学的刘潇博士、上海交大的江明博士等。北京大学的实验经济学研究主要有唐方方教授、孟涓涓博士和张丹丹博士等。

除了以上四所大学，北京师范大学、中央财经大学和山东大学也都有相应的经济学实验室和研究人员。北京师范大学的实验室 2008 年就建立了，目前主要是何浩然博士负责，此外还有经济与资源管理研究院的周晔馨和数学科学学院的张博宇。山东大学的韦倩教授、中央财经大学的李彬教授、山东财经大学的汪崇金教授等近年来也开始投入行为和实验经济学的研究。

2. 上海、杭州及长三角其他地区高校的实验经济学发展情况

在长三角地区，上海交通大学、浙江大学和上海财经大学是最早开展实验经济学教学与研究的三所大学。上海交通大学是最早组建标准的经济学实验室的国内大学之一。诺奖得主弗农·史密斯（Vernon Smith）教授在 2003 年访问上海交通大学后，在 2004 年双方合作成立了"Smith 实验经济学研究中心"，并建了 Smith 实验经济学实验室，2004 年投入使用。史密斯一直担任中心主任，陈岩 2005 年开始任副主任，2012 年卸任。目前官方主页上显示的实验室研究团队包括费方域、陈岩、秦向东、崔满、巢宏、严功翠[①]。目前安泰管理学院的江明博士和徐晓书博士一直从事实验经济学的研究。

在实验经济学的本土化过程中，浙江大学和浙江财经大学扮演了极为重要的角色。2003 年，浙江大学成立了跨学科社会科学研究中心（ICSS），创建人是叶航教授和汪丁丁教授，现中心主任为叶航教授，副

---

① 上海交大的 Smith 实验经济学研究中心相关资料参见其主页 http://seerc.sjtu.edu.cn/。

主任为陈叶烽副教授[①]。该中心自成立以来，一直立足行为和实验经济学及神经经济学的研究，是桑塔费学派以及神经经济学在国内的主要传播者。2016年，叶航教授在浙江财经大学发起成立了经济行为与决策研究中心（CEBD），该中心在2017年获批浙江省哲学社会科学重点研究基地[②]。目前叶航教授担任该中心的首席专家，中心主任卢新波教授，副主任罗俊博士，成员有姜树广、李佳慧、郑恒、纪云东、张弘、李燕、郑昊力、黄达强等。该中心侧重神经实验和仿真实验，是国内目前唯一在神经经济学领域有所建树的研究团队。浙江大学除了跨学科研究中心外，还在2010年成立了实验社会科学实验室，成立之初，许彬任主任，杨晓兰任副主任，成员包括王志坚、范良聪等人。许彬目前任职于浙江工商大学经济学院，杨晓兰目前任职于上海外国语大学。此外，管理学院还有陈发动博士。

　　上海财经大学的行为和实验经济学研究最早得益于杜宁华教授归国任教。目前上海财经大学经济学院构建了行为和实验经济学研究团队，成员包括杜宁华、姚澜、苗彬、黄振兴、丁婷婷、贺思民，每个团队成员均在海外名校获取了经济学博士学位，该团队侧重研究博弈论、决策理论、市场设计等多方面的研究[③]。此外，在上海，复旦大学管理学院的李玲芳博士和华东师范大学的龚冰琳博士都是实验经济学领域的知名学者。南京审计大学近年来异军突起，知名学者杨春雷教授入选2016年长江学者并入职该校任教，让长三角地区行为和实验经济学梯队分布成型，而南京也有望成为一个重要的活跃区域。

　　3. 以厦门和广州为核心的东南地区的行为与实验经济学研究现状

　　在东南部地区，厦门大学是行为和实验经济学最活跃的高校。厦门大

[①] 相关资料参见其主页 http：//www.icsszju.net/。
[②] 相关资料参见其主页 http：//www.cebdzufe.yswebportal.cc/。
[③] 参见当时的相关报道 http：//www.sohu.com/a/197248671_508283。上财实验团队的具体信息参见 https：//econ.shufe.edu.cn/se/seg/6392。

学 2010 年组建实验经济金融实验室（FEEL），是厦门大学王亚南经济研究院和"计量经济学"教育部重点实验室（厦门大学）下属的研究机构。目前官网显示的研究者包括耿森、Brett Graham、蔡熙乾、李智、龙小宁、Jacopo Magnani、王云、李梦玲、李培、薛绍杰、叶茂亮，其中绝大多数在海外获得了博士学位[①]。其中必须提及的是 Jason Shachat 教授，他 2014 年离开厦大到英国杜伦大学任职。厦大团队目前官网上显示的已发表成果中，大多数都是他在厦大工作期间发表的。并且他还培养出了魏立佳等优秀的年轻学者，魏立佳现在在武汉大学任教。

近年来，广州部分高校的研究者开始在实验经济学领域崭露头角，为南方的实验经济学研究增添了有生力量。华南师范大学 2013 年建立了经济行为科学重点实验室，成员包括董志强、连洪泉、蔡圣刚、李熙、熊冠星。中山大学实验经济学研究有两部分，一是以政务学院公共管理实证与实验研究中心主任梁平汉教授为代表；二是岭南学院在 2013 年成立了行为经济学实验室，最早的成员是柯昌霞博士（现为昆士兰大学高级讲师），现有成员杨扬和戴芸。此外，广州大学有黄国宾博士；暨南大学有郑筱婷博士等。

需要特别说明的是，除了上述三大主要区域外，实际上还有一些地方也比较早地开展了行为和实验经济学的研究和教学工作。东北财经大学 2009 年就创建了实验经济学实验室，宗计川是创建人之一。目前该实验室除了宗计川外，还有钱明辉、孙航、李婧、冯珍珍。东财实验室还主持承担了第二届全国行为和实验经济学研讨会。西南财经大学 2009 年组建了中国行为经济与行为研究中心及实验经济学实验室，雷震教授担任主任，新成员包括国际上行为经济学领域的顶尖学者周恕弘教授，还有 Richard P. Ebstein 教授以及王帝、田森、余景升、何石军等年轻博士。

---

① http://feel.xmu.edu.cn/。

（三）实验经济学本土化过程中的学术活动和学术组织

实验经济学的本土化进程离不开出版社，这方面中国人民大学出版社起到了关键的推动作用。中国人民大学出版社在出版了史莱佛（2003）和凯莫勒（2006）的作品之后，2008 年组织翻译出版了卡尼曼、斯洛维奇和特沃斯基主编的《不确定状况下的判断：启发式和偏差》；2010 年组织翻译出版了凯莫勒、罗文斯坦和拉宾主编的《行为经济学新进展》。在这些译著基础上，中国人民大学出版社开始组织翻译系列行为和实验经济学学术著作，并形成了一个新的译丛系列"行为和实验经济学经典译丛"，在 2010 年面世。可以说这套译丛一直在引领国内研究者和年轻学生从事行为和实验经济学的学习和研究。迄今这套译丛已经有十余本学术专著出版，涵盖了大部分国外权威的实验经济学教材和学术著作，是国内最具影响和最全面的有关行为和实验经济学方面的翻译出版项目。除了中国人民大学出版社，上海世纪出版集团、浙江大学出版社、浙江人民出版社、机械工业出版社、首都经济贸易大学出版社、人民邮电出版社、中信出版社等也都相继出版了相关的行为和实验经济学译著。这些译著的出版为国内实验经济学的兴起创造了良好的环境。

在学术刊物方面，本土的专业刊物给予了实验经济学研究以最大的支持。《经济研究》《管理世界》《世界经济》《管理科学学报》等公认的经济管理类顶级刊物都很早就开始发表实验经济学的论文。《南方经济》《学术月刊》《经济学动态》《南开管理评论》等优秀核心期刊也都力推实验经济学文章。《中国社会科学》近年来也开始刊登实验经济学方面的论文。特别是《南方经济》，从 2014 年开始专门在学术前沿栏目重点介绍实验经济学的研究成果。中国人民大学复印资料中心的《理论经济学》从 2015 年开始陆续转载行为和实验经济学研究方面的论文，从 2015 年第 1 期到 2018 年第 6 期，共转载了文章 58 篇，其中《南方经济》有 14 篇被转载。这些学术刊物极大促进了实验经济学的本土化研究，并发掘出了一批优秀的年轻实验经济学研究者。

实验经济学的本土化得益于纵向基金的大力支持。国家自然科学基金、国家社会科学基金和一些省市级社科基金都给予行为和实验经济学研究强有力的支持。特别是国家自然科学基金最近几年都大力支持行为和实验经济学领域的研究项目，在2017年之前这些项目大多在博弈论和信息经济学（G0301）或者其他类别中申请，2017年国家自然科学基金把行为经济学和实验经济学单列出来，代码G0302，自此行为经济学和实验经济学成为一个正式的独立的学科类别。当年该类别下共资助面上项目4项，青年项目12项；2018年该类别下重点项目1项，优青2项，面上项目6项，青年基金项目10项；在G0301类还有行为和实验经济学相关的项目4项。国家社会科学基金很早就开始会给予行为和实验经济学研究的资助，每年都会有一些该领域的规划项目和青年项目。省市级社科基金同样也助推了实验经济学的本土化，例如，北京市哲学社会科学"十一五"规划项目（2006年）就资助了实验经济学方面的研究项目。

实验经济学的学术活动最早是依附于博弈论的学术活动，早在1996年，"全国博弈论与实验经济学研究会"就成立了。2015年12月6日，南开大学牵头举办了"第一届行为与实验经济学学术研讨会"，行为和实验经济学才有了真正的全国性学术活动的雏形。2017年10月29日，东北财经大学与《经济学动态》编辑部共同主办了"第二届行为与实验经济学研讨会暨国内实验经济学实验室联席会议"，这次会议可被视为实验经济学年会的正式亮相。

行为和实验经济学的本土化过程本身就是国际化的过程，在这方面陈岩教授起到了关键的作用。2007年8月4日，在陈岩教授等人的倡导下，上海交通大学成功举办了第三届经济科学学会（ESA）实验经济学亚太会议，这是国内第一次举办大型的行为和实验经济学国际会议。2011年12月，ESA实验经济学亚太会议再次在厦门大学成功举办，2020年该会议将在中国人民大学举办，届时会看到一个更加庞大的行为和实验经济学研究者群体，这一群体将成为国内经济学界不可或缺的新势力。

可以预见，随着各类年会和国际研讨会的持续举办，实验经济学的全国性互动平台将会更加稳定和多元化，为实验经济学的本土化发展助力。

三 本土学者在实验经济学本土化过程中的主要工作和贡献

实验经济学的本土化过程是一个研究内容不断深化、研究主题不断多元、研究方法不断娴熟的过程。本土学者中本土博士[①]和海外博士两个群体从各自研究，到相互合作研究，逐步形成了合作水平很高的一个大研究群体，这也标志着实验经济学本土化进入一个新阶段。从整个本土化历程看，本土博士和海外博士都做出了各自的贡献，虽然两者之间水平存在明显差异，但随着年轻的本土博士群体的崛起，这种差距正在缩小。特别是随着本土学者和海外学者的合作水平的提升，这种差距将越来越小。本节将分别简单介绍两大群体的研究情况。

（一）本土博士所做的工作及贡献

早期本土博士主要都是通过自学慢慢熟悉和掌握行为和实验经济学领域的相关文献和研究方法，撰写的论文部分属于综述或者思想史的讨论；部分属于模仿基础上的局部本土化研究。当然也有例外，比如李竹渝和施密德合作的论文。2007年前后，规范的学术论文开始批量出现并陆续发表。这些研究不仅主题多样化，方法也涉及实验经济学的方方面面，如实验室实验、问卷实验、心理实验、实地实验、自然实地实验等。但从研究水平看，早期的研究创新性不够，大多数论文仅仅是在一些参数和实验设计细

[①] 这里的本土博士是相对于在海外获得博士学位的研究者（俗称"海归"）而言的，特指本土学者中在大陆高校和研究机构获得博士学位的人，也泛指没有博士学位的其他研究者。这个群体通俗的称谓是"土鳖"。

节上略有创新，或者基于现有的实验设计讨论特定的中国问题。不过即便如此，整体研究都比较严谨和规范，这就给后来的实验经济学本土化打下了非常好的根基。近十年来，随着海外博士陆续回国任教或交流，国内的实验经济学研究水平得到快速提高。此时本土学者异常坚韧地执着于实验经济学领域的开拓，取得了亮眼的成绩，对实验经济学的本土化贡献不可忽略。

从近十余年的实验经济学本土化研究成果看，本土学者的研究主题呈现出多元化的趋势，不仅有一些聚集点，比如亲社会行为、社会偏好与社会合作、博弈论和市场设计等，而且研究主题扩散到非市场行为，比如再分配、腐败、教育等公共政策方面。具体来看，本土实验经济学研究者主要做了以下学术研究工作和学术贡献。

1. 通过提出偏好的微观结构理论，更好地梳理和提炼了行为和实验经济学关于偏好微观基础的研究

行为和实验经济学的一大贡献就是发现了社会偏好，并由此形成了一个社会偏好理论。一些研究者提出了偏好的微观结构理论的说法，试图通过这个理论视角来梳理和提炼行为和实验经济学对偏好的一致理解（汪丁丁和贾拥民，2015；周业安，2015）。偏好的微观结构理论认为，个体带有自身的个体属性和社会属性，在偏好层面上表现出自利偏好和社会偏好的结构模式；社会偏好主要包括利他、不平等厌恶、互惠和认同四大类；社会偏好与自利偏好形成互动，挤入或者挤出；这种互动关系决定了人的行为的多样性和丰富性，进而决定了社会互动的性质和社会经济的性质（周业安，2017；周业安等，2017）。进一步看，偏好的微观结构有其神经基础，大脑中的神经元构成一个复杂网络，这是偏好的微观结构在认知层面的客观基础（汪丁丁和贾拥民，2015）。为了探究偏好的微观结构的运行机理，周业安等（2012）、左聪颖（2013）和黄纯纯等（2014）分别对偏好的微观结构及各偏好间的互动关系进行了测度，并且发现这一微观结构具有性别差异（周业安等，2013）。

2. 初步探索偏好的微观结构影响社会合作的多种作用机制

偏好的微观结构会影响到社会合作水平。首先，研究者考察了基于我国收入不平等的特征事实所构造的实验环境下被试的社会偏好对合作水平的影响（周业安和宋紫峰，2008；宋紫峰，2010；宋紫峰等，2011）。特别是，个体社会偏好的异质性被充分考虑（连洪泉，2012）。左聪颖（2013）进一步引入了不确定性环境和风险偏好，发现偏好的微观结构的合作效应仍然存在。其次，社会偏好可能会通过信任和公平等因素来影响合作水平，在一个三合一的信任博弈实验中，陈叶烽（2010）发现互惠偏好和利他偏好都会影响信任投资行为，但互惠偏好的影响是显著的。而在一组公共品博弈实验中，陈叶烽（2010）同时检验了差异厌恶偏好、互惠偏好和利他偏好对公共品投资行为的影响，实验结果发现，差异厌恶偏好的影响是显著的，而其他两类偏好的影响并不显著。最后，为了考察社会合作稳定性的维持机制，宋紫峰（2010）、宋紫峰和周业安（2011）、连洪泉（2012）、连洪泉等（2013）分别研究了内生奖惩机制；宋紫峰（2010）、周业安和宋紫峰（2012）研究了外生奖惩制度；周晔馨等（2014）、张元鹏和林大卫（2015）对比研究了不同的奖惩机制；闫佳和章平（2016）研究了集中式惩罚；Xu等（2013）研究了个体惩罚机制的有效性与群体规模之间的关系；连洪泉（2012）以及连洪泉等（2015）研究了群体选择机制；连洪泉（2012）还研究了声誉机制和信号机制；范良聪等（2013）发现与利益无关的第三方惩罚即便在出现惩罚成本时也会出现。这些研究发现，除了信号机制效应不明显，其他几种机制均对社会合作水平有显著的正向影响。偏好的微观结构不仅体现在偏好结构本身，也可能体现在认知层面，比如参照点之间的互动关系（袁卓群等，2015）。

3. 对多样性的亲社会行为及其影响因素进行了初步的研究

社会偏好的另一种近似的说法就是亲社会行为。桑塔费学派的研究思路对国内研究者的影响很大，如叶航（2005，2012）、叶航等（2005）通过演化博弈模型和计算机仿真研究了超长历史时期中利他主义行为的生成和演化过程。当然，实验室实验也是研究亲社会行为的重要途径。陈叶烽（2009）的四合一实验结果表明，四种经典的亲社会行为显著存在。禀赋来源（何浩然和陈叶烽，2012a）、族群规模和结构等（何浩然和陈叶烽，2012b）、信任（陈叶烽、叶航和汪丁丁，2010）、社会角色和社会距离（周业安等，2013；连洪泉等，2014）、社会层级和领导者机制（周业安等，2014；黄国宾，2015；周业安等，2015）、信息冲击（郑筱婷，2016）等都是影响亲社会行为的重要因素。亲社会行为的对立面就是逆社会行为，收入不平等会弱化亲社会行为（何浩然、王伟尧和李实，2015）。亲社会行为会产生一系列社会经济后果，比如可能影响治理效率（李晓义和李建标，2009），通过信念间接影响信任（李建标和李朝阳，2013）等。亲社会行为的影响还和外部环境有关，如外部风险（李彬、史宇鹏和刘彦兵，2015）、公平认知（闫佳等人，2017）、金融信任（崔巍，2013）等。

4. 对公平、再分配与认同的初步研究

人的社会属性还体现在公平偏好上，分配动机和分配结果两类公平对人的行为存在差异性影响（陈叶烽、周业安和宋紫峰，2011；陈叶烽，2014）。公平和再分配偏好有关，政府效率和投票机制会影响到再分配偏好及其公平效果（杨晓兰和周业安，2017）。公平偏好本身也会影响到再分配行为，而收入不平等环境会同时显著影响被试的公平偏好和再分配行为（汪良军和童波，2017）。公平观存在文化差异（施密特和李竹渝，2006），其中情感、关注等社会属性起着重要的作用（Hennig-Schmidt & Li and Yang，2008）

社会合作水平和个体的身份认同有关。在最后的通牒博弈中，假设更换提议者和回应者身份，身份的变化并没有显著影响分配结果（何浩然和周业安，2017）。但给定个体的社会身份，适度的偏见可以改进合作水平（张弘和陈姝，2017）。也就是说，个体对身份的认同很重要。身份会影响腐败水平，"官员—百姓"身份划分显著提高了腐败率（雷震等，2016）；认同也体现在绩效上，货币度量的绩效认可和口头认可都可能影响到工人的生产率（Neckermann & Yang，2017）。认同还体现在规则上，对不同社会规范的认同程度以及成员认同的一致性程度会影响规范的实施效果（范良聪、刘璐和张新超，2016）。假如被试认同权威，权威机制就会有效，而对权威的认同是可以通过价值观塑造的，工人被试与学生被试存在显著的结果差异（Vollan et al.，2017）。

5. 对市场设计的初步研究

实验经济学对谈判、合谋、拍卖等市场机制有非常独到的研究，本土学者同样关心这些问题。在市场机制的研究方面，李建标和杨晓兰做了很多工作。李建标等人早期通过实验室实验研究了信息对 Nash 谈判解的预测能力的影响（李建标等，2007）、产品差异化条件下的合谋行为（李建标等，2008）等。在此基础上，他们进一步根据本土化特征事实引入了一些特定机制，比如李建标等（2011）在一级密封拍卖中引入了三种有限腐败机制，并考虑了腐败者异质性问题；李建标、汪敏达和王鹏程（2014）还设计了一个多物品共同价值拍卖模型，研究了拍卖机制、参与人支付和信息产生能力对拍卖效率的影响。除了李建标团队外，其他一些研究者也从不同角度研究了一些市场设计问题，比如周业安和宋紫峰（2011）基于一个多代理人模型研究了社会偏好下信息结构和代理人竞争对合同选择的影响。邓红平和罗俊（2016）运用实验室实验方法研究了延迟接受机制（盖尔—夏普利机制）和不完全信息随机序列独裁机制在公租房分配中的运用效果，发现 G-S 机制可能在显示偏好方面更有效也更公平。

市场设计的研究可以通过构建实验资本市场来实现。在一系列实验资本市场的研究中，杨晓兰及其合作者发现，流动性约束会显著影响资产价格波动（杨晓兰和金雪军，2005；杨晓兰和金雪军，2006；杨晓兰，2010）；涨跌幅限制是 A 股市场的重要机制，通过实验资本市场上引入这种机制，无论是动态机制还是静态机制，都会显著平抑证券价格波动（杨晓兰，2006）；平准基金同样是平抑资产价格过度波动的重要机制，通过实验室实验研究发现，不同类型的平准基金同样能显著抑制市场过度波动

（杨晓兰和洪涛，2011）。杨晓兰等人还通过实验资本市场探讨了从众行为（Yang et al.，2018）。

6. 对博弈论的一些探索

演化博弈和其他博弈论的主题同样受到关注。比如许彬等人注意到，社会经济的演变可能呈现出某种非线性的特征，并且表现出很大的随机性。这种表面的随机性背后是否隐藏着潜在行为模式以及相应的演化规律？通过将演化动力学理论模型与石头剪刀布博弈、硬币配对博弈以及性别博弈实验进行对照，许彬、周海军和王志坚等人在石头剪刀布实验中发现了博弈群体行为演变中存在周期性特征（Xu，Zhou & Wang，2013）；同时，借助于泽尔腾（Selten，2008）的一组2×2的实验数据，许彬等人检验了硬币配对型博弈中的群体行为周期性与博弈支付矩阵决定的振动频率之间的关系（Xu，Wang & Wang，2014），最后发现了在看似符合纳什均衡的策略背后隐藏的个体的非理性行为模式（Wang，Xu & Zhou，2014）：非人格化情景下敲诈策略可能占优；而人格化情景下，慷慨策略可能占优（Wang et al.，2016）。

其他一些研究者也从不同角度探讨了博弈论的一些基本问题。比如朱宪辰等（2008）设计了"仅见行动""仅闻建议"两种不完美信息下的序贯决策检验了广义贝叶斯模型。万迪昉等（2008）研究发现，高集权组织演进速度会快于低集权组织，且外部信息的影响会因组织中个体重要性而变化。龚强（2009）研究了消费者谈判力与厂商标价策略，发现谈判力弱时厂商会策略性不标价，从而导致福利损失。闫威等人（2017）研究了锦标赛结构、不同阶段信息反馈以及参与人相互拆台行为等对博弈结果的影响，公共选择问题涉及投票博弈。宗计川（2013）研究了投票时序对早晚投票人出席决策的影响，发现投票人的投票优势不仅受投票时序的影响，还受到组间规模的影响。

7. 对行为金融的初步研究

杨晓兰等人的实验资本市场的研究本质是讨论市场设计，除了这部分研究以外，以金融市场为研究对象的实验经济学研究还涉及行为金融的相关内容。这些文献通过不同的实验方法研究了资产价格的波动及其影响因素，进而深入探讨了投资者行为的异质性。比如林树等（2006）较早通过心理学实验检验了投资者"热手效应"与"赌徒谬误"。在此基础上，林树和俞乔（2010）进一步讨论了这些认知偏见对资产价格的影响。王擎和周伟（2013）则考虑到模糊性情境市场的伦理环境与投资者行为之间的互动关系。李建标等（2018）则研究了回购效应的性别差异。宗计川、付嘉和包特（2017）通过实验室实验探讨了参与人认知能力对资产价格波动的影响。即便在风险态度和趋势可预期的前提下，决策惯性依旧存在（宗计川、朱鑫鑫和隋聪，2017）。

8. 其他一些有意义的研究主题

本土实验经济学的研究实际上呈现了非常多元化的趋势，研究主题和研究方法都有明显的多样化。除了上述六个相对比较集中的研究主题外，研究者也探讨了其他一些社会经济问题，如王欢等（2017）对教育问题的研究、青平等（2016）对网络传播的研究、雷震（2013）对腐败问题的研究，姜树广和陈叶烽（2016）讨论了腐败困境。宗计川等围绕个体支付意愿（WTP）进行了一系列的实验室和问卷实验的研究（Knetsch, Riyanto & Zong, 2012; Zong & Knetsch, 2013；宗计川、吕源和唐方方，2014）。宗计川（2018）还讨论了捆绑组合产品对决策的影响。

（二）海外博士所做的工作和学术贡献

近十余年来，众多在海外获得博士学位并专门从事实验经济学研究的学者开始回大陆高校任教，这些学者有良好的教育背景、丰富的实验经济学学习和研究经历以及高水平的合作者，能够在实验经济学顶尖期刊发表学术论文，在国际上产生了一定的影响。这些学者的研究主题广泛分布在各种前沿领域，现简要概述如下。

1. 亲社会行为的本土化研究

对海外研究者来说，偏好的微观结构也是研究的重点。不过，这些研究者更关心中国传统社会网络（即人际关系）的影响。比如，梁平汉和孟涓涓（2013）以及 Liang 和 Meng（2014）引入了人情社会这一本土化元素，结果发现，人际关系能显著增大间接互惠的水平。Cadsb 等（2015）同样注意到关系与守诺概率的关系。关系也体现在礼物交换上，Currie、Lin 和 Meng（2013）基于大陆医院门诊设计了一组现场实验，发现礼物交换效应显著存在。

除了人情社会这一特定的本土化元素，中国传统也是本土化设计的关键之一。就中国传统而言，儒家思想无疑是核心。Liu、Meng 和 Wang（2014）通过对比大陆和台湾被试，结果发现，儒家思想的不同承继方式和水平会显著影响亲社会行为。Booth 等（2018）对比了北京和台北两个城市的被试行为之性别差异，发现北京的女性要比男性竞争意识更强，而台北被试则没有显著的性别差异。龚冰琳等人则注意到中国少数民族文化异质性对亲社会行为的影响，实验结果发现，彝族被试没有显著的性别差异，而摩梭族被试则显示出性别差异（Gong，Yan & Yang，2015）。

2. 社会偏好与社会合作行为的研究

Carlsson、He 和 Martinsson（2013）发现，心理账户可能会影响社会偏好。这一结果和何浩然、陈叶烽（2012a）的结果类似。被试的过往经历同样会影响社会偏好（Charness、Du & Yang，2011）。社会偏好会对社会成员的合作行为带来重要影响。Lin、Meng 和 Weng（2015）发现，当出现系统性的随机冲击时，即便被试间初始关系不强，也足以建立起一个长期关系。Dai、Hogarth 和 Villeval（2015）研究了不同审计方法对合作水平的影响，降低审计频率以及让审计变得更不确定会提高合作信念、促进合作水平。张博宇等人做了一系列博弈实验讨论合作问题。Wu 等（2009）发现，有成本的惩罚并没有促进合作；奖惩制度并行要比单一的奖励或者惩罚制度更有效（Wu et al., 2014）；奖惩制度通过社会偏好影响合作

（Dong, Zhang & Tao, 2016）。当出现二级免费乘车时，同伴惩罚和共同惩罚表现出一些不同的特点（Zhang et al., 2014）。此外，退出机制（Zhang et al., 2016）、社会分群和组群规范（Han et al., 2017）、地位均等程度（Han 等，2018）等都会影响合作。社会成员的诚实程度也会影响合作水平（Cadsby, Du & Song, 2016）。不同机制会改变这些影响路径。代志新等（Dai, Hogarth & Villeval, 2017）发现随机控制要比集中控制效果更好。Dai, Hogarth 和 Villeval（2018）进一步发现，实验室实验中的被试行为在一定程度上能够预测其现实行为。

合作与认同有关。陈岩、李欣、刘潇、Shih（2014）发现，通过激发民族身份，亚洲人更显著地表现出组内合作和组间歧视，而白人对激发没有反应；通过协调博弈激发组织身份，会在一定程度上降低亚洲人的组间歧视。翁茜和卡尔森发现，在没有惩罚的条件下，身份强弱对同质/异质团队的合作水平有显著影响；在引入惩罚机制之后，惩罚效果同样取决于身份的强弱（Weng & Carlsson, 2015）。江明等人研究了遵守社会规范的价值（Krupka, Leider & Jiang, 2017）。

3. 博弈论和市场设计的研究

唐方方教授是这个领域中较早的探索者。例如，他和陈岩在公共品博弈实验中考察了研究格里乌斯（Groves）—利亚德机制（Ledyard）与沃克（Walker）机制（即匹配—差异机制）的效果差异（Chen & Tang, 1998）；在重复维克里拍卖实验中发现了禀赋效应对不同拍卖规则的估值效应的影响（Knetsch, Tang & Thaler, 2001）；发现了预期学习机制具有稳定性（Tang, 2001）；在最后通牒博弈实验中发现惩罚机制占优预期学习机制（Klaus et al., 2001）。

当然，就真正意义上的本土研究来说，在博弈论和市场设计方面的成果相当丰硕。Chmura、Pitz 和其导师 Selten 合作，进行了博弈论的实验室实验研究。Selten 和 Chmura（2008）通过设计不同的游戏进行实验，讨论不同类型的博弈均衡问题；Selten 等（2007）则设计了路径选择实验来研究博弈均衡，其中考虑了学习机制。徐晓书等人在序贯拍卖中引入垄断情形（Xu，Levin & Ye，2012）。他们进一步研究了拍卖后转售对进入的影响（Xu，Levin & Ye，2013）。私人价值拍卖中获胜者给其他拍卖人施加某种负外部性，此时不同拍卖机制下的免费乘车行为有差异（Hu et al.，2013）。Shachat教授和魏立佳等人合作也研究了一系列的博弈论和机制设计问题。Tan和Wei（2014）对比了无限期和有限期公共品博弈实验结果。Shachat、Swarthout和Wei（2015）则研究了重复博弈中的混合策略的运用。Shachat和Wei（2012）通过实验室实验检验了英式拍卖（EA）和第一价格密封投标拍卖（FPA）的绩效差异。Shachat和Tan（2015）进一步讨论了英式拍卖中的机制问题，并对相关的偏离进行了解释。Bednar、陈岩、刘潇、Page（Bednar et al.，2012）设计了一群被试与不同的对手玩两个不同的游戏的实验，结果发现行为溢出效应显著，一种游戏中的策略选择会依赖另一个游戏中的策略选择。Cadsby等（2016）设计了二阶价格共同价值拍卖实验研究了不同收益政策下的博弈均衡以及对投标人福利的影响。Jian、Li和Liu（2017）比较了同时竞赛和序贯竞赛两种机制。

和上述纯博弈论研究不同，上财以杜宁华为代表的团队和清华连暐虹、郑捷、钟笑寒团队都开始有意识地进行本土化实验设计，比如杜宁华、黄海量和李芳玲设计了一组受控的实验室实验研究了市场评级（包含负面的评级）对市场效率的影响，实验结果显示，包含负面评级的市场评级信息的确改进了市场效率，但公开评级类别百分比信息则没有影响（Du，Huang & Li，2013）。黄海量和杜宁华（2012）分析了无评价、公正评价和不公正评价的三种市场机制。孟涓涓等人发现购买正式保险可能会挤出非正式的家庭间转移支付（Lin、Liu & Meng，2014）。

丁婷婷和肖特（Ding & Schotter，2017）以学校匹配为研究背景，分析了交流机制对波士顿和盖尔—夏普利（Gale-Shapley）机制的影响。Lien、郑捷和钟笑寒（Lien，Zheng & Zhong，2016，2017）基于波士顿机制和系列独裁机制研究了高考填报志愿和高校录取过程中的匹配问题，详细分析了考前报志愿、考后报志愿以及有无平行志愿构成的四种机制组合。陈岩和江明等人（Chen et al., 2018）同样在实验室环境中比较了波士顿机制（IA）和盖尔-沙普利机制（DA），并考虑了规模因素。

4. 跨期选择的研究

何浩然（2011）设计了一组大学生和农村居民为被试的跨期决策实验，结果表明，收益金额和兑现时间显著影响跨期决策行为。何浩然及其合作者进一步研究了配偶在跨期决策中的作用（Carlsson et al., 2012）。He、Martinsson 和 Sutter（2012）还研究了同居的大学生情侣的联合决策问题。龚冰琳等（Gong, Lei 和 Deng, 2013）则研究了牛市和熊市经历对投资决策的影响。风险偏好和社会结构有关，龚冰琳等（Gong & Yang, 2012）通过摩梭族和彝族两个相邻少数民族的被试进行风险任务实验，结果发现风险偏好具有显著的性别差异。

黄振兴等人开始寻求理解和构建行为和实验经济学跨期选择理论的新方法，比如 Attema 等（2016）试图寻找一种新的贴现率方法；Baillon 等（2017）把模糊厌恶和模糊爱好等认知偏见与宏观模型中的乘数偏好结合起来，构建了一个乘数偏好的偏好基础，并给予了测度；Baillon 等（2018）进一步研究了模糊态度的度量，把度量方法从实验室推向自然事件，着重强调模糊厌恶和不敏感/认知两个要素。

5. 行为劳动经济学的研究

行为和实验经济学在劳动经济学中取得了较大的成功，这也激发了本土学者参与其中。王湘红教授较早从事这个领域的研究，她和巴克科、罗文斯坦设计了一组谈判实验，研究了谈判效率与剩余规模以及机会不确定之间的关系（Babcock, Loewenstein & Wang, 1995），以及社会比较在合同谈判中起重要作用（Babcock, Wang & Loewenstein, 1996）。在早期研究基础上，王湘红进一步研究了最低工资立法和标准对工资与就业的影响（Wang, 2012）。

6. 其他主题的研究

除了上述相对集中的主题，海外博士还对其他一些话题进行了实验研究。比如消费者行为（Wang, 2009）、公共政策的实施效果（何浩然, 2012）、垄断（Du, Heywood & Ye, 2013）、保险（林莞娟和孟涓涓, 2014）、交通（Sun et al., 2017）等。

本土学者除了上述研究之外，也针对学术界形成的有关实验方法的偏见，通过撰写方法论方面的学术论文加以诠释和辩护。这方面的代表作有郑捷和列文合作的长篇方法论论文，系统讨论了经济理论与实验方法之间的内在关系，强调了实验方法的理论发现和理论检验作用（Levine & Zheng, 2015）。此外，叶航（2016）讨论了行为经济学隐含的整体主义方法论以及对新古典范式的革新，从非个体主义视角区分了行为和实验经济学与其他理性人经济学。杜宁华（2017）则系统讨论了实验方法的可复制性、有效性等问题，并强调了实验经济学的科学性的一些核心要素，为实验方法的科学性正名。这些文章均在学术界产生了广泛的影响。

四 结论

实验经济学的本土化历经二十年，从最开始的学习和模仿，到如今自觉地探讨前沿问题，已经有了质的飞跃。本文旨在尽可能客观地展现实验经济学本土化的艰辛历程，通过对本土化过程中参与的人以及所做的工作进行回归和梳理，向人们展示这个领域的本土学者所做的努力和贡献。客观上说，行为和实验经济学在国内还算小众，在一定程度上还享受着学术圈对有限理性假说与实验方法的偏见。但即便如此，随着研究队伍的不断扩大，研究梯队的逐步成型，以及研究成果的持续发表，国内行为和实验经济学群体至少已经成为不可忽略的学术力量。

总体上看，实验经济学本土化最重要的可视化成果就是经济学实验室的普及。传统的经济学八大院大部分都兴建了实验室，也都有专门从事行为和实验经济学研究的学者。一些新兴的经管类学院或者经管类学系，兴建了经济学实验室，并且也都积极聘任行为和实验经济学领域的研究和教学人员。即便没有专门从事行为和实验经济学研究的大学，很多大学都开始自主探索实验方法辅助教学，并且在这方面已经形成了全国性的活动，所兴建的实验室不少已经升格为省级重点实验室或者国家级实验室。这些都意味着实验方法开始得到广泛重视，这也为今后行为和实验经济学的研究打下了物质基础。

在实验经济学的本土化过程中，海外学者和海外归国博士所起的作用日益巨大。从早期史密斯教授和泽尔腾教授两位诺奖得主援手帮助上交和南开组建标准化实验室，以及陈岩教授和唐方方教授在国内进行行为和实验经济学的教育和传播，到后来王湘红教授、杜宁华教授等回国任教，开设了专门的行为和实验经济学课程，再到后来众多海外博士的回归，以及以上财和厦大为代表的海外博士研究团队的兴起，把实验经济学的本土化带入了一个新的阶段。这些都预示着未来实验经济学将能够以本土化研究为载体，更好地走向国际化，从而展示本土学者在实验经济学研究方面的特色和魅力。

随着本土化研究水平的提升，本土博士也开始逐步走出自学困局，开始通过访学或者合作研究来提升自己的研究技巧和研究水平，本土博士的研究成果也开始逐步走向国际化。总体上看，对比以本土博士为主的研究和以海外博士为主的研究，两者的差距还是十分明显的。由于特定阶段的局限性，早期大多数本土博士的研究主要集中在评介、思想史探讨、特定主题的模仿基础上的初级本土化等，虽然研究主题也比较丰富，各种实验方法也都有尝试，但总体上早期的研究水平不高、创新不明显，和海外博士的研究成果相比有明显的差距。但这并不意味着本土博士的贡献可以忽略。实际上，在过去近二十年，本土博士在行为和实验经济学的国内传播和教育方面做出了很大的贡献，也正是得益于这些人的努力，国内营造起了良好的研究环境，这些都属于学术研究上的正外部性。而且也应该看到，少数本土博士通过自身的努力，也能够在重要外刊上发表高水平的研究成果。年青一代的本土博士大多有海外访学经历，在很大程度上弥补了自身的不足，在研究水平上提升很快。近些年本土博士的研究已经开始自觉走向前沿，所发表的成果也令人瞩目，越来越多的合作出现在本土博士和海外博士中间，两者已经没有清晰的界限，这反映出国内整体的实验经济学研究水平在发生质变，正努力与国际接轨。

总之，实验经济学经历了近二十年的发展，从无到有，从点滴星火到如今形成一个有影响力的群体，得益于本土学者和海外学者的共同努力。虽然目前看来实验经济学的相关研究还没有取得类似其他经济学学科那样的影响力，但可以预见，在所有从事实验经济学本土化的研究者共同努力下，实验经济学必然能够在中国经济学的演进过程中占有一席之地！

参考文献

1. Al-Ubaydli O., J. A. List. On the Generalizability of Experimental Results in Economics: With a Response to Commentors. Nber Working Papers, No. 17957, 2013.

2. Al-Ubaydli O., John List. On the Generalizability of Experimental Results in Economics. John List, 2012.

3. Andreoni J., J. Miller. Giving According to GARP: An Experimental Test of the Consistency of Preferences For Altruism. *Econometrica*, 2002, 70 (2): 737-753.

4. Attema, Arthur, Han Bleichrodt, Yu Gao, Zhenxing Huang, Peter Wakker. Measuring Discounting without Measuring Utility. *American Economic Review*, 2016, 106 (6): 1476-1494.

5. Babcock, Linda, George Loewenstein, Xianghong Wang. The Relationship Between

Uncertainty, the Contract Zone, and Efficiency in a Bargaining Experiment. *Journal of Economic Behavior and Organization*, 1995(27): 475-485.

6. Babcock, Linda, Xianghong Wang, George Loewenstein. Choosing the Wrong Pond: Social Comparisons in Negotiations That Reflect a Self-Serving Bias. *Quarterly Journal of Economics*, 1996, 111 (1): 1-19.

7. Baillon, Aurelien, Han Bleichrodt, Zhenxing Huang, Rogier Potter van Loon. Measuring Ambiguity Attitude: (Extended) Multiplier Preferences for the American and the Dutch Population. *Journal of Risk and Uncertainty*, 2017, 54 (3): 269-281.

8. Baillon, Aurelien, Zhenxing Huang, Asli Selim, Peter Wakker. Measuring Ambiguity Attitudes for All (Natural) Events. *Econometrica*, 2018, forthcoming.

9. Bednar, Jenna, Yan Chen, Tracy Xiao Liu, Scott Page. Behavioral Spillovers and Cognitive Load in Multiple Games: An Experimental Study. *Games and Economic Behavior*, 2012, 74 (1): 12-31.

10. Booth, Alison, Elliott Fan, Xin Meng, Dandan Zhang. Gender Differences in Willingness to Compete: The Role of Culture and Institutions. *The Economic Journal*, 2018, 2 February, https: //doi.org/10.1111/ecoj.12583.

11. Cadsby, Bram, Ninghua Du, Fei Song. In-Group Favoritism and Moral Decision-Making. *Journal of Economic Behavior and Organization*, 2016, 128: 59-71.

12. Cadsby, Bram, Ninghua Du, Fei Song, Lan Yao. Promise Keeping, Relational Closeness, and Identifiability: An Experimental Investigation in China. *Journal of Behavioral and Experimental Economics*, 2015, 57: 120-133.

13. Cadsby, Bram, Ninghua Du, Ruqu Wang, Jun Zhang. Goodwill Can Hurt: a Theoretical and Experimental Investigation of Return Policies in Auctions. *Games and Economic Behavior*, 2016, 99: 224-238.

14. Camerer, Colin F. Behavioral Game Theory: Experiments in Strategic Interaction. Princeton: Princeton University Press, 2003.

15. Camerer, Colin F., George Loewenstein. Advances in Behavioral Economics. Princeton:

Princeton University Press; First Edition, 2003.

16. Carlsson, Fredrik, Haoran He, Peter Martinsson. Easy Come, Easy Go - The Role of Windfall Money in Lab and Field Experiments. *Experimental Economics*, 2013, 16 (2): 190-207.

17. Carlsson, Fredrik, Haoran He, Peter Martinsson, Ping Qin, Matthias Sutter. Household Decision-making in Rural China: Using Experiments to Estimate the Influence of Spouses. *Journal of Economic Behavior & Organization*, 2012, 84 (2): 525-536.

18. Chamberlin, Edward H. An Experimental Imperfect Market.*Journal of Political Economy*, 1948, 56 (2): 95-108.

19. Charness, Gary, Ninghua Du, Chun-lei Yang. Trust and Trustworthiness Reputations in an Investment Game. *Games and Economic Behavior*, 2011, 72 (2): 361-375.

20. Charness, Gary, Ninghua Du, Chun-Lei Yang, Lan Yao. Promises in Contract Design. *European Economic Review*, 2013(64): 194-208.

21. Chen, Yan, Fang - Fang Tang. Learning and Incentive - Compatible Mechanisms for Public Goods Provision: An Experimental Study. *Journal of Political Economy*, 1998, 106 (3): 633-662.

22. Chen, Yan, Fangwen Lu, Jinan Zhang. Social comparisons, status and driving behavior. *Journal of Public Economics*, 2017 (155): 11-20.

23. Chen, Yan, Ming Jiang, Onur Kesten, Stéphane Robin, Min Zhu.Matching in the Large: An Experimental Study. *Games and Economic Behavior*, 2018 (110): 295-317.

24. Chen, Yan, Sherry Xin Li, Tracy Xiao Liu, Margaret Shih. Which Hat to Wear? Impact of Natural Identities on Coordination and Cooperation. *Games and Economic Behavior*, 2014 (84): 58-86.

25. Crawford, Vincent P., Juanjuan Meng. New York City Cabdrivers' Labor Supply Revisited: Reference-Dependent Utility with Targets for Hours and Income. *American Economic Review*, 2011 (101): 1912-1932.

26. Currie, Janet, Wanchuan Lin, Juanjuan Meng. Social Networks and Externalities from

Gift Exchange: Evidence from a Field Experiment. *Journal of Public Economics*, 2013 (107): 19-30.

27. Currie, Janet, Wanchuan Lin, Juanjuan Meng. Addressing Antibiotic Abuse in China: An Experimental Audit Study. *Journal of Development Economics*, 2014 (110): 39-51.

28. Dai, Zhixin, Fabio Galeotti, Marie Claire Villeval. The Efficiency of Crackdowns: A Lab-in-the-Field Experiment in Public Transportations. *Theory and Decision*, 2017, 82 (2): 249–271.

29. Dai, Zhixin, Fabio Galeotti, Marie Claire Villeval. Cheating in the Lab Predicts Fraud in the Field: An Experiment in Public Transportation. *Management Science*, 2018, 64 (3): 983-1476.

30. Dai, Zhixin, Robin M. Hogarth, Marie Claire Villeval. Ambiguity on Audits and Cooperation in a Public Goods Game. *European Economic Review*, 2015 (74): 146-162.

31. Davis, Douglas D., Charles A. Holt. Experimental Economics. Princeton: Princeton University Press, 1992.

32. Ding, Tingting, Andrew Schotter. Matching and Chatting: An Experimental Study of the Impact of Network Communication on School-Matching Mechanisms. *Games and Economic Behavior*, 2017 (103): 94-115.

33. Dong, Yali, Boyu Zhang, Yi Tao. The dynamics of human behavior in the public goods game with institutional incentives. *Scientific Reports*, 2016 (6): 28809.

34. Du, Ninghua, Hailiang Huang, Lingfang Li. Can Online Trading Survive Bad-Mouthing? An Experimental Investigation. *Decision Support Systems*, 2013 (56): 419-426.

35. Du, Ninghua, John S. Heywood, Guangliang Ye. Strategic Delegation in an Experimental Mixed Duopoly. *Journal of Economic Behavior and Organization*, 2013 (87): 91-100.

36. Fehr, Ernst, Klaus M. Schmidt. A Theory of Fairness, Competition, and Cooperation. *Quarterly of Journal of Economics*, 1999, 114 (3): 817-868.

37. Friedman, Daniel, Shyam Sunder. Experimental Methods: A Primer for Economists. Cambridge: Cambridge University Press; 1st edition, 1994.

38. Fu, Qiang, Changxia Ke, Fang-Fang Tang. "Success breeds success" or "Pride goes before a fall"? *Games and Economic Behavior*, 2015, 94 (C): 57-79.

39. Gong, Binglin, Chunlei Yang. Gender Differences in Risk Attitudes: Field Experiments on the Matrilineal Mosuo and the Patriarchal Yi. *Journal of Economic Behavior and Organization*, 2012 (83): 59-65.

40. Gong, Binglin, Huibin Yan, Chunlei Yang. Gender Differences in Dictator Experiment: Evidence from the Matrilineal Mosuo and the Patriarchal Yi. *Experimental Economics*, 2015, 18 (2): 302-313.

41. Gong, Binglin, Vivian Lei, Pan-Deng. Before and After: The Impact of a Real Bubble Crash on Investors' Trading Behavior in the Lab. *Journal of Economic Behavior and Organization*, 2013 (95): 186-196.

42. Harrison, Glenn W., John A. List. Field Experiments. Journal of Economic Literature, 2004, 42 (4): 1009-1055.

43. Han, Xiao, Shinan Cao, Zhesi Shen, Boyu Zhang, Wen-Xu Wang, Ross Cressman, H. Eugene Stanley. Emergence of communities and diversity in social networks. *Proceedings of the National Academy of Sciences*, USA, 2017 (114): 2887-2891.

44. Han, Xiao, Shinan Cao, Jian-Zhang Bao, Wen-Xu Wang, Boyu Zhang, Zi-You Gao, Angel Sánchez.Equal status in Ultimatum Games promotes rational sharing. *Scientific Reports*, 2018 (8): 1222.

45. He, Haoran, Marie-Claire Villeval. Are Group Members Less Inequality Averse Than Individual Decision Makers? *Journal of Economic Behavior & Organization*, 2017(138): 111-124.

46. He, Haoran, Peter Martinsson, Matthias Sutter. Group Decision Making Under Risk: An Experiment with Student Couples. *Economics Letters*, 2012, 117 (3): 691-693.

47. He, Haoran, Wu Keyu. Choice Set, Relative Income, and Inequity Aversion: An Experimental Investigation. *Journal of Economic Psychology*, 2016 (54): 177-193.

48. Hennig-Schmidt, Heike, Zhu-Yu Li, Chaoliang Yang. Why People Reject Advantageous

Offers - Non-monotone Strategies in Ultimatum Bargaining. *Journal of Economic Behavior and Organization*, 2008 (65): 373-384.

49. Hu, Youxin, John Kagel, Xiaoshu Xu, Lixin Ye.Theoretical and Experimental Analysis of Auctions with Negative Externalities. *Games and Economic Behavior*, 2013 (82): 269-291.

50. Jian, Lian, Zheng Li, Tracy Xiao Liu. Simultaneous Versus Sequential All-Pay Auctions under Incomplete Information: an Experimental Study. *Experimental Economics*, 2017, 20 (3): 648–669.

51. Kagel, John H., Alvin E. Roth (eds). The Handbook of Experimental Economics. Princeton: Princeton University Press, 1995.

52. Kagel, John H., Alvin E. Roth (eds). The Handbook of Experimental Economics, Vol.2. Princeton: Princeton University Press, 2016.

53. Kahneman, Daniel, Amos Tversky. Prospect Theory: An Analysis of Decisions under Risk. *Econometrica*, 1979, 47 (2): 263-291.

54. Klaus, Abbink, Gary E. Bolton, Abdolkarim Sadrieh, Fang-Fang Tang. Adaptive Learning versus Punishment in Ultimatum Bargaining. *Games and Economic Behavior*, 2001, 37 (1): 1-25.

55. Knetsch, Jack, Fang-Fang Tang, Richard Thaler. The Endowment Effect and Repeated Market Trials: Is the Vickrey Auction Demand Revealing? *Experimental Economics*, 2001, 4 (3): 257-269.

56. Knetsch, Jack L., Yohanes E. Riyanto, Jichuan Zong.Gain and Loss Domains and the Choice of Welfare Measure of Positive and Negative Changes. *Journal of Benefit-Cost Analysis*, 2012, 3 (4): 1-18.

57. Krupka, Erin L., Stephen Leider, Ming Jiang.A Meeting of the Minds: Informal Agreements and Social Norms. *Management Science*, 2017, 64 (6): 1708-1729.

58. Levine, David K., Jie Zheng. The Relationship between Economic Theory and Experiments. Handbook of Experimental Economic Methodology, Guillaume Frechette

and Andrew Schotter (eds.), Oxford: Oxford University Press, 2015: 43-57.

59. Li, Jianbiao, Dahui Li, Qian Cao, Xiaofei Niu. The Role of Regret and Disappointment in the Repurchase Effect: Does Gender Matter? *Journal of Behavioral and Experimental Economics*, 2018 (75): 134-140.

60. Li, Jianbiao, Xile Yin, Dahui Li, Xiaoli Liu, Guangrong Wang, Liang Qu. Controlling the Anchoring Effect Through Transcranial Direct Current Stimulation (tDCS)to the Right Dorsolateral Prefrontal Cortex. Frontiers in Psychology, 2017, 28 June.

61. Liang, Pinghan, Juanjuan Meng. Love me, Love My Dog: An Experimental Study on Social Connections and Indirect Reciprocity. Working paper, http: //papers.ssrn.com/sol3/papers.cfm?abstract_id=2251575, 2014.

62. Lien, Jaimie, Jie Zheng, Xiaohan Zhong. Preference Submission Timing in School Choice Matching: Testing Fairness and Efficiency in the Laboratory. *Experimental Economics*, 2016, 19 (1): 116-150.

63. Lien, Jaimie, Jie Zheng, Xiaohan Zhong. Ex-ante Fairness in the Boston and Serial Dictatorship Mechanisms Under Pre-exam and Post-exam Preference Submission. *Games and Economic Behavior*, 2017 (101): 98-120.

64. Lin, Wanchuan, Juanjuan Meng, Xi Weng. Relationships Building with Outside Opportunities: The Role of Altruism Dynamics. Working paper, http: //papers.ssrn.com/sol3/papers.cfm?abstract_id=2600280, 2015.

65. Lin, Wanchuan, Yiming Liu, Juanjuan Meng. The Crowding-out Effect of Formal Insurance on Informal Risk Sharing: An Experimental Study. *Games and Economic Behavior*, 2014 (86): 184-211.

66. Liu, Elaine M., Juanjuan Meng, Joseph Tao-yi Wang. Confucianism and Preferences: Evidence from Lab Experiments in Taiwan and China. *Journal of Economic Behavior and Organization*, 2014 (104): 106-122.

67. Liu, Tracy Xiao, Jiang Yang, Lada Adamic, Yan Chen. Crowdsourcing with All-Pay Contests: A Field Experiment on Taskcn. *Management Science*, 2014, 60 (8): 2020-2037.

68. Lu, Fangwen. Insurance Coverage, Agency Problems in Doctor Prescriptions: Evidence from a Field Experiment in China. *Journal of Development Economics*, 2014, 106 (1): 156-167.

69. Lu, Fangwen, Jinan Zhang, Jeffrey Perloff. General and Specific Information in Deterring Traffic Violations: Evidence from a Randomized Experiment. *Journal of Economic Behavior & Organization*, 2016, 123 (2): 97-107.

70. Lu, Fangwen, Michael Anderson. Peer Effects in Microenvironments: The Benefits of Homogeneous Classroom Groups. *Journal of Labor Economics*, 2015, 33 (1): 91-122.

71. Luo, Jun, Hang Ye, Haoli Zheng, Shu Chen, Daqiang Huang. Modulating the activity of the dorsolateral prefrontal cortex by tDCS alters distributive decisions behind the veil of ignorance via risk preference. *Behavioural Brain Research*, 2017 (328): 70-80.

72. Luo, Jun, Shu Chen, Daqiang Huang, Hang Ye, Haoli Zheng. Whether modulating the activity of the temporalparietal junction alters distribution decisions within different contexts: Evidence from a tDCS study. Frontiers in Psychology, 2017, 21 February.

73. Michael, Anderson, Fangwen Lu. Learning to Manage and Managing to Learn: The Effects of Student Leadership Service. *Management Science*, 2017, 63 (10): 3246-3261.

74. Michael, Anderson, Fangwen Lu, Yiran Zhang, Jun Yang, Ping Qin. Superstitions, Street Traffic, and Subjective Wellbeing. *Journal of Public Economics*, 2016 (142): 1-10.

75. Neckermann, Susanne, Xiaolan Yang. Understanding the (unexpected) Consequences of Unexpected Recognition. *Journal of Economic Behavior & Organization*, 2017 (135): 131-142.

76. Plott, Charles R., Vernon L. Smith. Handbook of Experimental Economics Results. Vol.1, North Holland, 2008.

77. Rabin, Matthew. Incorporating Fairness into Game Theory and Economics. *American Economic Review*, 1993, 83 (5): 1281-1302.

78. Roth, Alvin E. Introduction to Experimental Economics. Handbook of Experimental Economics, Kagel, J., Roth, A., Princeton: Princeton University Press, 1995.

79. Selten, Reinhard, Thorsten Chmura. Stationary Concepts for Experimental 2x2 Games. *American Economic Review*, 2008, 98 (3): 938-66.
80. Selten, Reinhard, Thorsten Chmura, Thomas Pitz, S. Kube, Michael Schreckenberg. Commuters Route Choice Behaviour. *Games and Economic Behaviour*, 2007, 58 (2): 394-406.
81. Shachat, Jason, J. Todd Swarthout, Lijia Wei. A Hidden Markov Model For The Detection Of Pure And Mixed Strategy Play In Games. *Econometric Theory*, 2015, 31 (4): 729-752.
82. Shachat, Jason, Lijia Tan. An Experimental Investigation of Auctions and Bargaining in Procurement. *Management Science*, 2015, 61 (5): iv-vii, 931-1196.
83. Shachat, Jason, Lijia Wei. Procuring Commodities: First Price Sealed Bid or English Auction? *Marketing Science*, 2012 (31): 317-333.
84. Smith, Vernon L. An experimental study of competitive market behavior. *Journal of Political Economy*, 1962, 70 (2): 111-137.
85. Smith, Vernon L. Experimental economics: Induced value theory. *American Economic Review, Papers and Proceedings*, 1976, 66 (2): 274-279.
86. Smith, Vernon L. Microeconomic systems as an experimental science. *American Economic Review*, 1982, 72 (5): 923-955.
87. Sun, Xiaoyan, Xiao Han, Jian-Zhang Bao, Rui Jiang, Bin Jia, Xiaoyong Yan, Boyu Zhang, Wen-XuWang, Zi-You Gao.Decision dynamics of departure times: Experiments and modeling. *Physica A: Statistical Mechanics and its Applications*, 2017 (483): 74-82.
88. Tan, Lijia, Lijia Wei. Voluntary Contribution Mechanism Played over an Infinite Horizon. *Pacific Economic Review*, 2014, 19 (3): 313-331.
89. Tang, Fang-Fang. Anticipatory Learning in Two-Person Games: Some Experimental Results. *Journal of Economic Behavior & Organization*, 2001, 44 (2): 221-232.
90. L.L. Thurstone. The Indifference Function. *Journal of Social Psychology*, 1931 (2): 139-167.

91. Vollan, Börn, Andreas Landmann, Yexin Zhou, Biliang Hu, Carsten Herrmann-Pillath. Cooperation and Authoritarian Values: An Experimental Study in China. *European Economic Review*, 2017 (93): 90-105.

92. Wang, Xianghong. Retail Return Policy, Endowment Effect, and Consumption Propensity: An Experimental Study. *The B. E. Journal of Economic Analysis & Policy*, 2009, 9 (1): 38-38.

93. Wang, Xianghong. When Workers Do Not Know - the Behavioral Effects of Minimum Wage Laws Revisited. *The Journal of Economic Psychology*, 2012 (33): 951-962.

94. Wang, Zhijian, Bin Xu, Hai-Jun Zhou. Social cycling and conditional responses in the Rock-Paper-Scissors game. *Nature, Scientific Reports*, 2014 (4): 5830.

95. Wang, Zhijian, Yanran Zhou, Jaimie W. Lien, Jie Zheng, Bin Xu. Extortion can outperform generosity in the iterated prisoner's dilemma. *Nature Communications*, 2016 (7): 11125.

96. Weng, Qian, Fredrik Carlsson. Cooperation in Teams: The Role of Identity, Punishment and Endowment Distribution. *Journal of Public Economics*, 2015 (126): 25-38.

97. Wieland Müller, Fang-Fang Tang. Who acts more like a game theorist? Group and individual play in a sequential market game and the effect of the time horizon. *Games and Economic Behavior*, 2013, 82 (C): 658-674.

98. Wu, Jia-Jia, Bo-Yu Zhang, Zhen-Xing Zhou, Qiao-Qiao He, Xiu-Deng Zheng, Ross Cressman, Yi Tao. Costly punishment does not always increase cooperation. *Proceedings of the National Academy of Sciences, USA*, 2009 (106): 17448-17451.

99. Wu, Jia-Jia, L Cong i, Bo-Yu Zhang, Ross Cressman, Yi Tao. The role of institutional incentives and the exemplar in promoting cooperation. *Scientific Reports*, 2014, Volume 4, id. 6421.

100. Xu, Bin, C. Bram Cadsby, Liangcong Fan, Fei Song. Group Size, Coordination, and the Effectiveness of Punishment in the Voluntary Contributions Mechanism: An Experimental Investigation. *Games*, 2013 (4): 89-105.

101. Xu, Bin, Hai-jun Zhou, Zhijian Wang. Cycle Frequency in Standard Rock–Paper–Scissors Games: Evidence from Experimental Economics. *Physica A: Statistical Mechanics and its Applications*, 2013, 392 (20): 4997-5005.

102. Xu, Bin, Hongen Zhang, Jianbo Zhang, Zhijian Wang. Test the Principle of Maximum Entropy in Constant Sum 2*2 Game: Evidence in Experimental Economics. *Physics Letters A*, 2012 (376): 1318-1322.

103. Xu, Bin, Shuang Wang, Zhijian Wang. Periodic Frequencies of the Cycles in 2×2 Games: Evidence from Experimental Economics. *The European Physical Journal B*, 2014 (87): 46.

104. Xu, Xiaoshu, Dan Levin, Lixin Ye. Auctions with Synergy and Resale. *International Journal of Game Theory*, 2012, 41 (2): 397-426.

105. Xu, Xiaoshu, Dan Levin, Lixin Ye. Auctions with Entry and Resale. *Games and Economic Behavior*, 2013 (79): 92-105.

106. Yang, Chun-Lei, Mao-Long Xu, Juanjuan Meng, Fang-Fang Tang. Efficient Large-Size Coordination via Voluntary Group Formation: An Experiment. *International Economic Review*, 2016, 58 (2).

107. Yang, Xiaolan, Mei Gao, Jinchuan Shi, Hang Ye, Shu Chen. Modulating the Activity of the DLPFC and OFC Has Distinct Effects on Risk and Ambiguity Decision-Making: A tDCS Study. *Frontiers in Psychology*, 2017, 22 August.

108. Yang, Xiaolan, Mei Gao, Yun Wu, Xuejun Jin. Performance Evaluation and Herd Behavior in a Laboratory Financial Market. *Journal of Behavioral and Experimental Economics*, 2018 (75): 45-54.

109. Ye, Hang, Daqiang Huang, Siqi Wang, Haoli Zheng, Jun Luo, Shu Chen. Activation of the prefrontal cortex by unilateral transcranial direct currents stimulation leads to an asymmetrical effect on risk preference in frames of gain and loss. *Brain Research*, 2016 (1648): 325-332.

110. Ye, Hang, Shu Chen, Jun Luo, Fei Tan, Yongmin Jia, Yefeng Chen. Increasing returns

to scale: The solution to the second-order social dilemma. *Scientific Reports*, 2016, 18 August.

111. Zhang, Boyu, Song-Jia Fan, Cong Li, Xiu-Deng Zheng, Jian-Zhang Bao, Ross Cressman, Yi Tao.Opting out against defection leads to stable coexistence with cooperation. *Scientific Reports*, 2016 (6): 35902 .

112. Zhang, Boyu, Cong Li, Hannelore De Silva, Peter Bednarik, Karl Sigmund.The evolution of sanctioning institutions: an experimental approach to the social contract. *Experimental Economics*, 2014, 17 (2): 285–303.

113. Zheng, Haoli, Siqi Wang, Wenmin Guo, Shu Chen, Jun Luo, Hang Ye, Huang Daqiang. Enhancing the activity of the DLPFC with tDCS alters risk preference without changing interpersonal trust. *Frontiers in Neuroscience*, 2017, 9 February.

114. Zong, Jichuan, Jack L. Knetsch.Valuations of Changes in Risks: The Reference State and the Evidence of Differences between the Measures. *Singapore Economic Review*, 2013, 58 (1): 1350001-15.

115. 〔德〕海克·施密特、李竹渝:《讨价还价实力:中德之间的实验研究》,《南开管理评论》2006 年第 9 卷第 2 期。

116. 〔美〕安德瑞·史莱佛:《并非有效的市场——行为金融学导论》,赵英军译,中国人民大学出版社,2003。

117. 〔美〕大卫·R. 贾斯特:《行为经济学》,贺京同等译,机械工业出版社,2016。

118. 〔美〕丹尼尔·弗里德曼、山姆·桑德:《实验方法:经济学家入门基础》,曾小楚译,中国人民大学出版社,2011。

119. 〔美〕丹尼尔·卡尼曼:《思考,快与慢》,胡晓姣等译,中信出版社,2012。

120. 〔美〕丹尼尔·卡尼曼、保罗·斯洛维奇、阿莫斯·特沃斯基:《不确定状况下的判断:启发式和偏差》,方文等译,中国人民大学出版社,2008。

121. 〔美〕道格拉斯·D. 戴维斯、查理斯·A. 尔特:《实验经济学》,连洪泉等译,中国人民大学出版社,2013。

122. 〔美〕弗农·史密斯:《实验经济学论文集(上册、下册)》,李建标译,首都经济贸易大学出版社，2008。

123. 〔美〕科林·凯莫勒:《行为博弈——对策略互动的实验研究》，贺京同等译，中国人民大学出版社，2006。

124. 〔美〕科林·凯莫勒、乔治·罗文斯坦、马修·拉宾:《行为经济学新进展》，贺京同等译，中国人民大学出版社，2010。

125. 〔美〕理查德·H. 泰勒:《赢者的诅咒：经济生活中的悖论与反常现象》，陈宇峰等译，中国人民大学出版社，2013。

126. 〔美〕理查德·H. 泰勒:《"错误"的行为》，王晋译，中信出版社，2016。

127. 〔美〕理查德·H. 泰勒、卡斯·R. 桑斯坦:《助推》，刘宁译，中信出版社，2015。

128. 〔美〕尼克·威尔金森:《行为经济学》，贺京同等译，中国人民大学出版社，2012。

129. 〔美〕斯科特·普劳斯:《决策与判断》，施俊琦等译，人民邮电出版社，2004。

130. 〔美〕约翰·H. 卡格尔、埃尔文·E. 罗斯:《实验经济学手册》，贾拥民等译，中国人民大学出版社，2015。

131. 曹敏、Christopher K. Hsee、吴冲锋:《货币激励的非连贯性以及次优性》，《上海经济研究》2002年第12期。

132. 陈叶烽:《亲社会性行为及其社会性偏好的分解》，《经济研究》2009年第12期。

133. 陈叶烽:《社会偏好的检验：一个超越经济人的实验研究》，浙江大学博士学位论文，2010。

134. 陈叶烽:《最后通牒实验与人类的公平感》，《南方经济》2014年第6期。

135. 陈叶烽、叶航、汪丁丁:《信任水平的测度及其对合作的影响——来自一组实验微观数据的证据》，《管理世界》2010年第4期。

136. 陈叶烽、周业安、宋紫峰:《人们关注的是分配动机还是分配结果？——最后通牒实验视角下两种公平观的考察》，《经济研究》2011年第6期。

137. 崔巍:《信任、市场参与和投资收益的关系研究》，《世界经济》2013年第9期。

138. 邓红平、罗俊:《不完全信息下公共租赁住房匹配机制——基于偏好表达策略的实验研究》，《经济研究》2016年第10期。

139. 杜宁华:《实验经济学》,上海财经大学出版社,2008。

140. 杜宁华:《经济学实验的内部有效性和外部有效性——与朱富强先生商榷》,《学术月刊》2017年第8期。

141. 范良聪、刘璐、梁捷:《第三方的惩罚需求:一个实验研究》,《经济研究》2013年第5期。

142. 范良聪、刘璐、张新超:《社会身份与第三方的偏倚:一个实验研究》,《管理世界》2016年第4期。

143. 高鸿桢、林嘉永:《信息不对称资本市场的实验研究》,《经济研究》2005年第2期。

144. 龚强:《消费者谈判能力与厂商标价策略——模型及基于实验经济学的检验》,《经济学(季刊)》2009年第4期。

145. 何浩然:《个人和家庭跨期决策与被试异质性——基于随机效用理论的实验经济学分析》,《管理世界》2011年第12期。

146. 何浩然:《公共政策的效果能否被准确预测?——来自中国限制塑料袋使用政策的自然实验证据》,《经济学(季刊)》2012年第4期。

147. 何浩然、陈叶烽:《禀赋获得方式影响被试行为是否存在性别差异:来自自然现场实验的证据》,《世界经济》2012年第4期。

148. 何浩然、陈叶烽:《是什么影响了人们的自愿合作水平?——基于公共品博弈实验数据的分析》,《经济学家》2012年第5期。

149. 何浩然、王伟尧、李实:《收入不平等对逆社会行为的影响:双重实验证据》,《世界经济》2015年第11期。

150. 何浩然、周业安:《换位经历是否会促进换位思考:来自经济学实验的证据》,《世界经济》2017年第4期。

151. 黄纯纯、左聪颖、周业安:《最后通牒博弈下风险偏好与社会性偏好的互动关系》,《经济管理》2014年第10期。

152. 黄国宾:《组织内部领导者的偏好特性及其示范机制研究》,中国人民大学博士学位论文,2015。

153. 黄海量、杜宁华:《不公正评价对在线交易的影响和作用机理研究》,《管理科学学报》2012 年第 10 期。

154. 姜树广、陈叶烽:《腐败的困境:腐败本质的一项实验研究》,《经济研究》2016 年第 1 期。

155. 金雪军、杨晓兰:《证券市场理性预期与泡沫的试验检验》,《世界经济文汇》2004 年第 6 期。

156. 雷震:《集体与个体腐败行为实验研究——一个不完全信息最后通牒博弈模型》,《经济研究》2013 年第 4 期。

157. 雷震、田森、凌晨等:《社会身份与腐败行为:一个实验研究》,《经济学(季刊)》2016 年第 3 期。

158. 李建标、李朝阳:《信任的信念基础——实验经济学的检验》,《管理科学》2013 年第 4 期。

159. 李建标、李晓义、孙娟等:《Nash 谈判解的预测能力——中国被试的实验证据》,《南开经济研究》2007 年第 6 期。

160. 李建标、汪敏达、王鹏程:《多物品共同价值拍卖的信息产生与效率》,《管理科学》2014 年第 1 期。

161. 李建标、汪敏达、王鹏程等:《风险规避与一级密封拍卖的有限腐败——模型及实验》,《管理科学》2011 年第 8 期。

162. 李建标、于娟、王光荣等:《产品差异度与厂商共谋行为——模型与实验证据》,《南开经济研究》2008 年第 3 期。

163. 李晓义、李建标:《互惠、信任与治理效率——基于比较制度实验的研究》,《南开经济研究》2009 年第 1 期。

164. 李晓义、李建标:《不完备市场的多层次治理——基于比较制度实验的研究》,《经济学(季刊)》2009 年第 4 期。

165. 李晓义、李维安、李建标等:《首位晋升与末位淘汰机制的实验比较》,《经济学(季刊)》2011 年第 1 期。

166. 李竹渝、H. Hennig-Schmidt、鲁万波等:《让步策略在谈判中的作用:讨价还价模型的一次经济学实验》,《中国管理科学》2001 年(增刊)。

167. 李竹渝、鲁万波、海克·施密特：《议价行为博弈中的不确定性——有关最后通牒分布式谈判的试验研究》，《商业经济与管理》2002年第4期。

168. 连洪泉：《公共品自愿捐赠行为的偏好基础及合作机制研究》，中国人民大学博士学位论文，2012。

169. 连洪泉、周业安、陈叶峰等：《社会距离和公共品自愿供给——基于序贯公共品实验的证据》，《世界经济文汇》2014年第6期。

170. 连洪泉、周业安、陈叶峰等：《群体分类能否解决公共合作的囚徒困境难题？——来自公共品实验的证据》，华南师范大学经济与管理学院工作论文，2015。

171. 连洪泉、周业安、陈叶烽等：《信息公开、群体选择和公共品自愿供给》，《世界经济》2015年第12期。

172. 连洪泉、周业安、陈叶峰等：《惩罚机制真能解决搭便车难题吗？——基于动态公共品实验的证据》，《管理世界》2013年第4期。

173. 梁平汉、孟涓涓：《人际关系、间接互惠与信任：一个实验研究》，《世界经济》2013年第12期。

174. 林树、俞乔：《有限理性、动物精神及市场崩溃：对情绪波动与交易行为的实验研究》，《经济研究》2010年第8期。

175. 林树、俞乔、汤震宇等：《投资者"热手效应"与"赌徒谬误"的心理实验研究》，《经济研究》2006年第8期。

176. 林莞娟、孟涓涓：《越多正式保险是否越能提高风险覆盖率：一个实验研究》，《世界经济》2014年第2期。

177. 刘小兵：《个人合作提供公共品的实验研究》，《管理世界》2004年第2期。

178. 攀登、施东晖、宋铮：《证券市场泡沫的生成机理分析——基于宝钢权证自然实验的实证研究》，《管理世界》2008年第4期。

179. 青平、张莹、涂铭等：《网络意见领袖动员方式对网络集群行为参与的影响研究——基于产品伤害危机背景下的实验研究》，《管理世界》2016年第7期。

180. 宋紫峰：《收入不平等与公共品供给：实验证据与行为观点》，中国人民大学博士学位论文，2010。

181. 宋紫峰、周业安：《收入不平等，惩罚和公共品自愿供给的实验经济学研究》，《世界经济》2011 年第 10 期。

182. 宋紫峰、周业安、何其新：《不平等厌恶和公共品自愿供给》，《管理世界》2011 年第 12 期。

183. 万迪昉、罗小黔、杨再惠等：《不同决策权配置对组织行为模式演进影响的实验研究》，《管理世界》2008 年第 11 期。

184. 汪丁丁、贾拥民：《社会性偏好的神经基础及微观结构》，《学术月刊》2015 年第 6 期。

185. 王欢、史耀疆、王爱琴等：《农村教师对后进学生刻板印象的测量研究》，《经济学（季刊）》2017 年第 2 期。

186. 汪良军、童波：《收入不平等、公平偏好与再分配的实验研究》，《管理世界》2017 年第 6 期。

187. 汪敏达、李建标、殷西乐：《参与顺序内生的集体行动：一项实验研究》，《经济学（季刊）》2017 年第 3 期。

188. 王擎、周伟：《股票市场伦理环境与投资者模糊决策——理论与实验研究》，《中国社会科学》2013 年第 3 期。

189. 王若颖、陈宏民：《双头垄断市场重复博弈中的对策行为：实验研究》，《数量经济技术经济研究》1998 年第 11 期。

190. 王伟尧、李实、何浩然：《收入不平等对逆社会行为的影响——来自田野实验和实验室实验的双重证据》，《世界经济》2015 年第 11 期。

191. 王湘红：《工资制度、劳动关系及收入——基于行为理论的研究》，中国人民大学出版社，2012。

192. 汪丁丁：《实验经济学与中国经济学建设》，《经济学动态》1994 年第 7 期。

193. 伍利娜、陆正飞：《企业投资行为与融资结构的关系——基于一项实验研究的发现》，《管理世界》2005 年第 4 期。

194. 闫佳、章平：《集中式惩罚与公共品自愿供给：一项实验研究》，《经济学动态》2016 年第 6 期。

195. 闫佳、章平、许志成等:《信任的起源:一项基于公平认知与规则偏好的实验研究》,《经济学(季刊)》2017年第1期。

196. 闫威、郑润东、党文珊等:《锦标赛结构、阶段性绩效反馈与无意识启动对代理人行为的影响:实验的证据》,《经济学(季刊)》2017年第1期。

197. 杨晓兰:《涨跌幅限制对证券市场影响的实验经济学研究》,《南方经济》2006年第10期。

198. 杨晓兰:《证券市场泡沫问题的实验经济学研究》,浙江大学出版社,2007。

199. 杨晓兰:《流动性、预期与资产价格泡沫的关系:实验与行为金融的视角》,《世界经济文汇》2010年第2期。

200. 杨晓兰、洪涛:《证券市场平准基金是否有效:来自实验室市场的证据》,《世界经济》2011年第12期。

201. 杨晓兰、金雪军:《基于实验经济学方法的证券市场信息有效性研究》,《浙江大学学报》(人文社会科学版)2005年第35卷第6期。

202. 杨晓兰、金雪军:《资金约束放松与证券市场泡沫:一个实验检验》,《世界经济》2006年第6期。

203. 杨晓兰、周业安:《政府效率、社会决策机制和再分配偏好》,《管理世界》2017年第6期。

204. 叶航:《利他行为的经济学解释》,《经济学家》2005年第3期。

205. 叶航:《公共合作中的社会困境与社会正义——基于计算机仿真的经济学跨学科研究》,《经济研究》2012年第8期。

206. 叶航:《个体主义方法论的偏误》,《中国社会科学评价》2016年第3期。

207. 叶航、陈叶烽、贾拥民:《超越经济人:人类的亲社会行为与社会性偏好》,高等教育出版社,2013。

208. 叶航、汪丁丁、罗卫东:《作为内生偏好的利他行为及其经济学意义》,《经济研究》2005年第8期。

209. 袁卓群、秦海英、杨汇潮:《不完全契约中的决策:公平偏好及多重参照点的影响》,《世界经济》2015年第8期。

210. 张弘、陈姝:《偏见从何而来——身份意识、异质群体与合作的演化》,《南方经济》2017 年第 9 期。

211. 张元鹏、林大卫:《社会性偏好、奖惩机制与公共品的有效供给——基于一种实验方法的研究》,《南方经济》2015 年第 12 期。

212. 郑筱婷:《信息冲击与合作的重启效应:新闻影响合作行为的实验研究》,《世界经济》2016 年第 9 期。

213. 周黎安、张维迎、顾全林等:《信誉的价值:以网上拍卖交易为例》,《经济研究》2006 年第 12 期。

214. 周业安:《行为经济学是对西方主流经济学的革命吗?》《中国人民大学学报》2004 年第 2 期。

215. 周业安:《行为经济学》,载于吴易风主编《当代西方经济学流派与思潮》首都经济贸易大学出版社,2005,第 324~339 页。

216. 周业安:《19 世纪的经济学和心理学——一个经济思想史的视角》,《中国人民大学学报》2010 年第 6 期。

217. 周业安:《论偏好的微观结构》,《南方经济》2015 年第 4 期。

218. 周业安:《实验经济学》,载于,李扬主编《中国经济学年鉴 2014~2015》,中国社会科学出版社,2016。

219. 周业安:《人的社会性与偏好的微观结构》,《学术月刊》2017 年第 6 期。

220. 周业安、黄国宾、何浩然等:《领导者真能起到榜样作用吗?》,《管理世界》2014 年第 10 期。

221. 周业安、黄国宾、何浩然等:《集体领导者与个人领导者——一项公共品博弈实验研究》,《财贸经济》2015 年第 5 期。

222. 周业安、连洪泉、陈叶烽等:《社会角色、个体异质性和公共品自愿供给》,《经济研究》2013 年第 1 期。

223. 周业安、宋紫峰:《公共品的自愿供给机制:一项实验研究》,《经济研究》2008 年第 7 期。

224. 周业安、宋紫峰:《社会性偏好、信息结构和合同选择——多代理人的委托代理实验研究》，《经济研究》2011 年第 11 期。

225. 周业安、宋紫峰：《收入不平等、外部奖惩机制和公共品自愿供给》，《社会科学辑刊》2012 年第 5 期。

226. 周业安、宋紫峰、连洪泉等：《社会性偏好理论与社会合作机制研究》，中国人民大学出版社，2017。

227. 周业安、左聪颖、陈叶烽等：《具有社会性偏好个体的风险厌恶的实验研究》，《管理世界》2012 年第 6 期。

228. 周业安、左聪颖、袁晓燕：《偏好的性别差异研究：基于实验经济学的视角》，《世界经济》2013 年第 7 期。

229. 周晔馨、涂勤、胡必亮：《惩罚、社会资本与条件合作——基于传统实验和人为田野实验的对比研究》，《经济研究》2014 年第 10 期。

230. 朱宪辰、李妍绮、曾华翔：《不完美信息下序贯决策行为的一项实验考察——关于羊群行为的贝叶斯模型实验检验》，《经济研究》2008 年第 6 期。

231. 宗计川：《序贯机制下投票人策略出席行为实验研究》，《中国工业经济》2013 年第 9 期。

232. 宗计川：《刻板印象下的比较陷阱：产品捆绑策略实验研究》，《南开管理评论》2018 年第 2 期。

233. 宗计川、付嘉、包特：《交易者认知能力与金融资产价格泡沫：一个实验研究》，《世界经济》2017 年第 6 期。

234. 宗计川、吕源、唐方方：《环境态度、支付意愿与产品环境溢价——实验室研究证据》，《南开管理评论》2014 年第 2 期。

235. 宗计川、朱鑫鑫、隋聪：《资产组合调整惯性行为研究：实验室证据》，《管理科学学报》2017 年第 11 期。

236. 左聪颖：《风险偏好与社会性偏好的互动关系研究》，中国人民大学博士学位论文，2013。

附表 国内高校代表性实验经济学实验室目录

大学	实验室名称	成立年份	主要成员	网站
南开大学	泽尔腾实验室	2003	李建标等	http://ibs.nankai.edu.cn/page/lab-intro
上海交通大学	Smith 实验经济学研究中心 Smith 实验经济学实验室	2004	费方域、陈岩、秦向东、崔满、巢宏、严功翠	http://seerc.sjtu.edu.cn/
浙江大学	跨学科社会科学研究中心（ICSS）	2003（实验室是后来所建）	叶航、陈叶烽等	http://www.icsszju.net/
中国人民大学	经济组织与经济行为实验室	2006	于泽（主任）、王湘红、陆方文、周业安等	http://econlab.ruc.edu.cn/
上海财经大学	实验经济学实验室	2006	杜宁华、姚澜、苗彬、黄振兴、丁婷婷、贺思民	http://syzx.sufe.edu.cn/model/TwoGradePage/newsdetail.aspx?id=241&columnId=141
北京师范大学	经济与工商管理学院实验经济学重点实验室	2008	何浩然、徐慧、朱敏、陈济冬	
东北财经大学	实验经济学实验室	2009	宗计川、钱明辉、孙航、李婧、冯珍珍	http://elab.dufe.edu.cn/
西南财经大学	中国行为经济与行为研究中心（CCBEF-SWUFE）、实验经济学实验室（EEL-SWUFE）	2009	雷震等	http://ccbef.swufe.edu.cn/

续表

大学	实验室名称	成立年份	主要成员	网站
厦门大学	实验经济金融实验室（FEEL）	2010	耿森、Brett Graham、蔡熙乾、李智、龙小宁、Jacopo Magnani、王云、李梦玲、李培、薛绍杰、叶茂亮	http://feel.xmu.edu.cn/
浙江大学	实验社会科学实验室	2010	许彬、杨晓兰、王志坚	ssec.zju.edu.cn/sites/main/Template/SYSHKXSYSHome.aspx?
清华大学	经济科学与政策实验室（Economic Science and Policy Experimental Laboratory）（ESPEL）	2012	创建者：Jaimie Lien，郑捷，钟笑寒。目前实验室成员：陈岩（主任），郑捷（执行副主任），钟笑寒，刘潇，Jaimie Lien	网站在更新中
华南师范大学	经济行为科学重点实验室	2013	董志强、连洪泉、蔡圣刚、李熙、熊冠星	http://best.scnu.edu.cn/
中山大学	岭南学院行为经济学实验室	2013	柯昌霞（现为昆士兰大学高级讲师）、杨扬、戴芸	
浙江财经大学	经济行为与决策研究中心（CEBD）	2016	叶航、罗俊、姜树广等	http://www.cebdzufe.yswebportal.cc/
浙江工商大学	行为经济学实验室	2018（建设中）	许彬、张志坚、王学渊、周圆	

随机实地实验在中国的发展

陆方文

·作者简介·

陆方文，女，中国人民大学经济学院教授，博士生导师。2011年博士毕业于美国加州伯克利大学，2018年度入选教育部"青年长江学者"奖励计划，并获得国家自然科学基金"优秀青年项目"。

陆方文出生于孙悟空老家江苏连云港花果山脚下，早年就读于南京大学，获得行政管理学士和硕士学位，后留学美国加州大学伯克利分校，获得公共政策硕士学位和农业与资源经济学博士学位。

陆方文擅长运用随机实验方法探讨行为经济学和发展经济学领域的热点难点问题，其研究成果发表在 Management Science、Journal of Development Economics、Journal of Labor Economics、Journal of Public Economics、Journal of Economic Behavior & Organization、Journal of Environmental Economics and Management、《经济研究》等多家国际国内顶级或领先学术期刊，并出版专著《随机实地实验：理论、方法和在中国的运用》。陆方文的研究成果曾荣获"教育部第五届全国教育科学研究优秀成果奖"和"北京市第十四届哲学社会科学优秀成果奖"，并且作为经典案例被杰弗里·佩罗夫撰写的 Microeconomics 和 Microeconomics: Theory and Applications with Calculus 等国际经典教科书引用。

中国自古以来就有实验的思想，改革开放以来更是有无数的试点，甚至改革开放本身就是社会大实验，由若干重要试点推动前行。然而，学术意义上的随机实地实验（Randomized Field Experiments），主要是近二十年发展起来的。随机实地实验最初和劳动经济学、发展经济学相结合，然后迅速地渗透到经济学的各领域，对政策评估和建议发挥了重要作用，并极大地推进了经济学理论的发展。比如，诸多克拉克奖章（John Bates Clark Medal）获得者在积极运用和发展随机实地实验方法中。2010年获奖者Esther Duflo最重要的获奖理由就是"运用随机实地实验进行政策评估"。2009年、2012年、2013年的奖章获得者Emmanuel Saez、Amy Finkelstein、Raj Chetty运用随机实地实验探讨税收、保险、教育等领域。此外，芝加哥大学经济学系系主任John List在运用和发展随机实验方法中取得重要的成绩。这些彰显着随机实地实验作为一种极具活力的研究方法对经济学发展起到的重要作用。

尽管其他学科在中国的引入要比西方晚几十年，但是随机实地实验方法的引入比西方只晚了十年左右。国内经济学界最早的实验研究是北大光华的蔡洪滨、陈玉宇以及美国宾大的方汉明于2006年底实施、2009年发表在《美国经济学评论》的研究。此后，随着"海归"学者陆续回国，以及国内学者对该方法的逐渐了解，国内运用随机实地实验开展经济学研究，呈星火燎原之势。

本文将分为四个部分。第一部分将对随机实地实验的发展和优势进行基本介绍，第二部分对国内学者的相关研究进行简述，第三部分对随机实地实验的发展趋势进行总结和概括，第四部分对随机实地实验在国内的发展进行展望和建议。

一 随机实地实验的简介

1. 随机实地实验的基本方法及优势

通常来说,随机实地实验的基本过程一般包括五个步骤。第一步,确定实验人群。以探讨节能宣传对居民消费影响的实验为例,因为涉及居民的能源消费,我们首先要确定进行实验的居民区是一个小区还是若干个小区;若干个小区是集中在一起还是分布在城市不同方位。第二步,进行随机分组。实验者需要将实验对象分成一个控制组以及一个或多个干预组。随机分组的目的是通过消除实验前不同组别之间的系统性差异以实现可比性。在这个例子中就是要求,如果没有实验干预的话,不同组居民之间的能源消费行为是可比的,这样我们就可以把干预后不同组之间的行为差异解释成干预的效果。随机分组是随机实地实验的关键环节。第三步,进行实验干预。控制组的居民像往常一样生活,而干预组的居民会受到明确界定的干预措施影响。举例来说,干预措施可能包括发放节能传单或者上门游说,宣传为公益而节能或者强调节约自我成本等。基于媒介或内容的不同可以形成不同的干预措施。干预措施可以是现实当中已有的政策或方法,也可以由研究人员自己创新设计。第四步,数据收集。这可以通过问卷、实地检测和经济学游戏等多种手段实现。第五步,也是最后一步,是对数据进行处理和分析,并得出结论。

在上述五个步骤中,"随机"体现在第二个步骤,"实验"体现在第三个步骤,而"实地"体现在第一、第三和第四个步骤。具体说来,"实地"要求实验被试人群是现实的、实验干预措施涉及的事项是现实的,以及实验考察的结果也是现实的。随机实地实验的优势表现在三个方面。

第一,"随机"带来的可信性优势。经典的 Rubin 因果模型指出,潜在结果的概念对于探讨干预的因果效应非常重要;只有知道被干预个体不被干预时的表现,才能够准确地衡量干预的效果(Rubin,1974)。但同一个体无法同时存在被干预和不被干预的两种状态，因而潜在结果必须通过其他具有可比性的个体去获得。计量经济学的各种方法，从一元回归到多元回归，进而到样本选择模型、固定效应模型、双重差分法、工具变量法、断点回归法等更高深的计量模型，都是为了更好地解决可比性的问题，但各有适用条件，并且存在着局限性。随机实地实验的一个核心环节是进行随机分组，随机分组使得控制组和干预组在期望上都能代表整体，实现可比性。如果没有干预措施，控制组和干预组无论在过去还是在未来都是可比的；因而，在干预实施后控制组和干预组之间的差异都可以归因于干预措施。控制组和干预组安排的随机性，为实验结果的可信性提供了有力的保障。

第二，"实验"带来的创新性优势和可复制性优势。有一些公众关心但现实当中还没有发生的政策，甚至公众没有意识到但从理论中可以推导出的有效措施，如果仅仅依靠观察性研究是无法进行定量的政策评估的，但这些情况都可以通过实地实验即设计相关的干预措施进行探讨。此外，有一些在现实当中无法分解的机制，也可以在实验中设定相关的情境进行分解。干预措施的可设计性为实地实验提供了创新性的源泉。同时，干预措施是明确界定的，因而容易在其他地方复制，形成可复制性优势。

第三，"实地"带来的现实性优势。在实验发展的漫长历史中，"实地"是被默认的，直到实验室实验的出现。被试人群、干预措施和行为结果的现实性，有助于提升研究结论在现实推广上的适应性。

2. 随机实地实验和实验家族

在实地实验之外，存在着大量的实验室实验，此外，近年来经济学逐渐青睐问卷实验。对比随机实地实验的五个步骤而言，问卷实验主要在第三步和第四步有重要差别：在第三步上，问卷实验主要通过前期的问题或者信息提供实施干预措施；在第四步上，考察的结果是态度或者是表达出来的行为结果。尤为重要的是，考察结果往往缺乏现实激励，问卷上的回答不会影响现实生活。

实验室实验和实地实验的差异主要表现在第一、第三、第四个步骤上。实验室实验往往通过大学生而非现实的人群开展，实验干预事项是抽象的游戏规则而非现实的事务，考察结果是对抽象游戏规则的应对而非现实行为选择。尽管行为应对方式是抽象的，游戏中的行为会影响到现实生活中的回报，因而具有现实激励[1]。

不同的实验在发展过程中也出现了融合，最常见的一种类型就是把实验室实验搬到现实人群中，但保留抽象的游戏规则和抽象的行为结果。换句话说，也就是把典型的实验室实验在第一步上换成现实的人群，其他步骤不变。这类实验也被一些学者称为实验室实验在实地（lab-in-the-field）。

Harrison 和 List（2004）提取了六个指标——实验人群、信息（是否知晓实验）、商品、任务、激励、环境，把实验按照"实地"的程度分为四类：①实验室实验；②虚拟实地实验，主要代表是 lab-in-the-field；③场景实地实验，重要代表是社会实验，其他要素都是现实的，但是实验人群知道在参加实验；④自然实地实验，所有要素都是现实的，而且实验人群不知道实验的存在。人们通常讲的实地实验包括了场景实地实验和自然实地实验，是发展经济学、劳动经济学等学科出于获得随机性而开展的。而广义的实地实验则额外包含了虚拟实地实验，后者主要是为了克服大学生实验人群的局限性而开展起来的。本文的介绍以场景实地实验和自然实地实验为核心，考虑到国内相关学者较多、兼顾虚拟实地实验。

3. 随机实地实验的历史发展

作为随机实地实验的源头，最经常应用的例子就是地块实验。该实验包括了随机实地实验的所有核心要素——随机、实地、实验。作为一个农业研究机构人员，Rothamsted Manor 致力于探讨最优的农业生产实践，他们的实地是真实的地块（这和 field 的另外一个翻译"田野"完美契合），

---

[1] 对于实验室实验感兴趣的读者，可以参见本书周业安老师和王湘红老师撰写的章节。

实验是化肥、种子、除草剂等用量的多或者少。而随机，则是在 Ronald Fisher 于 1918 年加盟之后引入实验，其功能是构建合适的反事实环境。其于 1935 年出版了经典之作《实验设计》(*Design of Experiment*)。与此同时，著名的霍桑实验包括了实地和实验两大要素——在西部电气公司霍桑工厂的车间里测试灯光的强弱对工人生产率的影响；在是否随机上，并没有明确的记录。霍桑实验毫无疑问引发了行为主义革命。总的说来，二十世纪二三十年代算是随机实地实验发展的第一个阶段。

第二个阶段是二十世纪六七十年代的社会实验阶段。最早的代表是负所得税实验，随后有一系列关于就业、电价、住房补贴等的实验。该阶段的实验往往借助于政府政策推行，专注于探讨政策包的整体效果，一般规模较大。除了对相关具体问题的探讨，因为随机，该阶段的实验数据为其他计量模型提供了重要的校准作用，比如 LaLonde（1986）。

随机实地实验发展的第三个阶段是二十世纪九十年代至今。对比社会实验阶段而言，该阶段的实验实施发生在更加自然的人群中，并且具有更强的学术理论导向。该阶段的实验既有世界银行资助、从墨西哥开始后来遍及拉美和非洲诸多国家的、大规模的有条件现金转移支付项目，也有其他 NGO 资助、中等规模的健康和教育等方面的扶贫实验，更有科研人员凭一己之力开展的小型实验。此外，当前还出现其他实验和实地实验相融合的现象。

二 随机实地实验的本土化研究现状

据笔者所知，国内经济学者开展的第一个实地实验研究是蔡洪滨、陈玉宇和方汉明于 2006 年开展的实地实验（Cai et al., 2009）。该研究直接在饭店"吃"上了全球顶级的经济学期刊《美国经济评论》，不仅发表的档次极高，而且实施难度并不大，对国内学者发挥了重要的鼓舞作用。Rozelle-张林秀-史耀疆的联合团队自 2008 年以来陆续在中国西部欠发达地区以及北京农民工子弟学校开展了多项关于扶贫、教育、健康的实地实验研究。近些年来，随着海归学者大量回国，以及国内学者逐步加入，尤其是本来从事实验室实验的学者在研究上的拓展，越来越多的研究人员从事随机实地实验研究。

本章将专注介绍在内地工作的学者，在港澳台等地区、以及海外的学者，只有在和内地学者合作时，才会被介绍到。在实验类型上，本章将囊括虚拟实地实验。虚拟实地实验和场景/自然实地实验存在较大的差别，但是国内在实验室实验上的研究人员相对较多，这部分学者中有一部分在从事虚拟实地实验、即 lab-in-the-field 的研究。由于随机实地实验可以运用到各个学科领域，而国内刚起步还没有出现比较明显的特征或体系。除了 Rozelle-张林秀-史耀疆团队之外，大多数国内的实地实验研究人员大都临时组队，偶有单兵作战。下面的介绍将按照作者所处的空间顺序从北到南、由东到西开展，在最后部分介绍 Rozelle-张林秀-史耀疆团队的研究。如果两个或两个以上的作者是内地学者，介绍将按照排名靠前的作者来组织。除了发表之外，已经成型的部分工作论文也在介绍之列。这仅仅是我所知晓的研究，远不是国内研究的完全列表。

1. 北京大学

北京大学从事实地实验的主要在光华管理学院，相关学者包括蔡洪滨（前职员）、陈玉宇、梁建章、林莞娟、孟娟娟和周黎安。此外，国发院的张丹丹也在实地情境里增加了实验的成分，即虚拟实地实验。蔡洪滨、陈玉宇、方汉明在 Cai 等（2009）文章里探讨社会学习的证据，其实验对象是在某连锁饭店就餐的顾客，通过随机提供不同的菜单实现对顾客的随机分组。菜单在图片上是完全一样的，菜品的名称和价格以及排版也是相同的；控制组和干预组仅有的区别是，干预组的图片旁边增加了几个字表示该菜品是顾客最常点的菜品。研究发现，最常点菜品的字样增加了相关菜品的销售。此后，Cai 等（2015）探讨激励对业务员销售猪保险的影响，然后基于因为业务员激励不同而产生的不同农户购买率考察保险对农户生产生活的影响。该研究是于 2007 年结合在贵州金沙推进的猪保险项目开展的，因为当地政府不同意逐步推进猪保险项目，研究人员退而求其次，通过对推销员不同强度的激励以实现在各村庄不同的保险覆盖率。研究结果不仅探讨了对养猪数量的短期和长期影响，还考察了对饲养其他动物的溢出效应。

陈玉宇和华裔 David Yang 还开展了一项关于互联网翻墙的实地实验研究，探讨互联网管制对人们意识形态的影响。他们于 2015 年末在北京两所大学招募了 1800 个大学生，干预措施分为两个维度：是否提供免费的翻墙工具；是否引导对国外网站的浏览。考察的结果变量分为三类：软件记录的浏览行为（只有翻墙组有）；调查问卷中自我报告的浏览行为以及态度；实验结束后实测的是否愿意购买翻墙工具的行为。研究结果显示，提供翻墙工具并没有直接的效果，但是引导浏览有短期和长期效果，此外还对同宿舍的其他同学有溢出效应。

林莞娟和孟涓涓及合作者开展了一系列关于医生行为的研究。其研究的主要特色是运用审计实验法（具体方法，请参考陆方文，2014），训练学生扮演患者去看医生，通过患者方面的随机干预考察对医生行为的影响，尤其是对抗生素药品出处方的影响。Currie 等（2011）发现患者对抗生素副作用的了解有助于减少抗生素药品处方，其干预措施是在患者描述完病情之后、医生开处方之前，由患者叙说"曾经查过网络，知道抗生素有副作用"。在此基础上，Currie 等（2014）额外增加了只要处方、不取药因而医生不拿提成的干预（该干预在笔者的 Lu（2014）也有涉及，但在实施和发表上都略早），发现不拿提成干预比信息干预的影响大得多。此外，Currie 等（2013）运用看医生的场景探讨小礼品的作用，及对朋友和非朋友的溢出效应。实验包括两个维度的干预：是否给小礼品；是否介绍后一个就诊者是自己的朋友。研究发现小礼品对本人有积极影响，对朋友患者也有积极的溢出影响，但对非朋友患者有消极的溢出效应。

携程董事长梁建章及合作者在其携程员工中开展了关于弹性工作安排对于工作效率影响的随机实验研究（Bloom et al., 2015）。该研究分为两个阶段，第一个阶段是典型的随机实地实验：在所有有意在家工作的员工里进行随机分组，一半安排在家工作，另一半在公司工作，持续 18 个月，发现在家的工作效率和工作满意度更高、请假率减半，但是同样绩效下的晋升概率也降低了。第二个阶段在第一阶段随机的基础上，让所有人自主选择在家还是在公司，一半的人选择改变，那些选择去公司的正是在家工作效率低的，反之亦然，因而提高整体的工作效率。

此外，国发院的张丹丹在其两篇研究中采用了没有随机的虚拟实地实验，即运用实验室实验测现实人群的行为特征变量。Cameron 等（2017）探讨中国性别失衡对犯罪的影响机制，其中通过风险游戏测试犯人和非犯人的风险偏好。Booth 等（2017）探讨社会体制对女性竞争性的影响，主要对比北京和台北分别出生在 1958 年、1966 年、1977 年三个年份的男性和女性的竞争性，而竞争性指标是通过邀请上述人群参加实验室实验中的竞争游戏获得的。

2. 清华大学

清华大学经管学院从事实地实验的主要有刘潇和陈岩（兼职，积极推动国内实验经济学的发展）。刘潇和陈岩及合作者在众包平台上开展实地实验，探讨了以竞赛机制为奖金规则的平台上，奖金大小和"标杆"方案对于参赛方案数量和质量的因果作用。研究发现，奖金越高，收获的方案个数及质量也越高；而如果在任务发布早期就出现了高质量的"标杆"方案，则会降低专业高手们参赛的可能性，从而降低整体参赛方案的数量和质量（Liu et al., 2014）。

3. 中国人民大学

中国人民大学主要有代志新和笔者本人。代志新和导师 Marie Claire Villeval（积极推动国内实验经济学发展的国际友人）利用现实乘客做了一系列的虚拟实地实验。乘客包括逃票者和不逃票者，游戏形式有他们设计的公共交通游戏和通用的欺骗游戏等，游戏中包含随机的路程、票价、监管形式、惩罚概率和罚金等。Dai 等（2017）探讨不同监管办法的影响，发现集中监管不如随机监管有效，拉长监管时间减少期间内逃票，监管结束后的逃票增多，预告监管时间增加期间外逃票。Dai 等（2018a）发现现实的逃票者在虚拟的实验里也更可能逃票，在欺骗游戏中更倾向于欺骗。换句话说，普通乘客并不会因为参加实验室实验而改变其行为，这为实验室实验在研究诚信行为方面提供了强有力的外部有效性的支持。Dai 等（2018b）进一步发现尽管现实中的逃票者在游戏中比非逃票者更倾向于逃票，但是二者都对惩罚的概率和强度做出反应。此外，路程越长，逃票概率越小，反映人们逃票的道德约束。

笔者开展过三个系列的随机实地实验，分别关于医疗、教育和交通。在医疗方面，Lu（2014）运用审计实验法探讨医保和提成对医生开处方的影响，于 2010 年暑期在北京的三甲医院展开，主要包含两个维度的干预：患者自费还是公费医疗；通过患者表达的是否在该医院买药实现的医生能够获得提成。对每个科室进行了四次拜访，四个干预组合的顺序是随机的。研究发现，当医保扩大了患者的支付能力，医生的拿提成激励会极大地增加处方金额。在教育方面，Lu 和 Anderson（2015）通过随机安排学生的座位探讨学生之间的同群效应。该研究并没有典型的干预组和控制组，每个人都对别人产生影响也接受别人的影响。研究发现女生在女生比例偏多的环境学习更好，同桌或者前后桌的学习背景好坏没有显著影响。Anderson 和 Lu（2017）探讨当班干部的经历对学生成长的影响。为了获得班主任老师认可的随机分组，该研究首先请班主任老师为每一个班干部职位挑选两位候选人，然后在每一对候选人当中随机任命一位作为真正的班干部，其实验群体是初一的学生。研究发现，担任班干部有利于激发第一候选人（综合素质高且名至实归的候选人）的学习动力，提高他们的学习成绩，改变他们对成功的认知，并增加他们在同学中的欢迎程度；但是，这些正面的效应对第二候选人（不是名至实归的）却不太显著甚至有负面的效果。在交通领域，开展了通过手机短信助推安全驾驶的研究。Lu 等（2016）利用司机一般不立刻查罚单的时间差，通过手机短信给随机的一部分司机发送罚单信息，其他干预措施还包括发送电子警察的普及率信息和发送闯红灯的惩罚信息，发现罚单信息非常有效，其他惩罚相关信息没有威慑作用。Chen 等（2017）探讨社会比较对安全驾驶的影响，尤其在社会比较信息中增加了阶层的维度，即考察高端车、中档车、经济车的不同主体但是相同信息的影响力。研究发现，高端车信息发挥了重要的模范作用，尤其对于经济车车主最有效。

4. 中央财经大学

中央财经大学有毛磊和于莉。毛磊及合作者开展了一项没有随机的虚拟实地实验，在 6 个地点、对比 3 类人群（居住在城市的外出打工者、居住在高移民率地区的农村人、居住在低移民率地区的农村人），运用标准的实验室风险游戏和投资游戏，发现外出者更具竞争性，也更倾向于认为别人具有竞争性，但该差异并非来自风险偏好（Hao et al., 2016）。于丽及其合作者考察对方特征对人们利他行为的影响，运用"丢失信件"方法，故意在北京的小区随机地遗失待寄的信件，干预组和控制组的区分在于收信人的身份，一类是寄给慈善机构的信，另一类是寄给虚构个人的信，发现寄给慈善机构的信更容易被人投递（Chang et al, 2016）。

5. 北京师范大学

北京师范大学主要有何浩然、涂勤和周晔馨。何浩然的合作论文 Carlsson 等（2013）借助于独断游戏探讨挣得的钱和掉馅饼的钱对于捐赠行为的影响，并着重对比实验室实验和实地实验的行为差异。研究发现，资金来源不同以及是否是实地都会对行为产生重要影响，但是资金来源的影响在实验室和实地虽然有量的差异，却没有质的差异。其另一篇论文 Carlsson 等（2012）在中国农村开展没有随机的虚拟实地实验、探讨夫妻双方对家庭决策的影响力，其主要方法是让夫妻双方先各自做决策，然后再让二者一起做决策，决策的内容是关于时间偏好的决定，发现家庭决策受夫妻的共同影响，但是丈夫的影响更大。He 等（2012）用学生夫妻探讨家庭决策问题，发现丈夫比妻子更风险偏好，家庭决策居于二者之中。巧合的是，同校的涂勤及其合作者（其中一位是 John List）也探讨夫妻决策和家庭决策之间的关系，方法类似，但是其决策内容是分配游戏，即将资源在自己家庭和公共物品中的分配探讨性别比例对夫妻讨价还价能力的影响。该研究在国内 2 个县、16 个村庄中的夫妻中进行，发现女性稀缺增加了妻子的议价能力（Bulte et al.，2015）。TU 和 Bulte（2010）在中国农村通过实验室实验测试信任度，发现越信任的人越可能通过正式劳动力市场找工作。周晔馨及其合作者在学生和农民工群体中运用公共物品游戏对比威权体制和民主政体的效果发现，同样的惩罚政策，在外在强加的情况下比在内生投票决定的情况下更加有效（Vollan et al.，2017）。周晔馨等（2014）对比了学生和农民工群体的行为差异以及社会资本的不同影响。

6. 山东大学

蒋金山、李菁萍及合作者黄凯南运用公共物品游戏去测度村官员的合作倾向，属于没有随机的虚拟实地实验，发现村官合作倾向值得分越高，得到村民的满意度评价越高，需要村官发挥重要协调作用的搬迁合同的签署比率也越高（Cheo et al, 2018）。此外，王崎琦及其合作者也采用虚拟实地实验的方法测试工作中的种族歧视。其采用真实努力游戏，运用框架效应强化一部分"员工"的种族特征，发现在本身多元化的地区没有歧视，但是在单一民族地区，少数民族在工资上受歧视（Mobius et al, 2016）。

7. 西安交通大学

周翔翼及其合作者曾使用审计实验法中典型的假简历的方法探讨职业性别歧视，发现在中国的中高端招聘市场（软件工程师、会计、文秘和市场营销等职位）偏好女性，尤其是非国有企业和女性比例高的企业（周翔翼和宋雪涛，2016）。

8. 南京审计大学

南京审计大学的杨春雷和华东师范大学的龚冰琳做了一系列虚拟实地实验，在介绍龚冰琳的时候具体介绍。

9. 复旦大学

复旦大学有李玲芳及其合作者在 Ebay 上探讨"评价有礼"对于买方行为的影响。他们在 Ebay 上创立了两个类似的卖家账户，干预措施有两个维度：一个维度是为评论提供 0 美元、1 美元、2 美元的奖励；另一个维度是邮寄服务的快和慢。研究发现，邮寄慢总体上会减少评价，但是会增加负面评价；"评价有礼"选项对于是否提供评价没有影响，但是会在邮寄慢的情况下减少负面评价。评价有礼政策对销售量和价格没有影响（Cabral & Li，2015）。

10. 上海财经大学

上海财经大学的杜宁华和复旦大学的李玲芳、陆天、卢向华在 P2P 平台上实施了一项干预实验（Du et al.，Forthcoming）。他们将该平台在 2016 年的某月获得放款的所有借款人随机分成三组，分别向这三组借款人发送不同的催款信息。第一组借款人得到中性的还款日期提醒；第二组借款人收到的信息，在中性提醒信息的基础上强调出借人对按时按量还款的正向期待；而第三组借款人收到的信息，在中性提醒信息基础上强调了一旦借款人违约，借款人将会承担的后果。研究结果表明，与中性提醒信息相比，"正向期待"信息对还款促进作用显著，而且持续长久。"负面后果"信息只在短期内对还款有促进作用，其长期效果不明显。

11. 上海交通大学

上海交通大学有江明和秦向东。江明和陈岩老师及合作者探讨饥饿对决策和偏好的影响（Chen et al.，Forthcoming）。研究对象是那些参加年度体检的职工，体检结束的时候一般都会很饥饿，去一个专门的地方吃饭。随机一部分被试在吃饭前（饥饿状态）被邀请参加实验游戏，另一部分是吃饭后（非饥饿状态）参加游戏。研究发现男性和女性在饥饿状态下反应相反，饥饿缩小了在决策质量、风险偏好和认知能力上的性别差异，但是加大了在慷慨度上的性别差异。秦向东及合作者探讨激励对于考试成绩的影响，实验干预是根据答题正误决定现金激励，控制组没有激励。结果表明，美国学生在有现金激励的情况下会答得更好，显示激励的作用，彰显努力的作用；但是中国学生不受激励的影响（Gneezy et al.，2017）。

12. 华东师范大学

华东师范大学的龚冰琳和南京审计大学的杨春雷及合作者在相邻的两个少数民族里——母系摩梭族和父系彝族中开展了一系列没有随机的虚拟实地实验。Gong 和 Yang（2012）测试风险偏好的性别差异，发现女性更加风险厌恶，但是这一差异在母系的摩梭族里较小。前人运用独裁者游戏在美国人群中发现女性比男性捐赠更多，Gong 等（2015）用相同的方法发现女性在母系摩梭族里捐赠比男性少，但在父系彝族里无差异，说明社会制度对个人行为的影响。Gong 和 Yang（2017）运用最后通牒游戏发现父系彝族的女性索要比同族男性更多，母系摩梭族女性对同族男性则更公平，结果导致摩梭族女性最终获得更多。

13. 上海外国语大学

上海外国语大学的杨晓兰及其合作者在数据输入的实际工作中考察工作意义以及现金和荣誉激励对工作效率的影响。其干预措施有两个维度：工作意义的高和低；基本工资、外加计件经济奖励、外加荣誉奖励。研究发现，计件经济激励无论工作意义高低都有很强的激励作用，但是工作意义和荣誉奖励在联合使用的时候和单独使用时效果相当，说明二者的作用机制是相似的（Kosfeld et al.，2017）。

14. 浙江大学

浙江大学的陈叶烽和浙江工商大学的罗俊以及北京师范大学的何浩然合作。

15. 浙江财经大学

浙江财经大学的罗俊和浙江大学的陈叶烽以及北京师范大学的何浩然

合作探讨公开姓名对捐赠行为的影响（罗俊等，2018）。干预一共分5组：只公开捐款数额组（被试在捐款前被告知要公开捐款数额，被试可通过不参与捐赠来避免捐赠信息公开）；只公开姓名组（不捐赠的情况下不公开）；实名公开捐款数额组（不捐赠的情况下不公开）；可选择是否实名公开捐款数额组（被试可选择是否要实名公开捐赠信息）；强制性实名公开捐款数额组（无论是否捐赠都会公开）。研究发现，捐赠信息会对捐赠行为既有"筛选"效应又有"提拔"效应。"筛选"效应表现为，意愿捐款数额较低的人，会因为要公开自己的姓名而感到羞愧，因此会通过拒绝参与捐赠来避免捐赠信息的实名公开。"提拔"效应表现为，意愿捐款数额较高的捐赠者，会因为要公开自己的姓名和对应的捐款数额，引发声誉动机，从而愿意提高自己原本的捐款数额。

16. 江西财经大学

江西财经大学的潘丹和暨南大学的张宁探讨讲座教育和田间指导对农民获得使用化肥知识的影响。他们在两个省的四个镇一共选了16个种水稻的村。村庄被随机分为培训组和控制组，在培训组里村民被进一步随机分为：接受课程培训；外加田间指导；自己没有直接接受培训，但同村人接受培训。研究发现田间指导提升化肥知识，但课程培训没有效果，也没有溢出效应（Pan & Zhang，2018）。

17. 厦门大学

厦门大学的两位前外籍教师 Annika Mueller 和 Jason Shachat 在马拉维实施了一项关于当地店主和中国移民关系的虚拟实地实验。一个店主和一个移民构成一组，控制组中两人分别玩拼图，实验组里这两人合作玩拼图。研究发现因为玩拼图过程中的合作和接触让本地店主更愿意花时间接触中国人，但对中国人的态度并没有提升（Gu et al.，Forthcoming）。

18. 中山大学

中山大学从事实地实验研究的有梁平汉和徐现祥。梁平汉与其合作者通过给监狱犯人提供捐赠某特定时期、固定比例劳动所得的机会，探讨监狱犯人的亲社会行为。随机干预主要表现在被捐赠对象的身份上：同一监狱区域内的犯人的女儿；同一监狱但不是同一区域内的犯人的女儿；陌生人的女儿。研究发现，所有实验组的犯人都愿意捐赠，对比没有捐赠机会的犯人，有捐赠机会的犯人工作更努力，并且努力程度随着被捐赠对象与自己的社会距离越近而越强，因而在监狱犯人身上发现了亲社会偏好以及对自己人的偏爱（Guo et al., 2018）。徐现祥团队在评估广东省商事改革效果的调研中，考察外界评估对政府机构行为的影响。该研究是随机实地实验和政府横向课题相结合的范例。

19. 暨南大学

暨南大学从事实地实验的有谷一桢、王春超和张宁。谷一桢及其合作者借助于农村淘宝的推广，探讨网商平台对农村生产和消费的影响。其干预措施是给村庄安排农村淘宝，控制组是没有农村淘宝的村庄。研究发现，农村淘宝的推广提升了年轻、有点文化的消费者的福利，但对厂商等没有影响（Couture et al., 2018）。类似于本人的同群效应研究，王春超及其合作者运用随机安排学生座位的方法探讨非认知能力方面的同群效应，尤其发现背景相近的学生趋同的变化更强（Wang et al., 2018）。张宁的合作研究在前面提过了。

20. 华南师范大学

华南师范大学的董志强和赵俊运用非随机的虚拟实地实验在农村小学探讨留守儿童和非留守儿童在竞争性上的差异，通过投球入篮的游戏作为载体，发现留守儿童的竞争积极性更弱，父亲的陪伴对此影响更强（董志强和赵俊，2018）。

21. Rozelle-张林秀-史耀疆团队的研究

Rozelle-张林秀-史耀疆团队是国内少有的联合组团、长期合作的实地实验研究团队。自2008年开展实验以来，该团队发表了40篇左右的实地实验研究论文。该团队的实验研究属于典型的发展经济学实验，其被干预对象通常是围绕学生进行，包括学生本人、家长、老师或者是学校；随机安排经常是在学校层面进行，也偶有在学生层面进行的；控制组没有任何干预，干预措施多种多样；考察结果常常是学生的健康状态、学习成绩和非认知能力。具体的实验干预包括以下几个方面。

（1）关于营养品等的研究

该团队在营养品方面做了很多实验，提供过的营养品包括给小学生的复合维生素、咀嚼维生素片、多种微量元素、铁元素、鸡蛋，以及给婴幼儿的多种营养元素粉，基本的结论是对相应的健康指标有积极效果，对学习成绩也常常有积极效果（Luo et al., 2012; Miller et al., 2012; Kleiman-Weiner et al., 2013; Zhang et al., 2013; Wong et al., 2014; Luo et al., 2017）。此外，还探讨对家长进行营养健康教育的作用，基本结论是效果有限：给家长一个小时左右的讲课加看录像额外加一个可以带回家的小册子仅能提高女生健康状况（Shi et al, 2012）；通过信件为学生的贫血症状提供针对性的诊断以及应对方法没有效果（Luo et al, 2012）；发送关于健康知识和学生的健康状况手机短信给家长没有效果，但是在此基础上增加月度短信小测验有效（Mo et al, 2014）；在免费提供铁营养品的基础上额外增加每日短信提醒，短信提醒提高了服从率，但对贫血率没有显著影响（Zhou et al, 2016）。此外，Miller等（2012）发现在免费提供复合维生素的基础上额外对校长进行激励，每降低一个学生的贫血症就奖励150元，发现校长激励有一定的效果。

（2）关于计算机辅助教学的研究

Lai等（2013）探讨针对数学的计算机辅助教学有利于提高小学住宿生的数学成绩，但对语文成绩和其他发展没有影响。Mo等（2013）探讨"一个学生一个笔记本"项目，通过免费发放安装有教学辅助软件的笔记本给北京农民工子弟学生以及一个简短培训，发现该项目提高了计算机技能和数学成绩，以及自我评价，并发现用学习软件的时间替代看电视的时间。Mo等（2014）探讨和课堂教学相结合的计算机辅助教学对数学成绩有相似的提升作用。Bai等（2016）探讨没有和课堂教学相结合的计算机辅助教学，对普通学生没有积极效果。Yang 等（2012）发现计算机辅助教学对于男生和女生没有显著差异。Lai 等（2016）在原本关于数学的计算机辅助教学基础上，额外增加语文课的辅助教学，并没有发现积极作用，主要是因为额外的辅助教学要挤占正常教学时间。Lai 等（2015）探讨给少数民族小学生的汉语计算机辅助教学，不仅提高了语文成绩，还提高了数学成绩和其他非认知能力。

（3）关于眼镜的研究

Ma 等（2014）探讨免费眼镜（对比只测度数没有提供眼镜）的影响，发现免费眼镜在一定程度上提高学习成绩，Ma 等（2015）还发现也提高了 8 个月后的视力水平。Nie 等（2018）探讨对初中生的影响是减少了辍学率，提高了数学成绩和对未来的期望。

（4）关于奖学金、学费减免等的研究

Liu 等（2011）探讨给高中生提前承诺给予大学奖学金的影响，着重考察提前承诺的早晚和奖学金金额的影响，研究发现高考前 3 个月给于奖学金承诺对于高考成绩没有影响，对于是否影响志愿类型，比如填报免费的师范院校和军事院校，总体也没有影响。Yi 等（2015）在初中生中探讨上高中的奖学金承诺的影响，发现不管在初一还是在初三提供承诺，对学生学习都没有影响。Loyalka 等（2013）探讨告诉高中生关于大学费用和助学金信息的影响，发现该信息对于选择去上大学（反之不上大学）有显著增强作用，对申请助学贷款也有积极作用，但对申请哪类学校没有影响。Wong 等（2013）探讨针对上幼儿园的抵用券和现金转移支付的影响，发现干预措施的确增加了上幼儿园的概率，但是对入学准备没有影响，其原因是农村幼儿园的教育质量不够。

（5）关于现金转移支付的研究

Mo 等（2013b）探讨在初中生中测试现金转移支付的影响，如果学生在校学习且缺席率不超过 80%，其父母在学期末将可以获得 500 元的现金，这是针对贫困家庭的初中生的项目。研究发现的确减少了辍学率，但是对学习成绩和是否上高中没有影响。

（6）关于学校管理的研究

该团队最早的实验研究是于2008年实施、2014年发表，考察对宿舍生活老师培训项目的影响，通过对比获得培训的学校和没有培训的学校，发现培训项目的确提高了宿舍管理质量，但对学生的课堂行为和学习成绩等没有影响（Yue et al., 2014）。Zhang等（2013）研究给北京农民工英语老师的英语培训项目，发现培训对老师和学生的英语成绩都没有能够产生积极影响。Loyalka等（2013b）发现给初一学生提供教育回报率的信息，但并没有发现影响。Wang等（2016）探讨社交情绪学习能够显著降低初中生辍学率的影响。Li等（2014）探讨激励和同群效应的组合问题

（7）关于女性选举权培训的研究

探讨选举权的知识对女性参与村民选举的影响，包括两个维度干预的交互设计：女村民是否培训以及村长是否接受培训，一共四种情境。Pang等（2013）在辽宁和福建实施，发现当村民被培训，其选举权的知识和选举参与都提升，但是当只有村长接受培训是没有效果的。Pang等（2014）通过相同的干预在宁夏回族发现女性培训增加了选举的知识，但是并没有提高选举率。

此外，国内还有一些介绍随机实地的综述类文章，比如陈玉梅和陈雪梅（2012）、姜树广和谯倩（2012）、罗俊（2014）、罗俊等（2015）、陆方文（2017）。此外，笔者还出版了关于随机实地实验的专著，详细介绍实地实验的具体方法（陆方文，2017）。

三　随机实地实验发展的基本趋势

总结当前，是为了更好地推进未来。本章节将总结和概括随机实地实验的发展趋势，希望能够展现当前实地实验方法设计的前沿，为年轻学者提供一定的指引，促进国内实地实验相关研究的后发赶超。随机实地实验

研究近些年的变化可以归纳为以下几个方面的特点：应用领域更广泛；机制探讨更深入；研究效果更长期；更重视干预措施的交互影响等。详述如下。

1. 应用领域更加广泛

随机实地实验已经从传统的劳动经济学和发展经济学等领域，扩展到机制设计、新政治经济学、公共经济学、环境经济学、国际贸易等众多经济学分支。劳动经济学和发展经济学是随机实地实验经典的运用领域，这主要是因为针对个体的、学生的和欠发达地区的实地实验成本相对较小、容易开展，而且这些领域的政策需求大。List 和 Rasul（2010）按照人生历程分阶段地对劳动相关的实验文献进行了综述，议题覆盖了人力资本培育、就业市场、劳动激励等各个方面。在发展经济学领域，以现金转移支付为政策措施的扶贫实验在世界银行人员和资金的支持下从墨西哥开始，扩散到了大多数的拉美国家和很多非洲国家。此外，实验还涉及小额信贷、农业保险以及各种扶贫、教育、健康干预等议题。

近年来，实地实验方法越来越多地运用到其他经济学领域。比如，在市场机制方面，Brown 和 Morgan（2009）在 ebay 和 yahoo 两个不同的在线交易平台探讨不同平台的交易效率，并随机调整是否有最低价格、能否延长拍卖的结束时间等，探讨拍卖市场的均衡机制。在新政治经济学领域，Olken（2007）借助世界银行的资助项目、在印度尼西亚的村庄修路项目中探讨审计和公民参与对工程腐败的影响，发现前者对于减少工程腐败有积极影响，而后者没有作用。关于税收征收，增值税的理论假设是票据凭证有利于降低逃税漏税，Pomeranz（2015）通过对比加强审计威胁对有票证企业和无票证企业的差异性影响来探讨增值税的威慑作用，并且发现票证的确有利于带动上下线企业合规操作。关于公共物品提供，Chen 等（2010）通过考察如何提高在线社区的活跃度、增加电影评价的数量，发现提供社会参照信息能显著增加公共物品的供给。在环境监管问题上，Duflo 等（2013）探讨环境评估中的激励扭曲问题，发现由企业自主付费雇用环评机构而产生的环评报告相当袒护企业。在国际贸易领域，Atkin 等（2017）探讨来料加工的外贸方式对企业经营的影响，在埃及闭塞的小镇给部分小作坊随机地安排外贸订单，发现承接高端订单生产有利于提高企业的生产率和经营状况，等等。这些新的领域的拓展几乎涉及微观经济学的各大热门主题，展示出随机实地实验日益增长的影响力。

2. 机制探讨更加深入

早期的随机实地实验侧重单纯的政策效果评估，近年来则越来越注重对政策机制的挖掘和评估，从而也更加符合经济学理论的逻辑。起初，随机实验主要用作政策评估的手段，回答政策是否有效果以及效果大小的问题。但这种就事论事的探讨使得结论很难外推，因为一旦政策有一个小的调整，对政策效果的预估就可能存在很大的或然性。有鉴于此，后来越来越多的实验都更加关注对政策机制的探讨。比如，墨西哥实行的是有条件的现金转移扶贫项目，只有在子女上课出席率达标并且按期参加体检的条件下，政府才会给相应家庭支付扶贫款。Gertler（2004）探讨该项目对儿童教育和健康的影响，但这些影响是条件和扶贫款的共同作用。但是，核实子女的上课出席率以及是否按期参加体检，会很大地增加政策执行成本，甚至还可能滋生腐败。那么，条件约束对政策效果具有怎样的影响呢？如果不设置条件要求，扶贫款的效果会怎样？Baird 等（2011）对有条件的现金转移扶贫和没有条件的现金转移扶贫开展实验研究，指出了条件约束对辍学率和成绩的积极影响。再比如，很多文献都发现，由员工推荐的求职者要比独立求职的求职者更容易得到企业的雇用，但其内在原因并不清楚。Pallais 和 Sands（2016）运用实验对为什么员工推荐可能发挥作用的三个可能机制进行探讨。他们发现，员工会在推荐过程中提供关于求职者的额外信息，而且被推荐员工在和其推荐者一起工作的时候效率更高，但并没有发现被推荐员工会因为考虑到对推荐人的影响而更努力工作。关注机制的作用，有利于分解政策要素的效果，将更有助于未来政策措施的设计。

3. 研究效果更加长期化

过去的随机实地实验常常集中于讨论短期干预措施的效果，而近年来则更倾向于讨论长期效果的深度研究。这种转变更有利于更加全面地刻画经济制度和政策的影响。一项经济制度和政策对人的行为的影响，不仅可能具有滞后效应，而且更重要的是可能改变总体的社会经济环境，从而参与人之间会重新开始一个博弈过程，这个过程趋于某个新的均衡可能需要较长时间。随机实地实验则为探讨中长期影响提供了机遇。墨西哥的有条件现金转移扶贫项目在 1997 年开始试行，Gertler（2004）探讨这一政策对当期儿童在教育和健康方面的影响，Behrman 等（2011）则探讨了 5 年期的影响。Migual 和 Kremer 等人在 2000 年左右开展了一项关于疟疾除虫的健康干预实验，并于 2004 发表了一篇关于除虫药片对当年健康和教育影响的研究。2016 年他们再度探讨当年的除虫干预对于 10 多年之后人力资本发展的影响（Migual & Kremer, 2004；Baird et al., 2016）。这些研究为相关干预措施的中长期后果提供了科学的证据，从而使制度和政策设计的科学性大幅度提升。

4. 更加重视干预措施的交互影响

在现实中，各种制度和政策往往具有互动特征，同一个政策在不同的制度或者文化空间里可能产生不一样的政策影响。随机实地实验发展的新趋势是通过干预政策的组合设计，更有效地探讨干预措施的交互影响。比如，在教育激励方面，Kremer 等（2009）探讨给学生提供奖学金激励对学生成绩的影响，Duflo 等（2012）研究给教师的出勤奖对教师出勤以及最终对学生成绩的作用，此外还有很多单独研究给学生激励或者给老师激励的文章。Behrman 等（2015）则在探讨给学生奖学金和给老师绩效奖金单项政策措施的基础上，进一步考察二者的结合对学生成绩的影响，并且发现了显著的交互作用。这类研究无一例外都是在保证随机性的前提下，通过干预措施的合理组合，来刻画复杂制度和政策的作用机理。对于干预措施交互作用的探讨,有助于考察同一措施在不同环境下的效果,为实验结果向其他人群、其他地区的推广提供了基础。

四 随机实地实验在国内发展的展望和建议

改革开放是决定当代中国发展的关键时点,而"先试点后推广"的做法则在中国改革开放和转型的历程中发挥过关键性的作用。小岗村包产到户试点和深圳经济体制改革特区试点就是具有代表性和里程碑意义的试点范本。① 在改革开放40年之际,试点的意义不仅没有被削弱,而且进一步强化。习近平总书记在中央全面深化改革领导小组的会议上对于试点提出了更高的要求,强调试点要"大胆探索,积极作为""多出可复制可推广的经验做法,带动面上改革"。② 随机实地实验的方法所强调规范的实验方法能够解决这些问题,将有助于极大提高转型时期的制度和政策设计水平。时代召唤着科学的随机实地实验,同时也为随机实地实验提供了更丰富的社会实践。

为了进一步推进随机实地实验研究在中国的发展,笔者做如下建议。

第一,加大对随机实地实验研究经费的投入。实验费用因干预措施和实验环境的不同而有差异,甚至差异很大,但是绝大多数实验都需要直接和间接经费的投入。没有经费,实验是难以开展的。国内对社会科学的经费投入长期较小,近年来有所好转。这主要体现在国家社会科学基金青年项目的经费大幅提升,国家自然科学基金开设了专门的行为和实验的学科代码,加大对实验研究的投入。社会科学和自然科学近年都有实地实验的大项目立项。比如,2015年国家社会科学立项了关于社会制度如何影响个人行为偏好,由叶航团队获得;2018年国家自然科学立项了一项重点项

---

① 李永忠:《试点关乎改革成败》,《人民日报》2015年。
② 《认真谋划深入抓好各项改革试点积极推广成功经验带动面上改革》,《光明日报》2017年5月24日。

目给随机实地实验,由刘国恩团队获得,两项优秀青年项目给实验,其中一项给孟涓涓,兼做实验室实验和实地实验,另一项给笔者,主要从事实地实验研究。和其他经验研究相比,随机实地实验研究在现实转化率上具有极大的优势,不仅为社会承担了试点的成本,还能够提供实用有效的政策,并带出一批执行队伍。考虑到国内当前投入的现状和社会成本效益分析,建议进一步提升立项的概率和资助的金额。

第二,加大对青年学者进行随机实地实验相关的教育和培训。当前,很多学者对随机实地实验方法的认识还存在着一些问题。首先,一些研究者对随机实地实验方法不太了解,不知道具体如何实施。其次,一些研究者直觉上认为做实验一定要花很多钱,因此望而生畏。与用观测数据所做的实证分析比较,实验的确需要更多的经费,而且有些实验也的确需要支出大额的经费,比如说给农民补贴、给学生免费午餐等,实施一项实验也往往需要很长的周期,但并非所有实验都是如此。也有一些实验只需要较少的经费、较为简洁的流程和不太多的人力物力投入。随机实地实验研究方面取得的积极成果,会逐步激发青年学者的兴趣,但相关的培训课程将会更有效地让青年学者掌握该方法、尝试运用到自己的研究中。

参考书目

1. 陈玉梅、陈雪梅:《实验经济学的新突破:实地实验方法》,《经济学动态》2012年第6期,第117~122页。

2. 董志强、赵俊:《"留守"与儿童竞争偏好:一项实验经济研究》,《工作论文》2018年。

3. 姜树广、谯倩:《实地实验及其在经济学中的应用》,《经济评论》2012年第5期,第135~143页。

4. 陆方文:《经济学中的审计实验法研究》,《教学与研究》2014年第48卷第4期,第 70~77 页。

5. 陆方文:《随机实地实验：方法、趋势和展望》,《经济评论》2017 年第 4 期,第 149~160 页。

6. 罗俊:《田野实验——现实世界中的经济学实验》,《南方经济》2014 年第 6 期,第 87~92 页。

7. 罗俊、汪丁丁、叶航:《走向真实世界的实验经济学——田野实验研究综述》,《经济学（季刊）》2015 年第 3 期,第 853~884 页。

8. 罗俊、陈叶烽、何浩然:《捐赠信息公开对捐赠行为的"筛选"与"提拔"效应——来自慈善捐赠田野实验的证据》,《经济学（季刊）》待发表 2018 年。

9. 周翔翼、宋雪涛:《招聘市场上的性别歧视：来自中国 19130 份简历的证据》,《中国工业经济》2015 年第 8 期,第 145~160 页。

10. 周晔馨、涂勤、胡必亮:《惩罚、社会资本与条件合作——基于传统实验和人为田野实验的对比研究》,《经济研究》2014 年第 10 期,第 125~138 页。

11. Anderson M., Lu F. "Learning to Manage and Managing to Learn: The Effects of Student Leadership Service." *Management Science*, 2017, 63 (10): 3246-3261.

12. Atkin D., A. Khandelwal, A. Osman.. "Exporting and Firm Performance:Evidence from a Randomized Experiment." *Quarterly Journal of Economics*, 2017, 132 (2)：551-615.

13. Bai Y, Mo D, Zhang L, Boswell M, Rozelle S. The impact of integrating ICT with teaching: Evidence from a randomized controlled trial in rural schools in China. Computers & Education, 2016, 96: 1-14.

14. Baird S., C. McInto, B. Ozler. "Cash or Condition: Evidence from a Randomized Cash Transfer Program." *Quarterly Journal of Economics*, 2011, 126 (4): 1709-1753.

15. Behrman J., S. Parker, P. Todd. "Do conditional cash transfers for schooling generate lasting benefits? A five-year followup of PROGRESA /Oportunidades." *Journal of Human Resources*, 2011, 46 (1): 203-236.

16. Behrman J., S. Parker, P. Todd, K. Wolpin. "Aligning Learning Incentives of Students and Teachers: Results from a Social Experiment in Mexican High Schools." *Journal of*

Political Economy, 2015, 123 (2): 325-364.

17. Bloom N, Liang J, Roberts J, Ying Z. Does Working from Home Work? Evidence from a Chinese Experiment. *Quarterly Journal of Economics*, 2015, 130 (1): 165-218.

18. Booth A, Fan E, Meng X, Zhang D. Forthcoming. Gender differences in willingness to compete: the role of culture and institutions. *Economic Journal*.

19. Brown, J., J. Morgan. "How Much Is a Dollar Worth? Tipping versus Equilibrium Coexistence on Competing Online Auction Sites." *Journal of Political Economy*, 2009, 117 (4): 668-700.

20. Bulte E, TU Q, List J. Battle of the sexes: how sex ratios affect female bargaining power. *Economic Development and Cultural Change*, 2015, 64 (1): 143-161.

21. Cai H, Chen Y, Fang H. Observational learning: evidence from a natural randomized field experiment. *American Economic Review*, 2009, 99: 864-882.

22. Cai H, Chen Y, Fang H, Zhou L. The effect of micro-insurance on economic activities: evidence from a randomized field experiment. *Review of Economics and Statistics*, 2015, 97 (2): 287-300.

23. Cameron L, Meng X, Zhang D. Forthcoming. China's sex ratio and crime: behavioural change or financial necessity? *Economic Journal*.

24. Cabral L, Li L. A dollar for your thoughts: feedback-conditional rebates on eBay. *Management Science*, 2015, 61 (9): 2052-2063.

25. Carlsson F, He H, Martinsson P. Easy come, easy go - the role of windfall money in lab and field experiments. *Experimental Economics*, 2013, 16 (2): 190-207.

26. Carlsson F, He H, Martinsson P, Qin P, Sutter M. Household decision-making in rural china: using experiments to estimate the influence of spouses. *Journal of Economic Behavior & Organization*, 2012, 84 (2): 525–536.

27. Chang S, Dee T, Tse W, Yu Li. Be a Good Samaritan to a Good Samaritan: Field Evidence of Interdependent Other-regarding Preferences in China. China Economic Review. 2016, 41: 23-33.

28. Chen Y, Jiang M, Krupka E. Forthcoming. Hunger and the gender gap. *Experimental Economics*.

29. Chen Y, Lu F, Zhang J. Social comparisons, status and driving behavior. *Journal of Public Economics*, 2017, 155: 11-20.

30. Chen Y., M. Harper, J. Konstan, S. Li. "Social Comparisons and Contributions to Online Communities: A Field Experiment on MovieLens." *American Economic Review*, 2010, 100 (4): 1358-1398.

31. Chen Y, Yang D. The Impact of Media Censorship: 1984 or Brave New World? *Working paper*, 2018.

32. Cheo R, Huang K, Li J. Cooperativeness of Village Officials in Rural Resettlement: A Lab in the Field. *Working Paper*, 2018.

33. Couture V, Faber B, Gu Y, Liu L. E-Commerce Integration and Economic Development: Evidence from China. *Working Papers*, 2018.

34. Currie J, Lin W, Zhang W. Patient knowledge and antibiotic abuse: evidence from an audit study in china. *Journal of Health Economics*, 2011, 30 (5): 933-949.

35. Currie J, Lin W, Meng J. Social Networks and Externalities from Gift Exchange: Evidence from A Field Experiment. *Journal of Public Economics*, 2013, 107: 19-30.

36. Currie J, Lin W, Meng J. Using audit studies to test for physician induced demand: the case of antibiotic abuse in China. *Journal of Development Economics*, 2014, 110: 39-51.

37. Dai Z; Galeotti F; Villeval, M C. The efficiency of crackdowns: a lab-in-the-field experiment in public transportations. *Theory and Decision*, 82 (2): 249-271.

38. Dai Z, Galeotti F, Villeval M C. Cheating in the Lab Predicts Fraud in the Field: An Experiment in Public Transportation. *Management Science*, 2018a, 64 (3): 1081-1100.

39. Dai Z, Galeotti F, Villeval M C. Fare-Dodging in the Lab and the Moral Cost of Dishonesty. *Working Paper*, 2018b.

40. Du N, Li L, Lu T, Lu X. Forthcoming. Prosocial compliance in p2p lending: a natural field experiment. *Management Science*.

41. Duflo E., M. Greenstone, R. Pande, N. Ryan. "Truth-telling by Third-party Auditors and the Response of Polluting Firms: Experimental Evidence from India." *Quarterly Journal of Economics*, 2013, 128 (4): 1449-1498.

42. Duflo E., R. Hanna, S. Ryan. "Incentives Work: Getting Teachers to Come to School." *American Economic Review*, 2012, 102 (4): 1241-78.

43. Gertler P. "Do Conditional Cash Transfers Improve Child Health? Evidence from PROGRESA's Control Randomized Experiment." *American Economic Review*, 2004, 94 (2): 336-341.

44. Gneezy U, List J, Livingston J, Sadoff S, Qin X, Xu Y. 2017. Measuring Success in Education: The Role of Effort on the Test Itself. *NBER Working Paper* No. 24004.

45. Gong B, Yang C. Gender differences in risk attitudes: field experiments on the matrilineal Mosuo and the patriarchal Yi. *Journal of Economic Behavior & Organization*, 2012, 83: 59-65.

46. Gong B, Yan H, Yang C. Gender differences in the dictator experiment: evidence from the matrilineal Mosuo and the patriarchal Yi. *Experimental Economics*, 2015, 18 (2): 302-313.

47. Gong B, Yang C. Strategically Fair: A Field Experiment on the Matrilineal Mosuo and the Patriarchal Yi. *Working Paper,* 2017.

48. Gu J., A. Mueller, I. Nielsen, J. Shachat, R. Smyth. (forthcoming). Improving intergroup relations through actual and imagined contact: Field experiments with Malawian shopkeepers and Chinese migrants. *Economic Development and Cultural Change*.

49. Guo S, Liang P, Xiao E. In-group Bias in Prison. *Working Papers,* 2018.

50. Harrison G W, List JA. Field experiments. *Journal of Economic Literature*, 2004, 42 (4): 1009-1055.

51. He H, Martinsson P, Sutter M. Group decision making under risk: an experiment with student couples. *Economics Letters*, 2012, 117 (3): 691-693.

52. Kleiman-Weiner M, Luo R, Zhang L, Shi Y, Medina A, Rozelle S. Eggs versus chewable vitamins: Which intervention can increase nutrition and test scores in rural China? *China*

Economic Review, 2013, 24: 165-176.

53. Kosfeld M, Neckermann S, Yang X. The effects of financial and recognition incentives across work contexts: the role of meaning. *Economic Inquiry*, 2017, 55 (1): 237-247.

54. Kremer M., E. Miguel, R. Thornton. "Incentives to Learn." *Review of Economics and Statistics*, 2009, 91 (3): 437-456.

55. Lai F, Zhang L, Hu X, Qu Q, Shi Y, Qiao Y, Boswell M, Rozelle S. Computer Assisted Learning as Extracurricular Tutor? Evidence from a Randomized Experiment in Rural Boarding Schools in Shaanxi, *Journal of Development Effectiveness*, 2013, 5 (2): 208-231.

56. Lai F, Zhang L, Yu Bai, Liu C, Shi Y, Chang F, Rozelle S. More is not always better: evidence from a randomized experiment of computer-assisted learning in rural minority schools in Qinghai, *Journal of Development Effectiveness*, 2016, 2016, 8 (4): 449-472.

57. Lai F, Zhang L, Qu Q, Hu X, Shi Y, Boswell M, Rozelle S.. Teaching the Language of Wider Communication, Minority Students and Overall Educational Performance: Evidence from a Randomized Experiment in Qinghai Province, China. *Economic Development and Cultural Change*, 2015, 63 (4): 753-776.

58. Lalonde R. Evaluating the econometric evaluations of training-programs with experimental-data. *American Economic Review*, 1986, 76 (4): 604-620.

59. Hao L, Houser D, Mao L, Villeval M C. Migrations, risks and uncertainty: A field experiment in China. *Journal of Economic Behavior & Organization*, 2016, 131: 126-40.

60. Li T, Han L, Zhang L, Rozelle S. Encouraging classroom peer interactions: Evidence from Chinese migrant schools. *Journal of Public Economics*, 2014, 111: 29-45.

61. List, J., and I. Rasul. "Field Experiments in Labor Economics." *Handbook of Labor Economics*, 2010, 4A: 103-228.

62. Liu C, Zhang L, Luo R, Rozelle S, Sharbono B, Adams J, Shi Y, Yue A, Li H, Wang X, Glauben T. Early Commitment on Financial Aid and College Decision Making of Poor Students: Evidence from a Randomized Evaluation in Rural China. *Economics of Education Review*, 2011, 30 (4): 627-640.

63. Liu T X, Yang J, Adamic L, Chen Y. Crowdsourcing with all-pay auctions: a field experiment on taskcn. *Management Science,* 2014, 60 (8): 2020-2037.

64. Loyalka P, Song Y, Wei J, Weiping Zhong, Rozelle S. Information, college decisions and financial aid: Evidence from a cluster-randomized controlled trial in China. *Economics of Education Review*, 2013a, 36: 26-40.

65. Loyalka P, Liu C, Song Y, Yi H, Huang X, Wei J, Zhang L, Shi Y, Chu J, Rozelle S. Can information and counseling help students from poor rural areas go to high school? Evidence from China. *Journal of Comparative Economics*,2013b, 41: 1012-1025.

66. Lu F. Insurance Coverage and Agency Problems in Doctor Prescriptions: Evidence from a Field Experiment in China. *Journal of Development Economics*, 2014, 106 (1): 156-167.

67. Lu F, Anderson M. Peer Effects in Microenvironments: The Benefits of Homogeneous Classroom Groups. *Journal of Labor Economics*, 2015, 33 (1): 91-122.

68. Lu F, Zhang J, Perloff J. General and Specific Information in Deterring Traffic Violations: Evidence from a Randomized Experiment. *Journal of Economic Behavior & Organization*, 2016, 123 (2): 97-107.

69. Luo R, Shi Y, Zhang L, Liu C, Rozelle S, Sharbono B, Yue A, Zhao Q, Martorell R. Nutrition and Educational Performance in Rural China's Elementary Schools: Results of a Randomized Control Trial in Shaanxi Province. *Economic Development and Cultural Change*, 2012, 6 (4): 735-772.

70. Luo R, Yue A, Zhou H, Shi Y, Zhang L, Martorell R, Medina A, Rozelle S, Sylvia S. The effect of a micronutrient powder home fortification program on anemia and cognitive outcomes among young children in rural China: a cluster randomized trial. *BMC Public Health*, 2017, 17: 738.

71. Ma X, Zhou Z, Yi H, Pang X, Shi Y, Chen Q, Meltzer E M, Cessie S, He M, Rozelle S, Liu Y, Congdon N. Effect of providing free glasses on children's educational outcomes in China: cluster randomized controlled trial. *British Medical Journal*, 2014, 349 (23): 5740-5752.

72. Ma X, Congdon N, Yi H, Zhou Z, Pang X, Meltzer E M, Shi Y, He M, Liu Y. Safety of Spectacles for Children's Vision: A Cluster-Randomized Controlled Trial. *American Journal of Ophthalmology*, 2015,160 (5): 897-904.

73. Miguel E., M. Kremer. "Worms: Identifying Impacts on Education and Health in the Presence of Treatment Externalities." *Econometrica*, 2004, 72 (1): 159-217.

74. Miller G, Luo R, Zhang L, Sylvia S, Shi Y, Foo P, Zhao Q, Martorell R, Medina A, Rozelle S. Effectiveness of provider incentives for anaemia reduction in rural China: a cluster randomised trial, *BMJ*, 2012 (345): 4809-4819.

75. Mo D, Swinnen J, Zhang L, Yi H, Qu Q, Boswell M, Rozelle S. Can One-to-One Computing Narrow the Digital Divide and the Educational Gap in China? The Case of Beijing Migrant Schools. *World Development*, 2013 (46): 14-29.

76. Mo D, Zhang L, Yi H, Luo R, Rozelle S, Brinton C. 2013b. School Dropouts and Conditional Cash Transfers: Evidence from a Randomised Controlled Trial in Rural China's Junior High Schools. *Journal of Development Studies*, 49 (2): 190-207.

77. Mo D, Luo R, Liu C, Zhang H, Zhang L, Medina A, Rozelle S. 2014. Text messaging and its impacts on the health and education of the poor: Evidence from field experiments in rural China. *World Development*, 64 (15): 766-780.

78. Mo D, Zhang L, Luo R, Qu Q, Huang W, Wang J, Qia Y, Boswell M, Rozelle S. 2014. Integrating computer assisted learning into a regular curriculum: Evidence from a randomized experiment in rural schools in Shaanxi. *Journal of Development Effectiveness*, 6 (3): 300-323.

79. Mobius M, Rosenblat T, Wang Q. Ethnic discrimination: Evidence from China. *European Economic Review*, 2016, 90 (S1): 165-177.

80. Nie J, Pang X, Sylvia S, Wang L, Rozelle S. Seeing is Believing: Experimental Evidence of the Impact of Eyeglasses on Academic Performance, Aspirations and Dropout among Junior High School Students in Rural China. *Working Papers*, 2018.

81. Olken B. "Monitoring Corruption: Evidence from a Field Experiment in Indonesia."

Journal of Political Economy, 115 (2): 200-249.

82. Pallais, A., E. Sands. "Why the Referential Treatment? Evidence from Field Experiments on Referrals." *Journal of Political Economy,* 2016,124 (6): 1793-1828.

83. Pan D, Zhang N. The role of agricultural training on fertilizer use knowledge: a randomized controlled experiment. *Ecological Economics*, 2018,148: 77–91.

84. Pang X, Zeng J and Rozelle S. Does women's knowledge of voting rights affect their voting behavior in village elections? Evidence from a randomized controlled trial in China. *China Quarterly*, 2013, 213: 39-59.

85. Pang X, Zeng J, Rozelle S. Learning but not acting in rural China: Women in the Ningxia Autonomous Region, Voting Rights Training, and Voting Behavior in Village Elections. *Asian Survey*, 2014, 54 (6): 1009-1036.

86. Pomeranz,D. "No Taxation without Information: Deterrence and Self-Enforcement in the Value Added Tax." *American Economic Review*,2015,105 (8): 2539–2569.

87. Rubin D. "Estimating Causal Effects of Treatments in Randomized and Non-randomized Studies." *Journal of Educational Psychology*, 1974, 66 (5): 688-701.

88. Shi Y, Chang F, Su X, Luo R, Zhang L, Rozelle S. Parental Training, Anemia and the Impact on the Nutrition of Female Students in China's Poor Rural Elementary Schools. *China Agricultural Economic Review*, 2012, 4 (2): 151-167.

89. Tu Q, Bulte E. Trust, market participation and economic outcomes: evidence from rural China. *World Development*, 2010, 38 (8): 1179-1190.

90. Vollan B, Landmann A, Zhou Y, Hu B, Herrmann-Pillath C. Cooperation and authoritarian values: an experimental study in China. *European Economic Review*, 2017, 93: 90-105.

91. Wang C, Li L, Mak E. Non-Cognitive Assimilation between Peers and Academic Performance. *Working Papers,*2018.

92. Wang H, Chu J, Loyalka P, Tao Xin, Shi Y, Qu Q, Chu Yang. Can Social–Emotional Learning Reduce School Dropout in Developing Countries? *Journal of Policy Analysis and Management*, 2016, 35（4）: 818-847.

93. Wong H L, Yaojing Shi, Luo R, Zhang L, Rozelle S. Improving the Health and Education of Elementary Schoolchildren in Rural China: Iron Supplementation versus Nutritional Training for Parents. *Journal of Development Studies*, 2014, 50 (4): 502-519.

94. Wong H L, Luo R, Zhang L, Rozelle S. The impact of vouchers on preschool attendance and elementary school readiness: a randomized controlled trial in rural china. *Economics of Education Review*, 2013, 35: 53-65.

95. Yang Y, Zhang L, Lai F, Rozelle S, Boswell M. Computers and the Academic Performance of Elementary School-Aged Girls in China's Poor Communities. *Computers & Education*, 2012, 60 (1): 335-346.

96. Yi H, Song Y, Liu C, Huang X, Zhang L, Bai Y, Ren B, Shi Y, Loyalka P, Chu J, Rozelle S. Giving Kids a Head Start: The Impact and Mechanisms of Early Commitment of Financial Aid on Poor Students in Rural China. *Journal of Development Economics*, 2015, 113: 1-15.

97. Yue A, Shi Y, Chang F, Chu Yang, Wang H. Dormitory Management and Boarding Students in China's Rural Elementary Schools, *China Agricultural Economic Review*, 2014, 6 (3): 523-550.

98. Zhang L, Lai F, Pang X, Yi H, Rozelle S. The impact of teacher training on teacher and student outcomes: evidence from a randomised experiment in Beijing migrant schools,. *Journal of Development Effectiveness*, 2013, 5 (3): 339-358.

99. Zhang L, Kleiman-Weiner M, Luo R, Shi Y, Martorell R, Medina A, Rozelle S. Multiple Micronutrient Supplementation Reduces Anemia and Anxiety in Rural China's Elementary School Children. *The Journal of Nutrition*, 2013, 143 (5): 640-647.

100. Zhou H, Sun S, Luo R, Sylvia S, Yue A, Shi Y, Zhang L, Medina A, and Rozelle S. Impact of Text Message Reminders on Caregivers' Adherence to a Home Fortification Program Against Child Anemia in Rural Western China: A Cluster- Randomized Controlled Trial. *American Journal of Public Health*, 2016, 106 (7): 1256-1262.

改革开放以来行为经济学在中国的发展

王湘红

· 作者简介 ·

王湘红，女，中国人民大学经济学院教授，博士生导师。1996年在美国卡耐基梅隆大学获公共政策与管理博士学位。主要教学和研究方向为行为经济学，研究领域有行为劳动经济学、收入分配、消费行为、公共政策等。研究论文曾发表在国内外权威学术期刊，包括 *Quarterly Journal of Economics*，*Journal of Economic Behavior and Organization*，*Journal of Economic Psychology*，*Journal of Comparative Economics*，《世界经济》，《金融研究》等期刊。曾获国际冲突管理协会（IACM）年会最佳论文奖，《金融研究》优秀论文奖。主持过多项国家自然科学基金项目，对中国工资政策，相对收入的经济行为影响，消费环境的提升和消费者保护问题有较为深入的研究。现任国际行为经济学促进学会（SABE）中国区代表，世界经济论坛全球未来委员会专家成员。

导　语

行为经济学是当今正在繁荣发展的一个经济学分支，理查德·塞勒（Richard Thaler）因其在行为经济学中的贡献而获得2017年诺贝尔经济学奖，更将这个领域推向了经济学前沿。行为经济学吸收了心理学和社会学等其他学科的理论和方法，其作为一门交叉学科，对于经济和社会相关的许多领域都有所帮助。又由于行为经济学是较为新兴的经济学领域，因此也成为一些大学和年轻学者寻求创新点的学术阵地。中国学者首先从20世纪90年代出国的留学生开始接触这一领域，并在21世纪初开始引进中国内地，经历了学习、引进、模仿、交流、创新、应用、国际接轨等过程，这其中有许多值得我们为之兴奋的事迹和成果。

本文主要从笔者亲身学习和从事行为经济学研究的经历和视角来开展，同时兼顾与之相关的实验经济学、行为金融学等方向在中国的发展，并不期望能够面面俱到。在总结行为经济学研究成果时，主要包括国内大学学者的成果和以国内收集的行为实验数据为基础而进行的研究。作为行为经济理论的重要检验手段，实验经济学与行为经济学有重要的关联。关于实验经济学在国内的发展，参见周业安（2018）；关于实地实验在中国的发展，参考陆方文（2018）。希望通过本文能够让大家对国内的行为经济学发展状况有概括的了解，进一步促进国内行为经济学学者的沟通与合作，并对新入门的学生和学者有所帮助，同时促进经济学各个领域的学者与行为经济学者开展交叉学科合作。

本文结构分为以下几部分：一，概述行为经济学的发展进程和现状；二，简要介绍早期留学国外的中国学者在行为经济学领域的学习经历和研究贡献；三，简要描述行为经济学引进中国的过程，包括本土学者、"海归"学者、海外学者的贡献和主要研究基础以及研究团队建设；四，总结行为经济学在国内的主要研究成果；五，结语和展望。

一 行为经济学的发展简介

行为经济学是经济学与心理学相结合的产物。传统的经济学理论一般假定人是完全理性的、有意志力的、客观上知道自己如何快乐并能做出效用最大化选择。行为经济学者在对"理性经济人"假设提出质疑的基础上，吸收心理学理论，提出了"有限理性"和"非理性人"的概念。通过不断推进行为实验研究，并与跨学科理论相结合，行为经济学验证了众多新理论，进而更好地解释了经济现象。

作为经济学研究的一个重要领域，行为经济学通常被认为开始于心理学家丹尼尔·卡尼曼（Daniel Kahneman）和阿莫斯·特韦尔斯基（Amos Tversky）的著作。1979年，他们二人发表了题为"前景理论"的文章，该理论阐述了经济结果作为损益如何影响人们的经济决策和选择，为行为经济学提供了基础分析框架。事实上，在十八世纪，行为经济学已经被亚当·斯密（Adam Smith）所认识，他认为人类不完美的心理会对经济决策产生影响。经济学家赫伯特·西蒙（Herbert Simon）在1955年提出了"有限理性"这一概念，承认人类并不具有无限决策能力。西蒙的观点直到几十年后才得到足够的关注，西蒙在1978年获得了诺贝尔经济学奖。

随着诺贝尔经济学奖多次授予行为经济学家，行为经济学作为经济学重要分支的地位得到进一步确认和加强，成为当代经济学研究的热点。该领域获得经济学诺奖的重要代表人物有丹尼尔·卡尼曼（Daniel Kahneman，2002）、罗伯特·席勒（Robert J. Shiller，2013）、理查德·塞勒（Richard Thaler，2017）。另外，弗农·史密斯（Vernon L. Smith，2002）、阿尔文·罗斯（Alvin Roth，2012）主要通过在实验经济学方面的贡献影响行为经济学。早期对行为和实验经济学的发展做出贡献的诺奖得主还有莱因哈德·泽尔腾（Reinhard Selten，1994）、乔治·阿克洛夫（George A. Akerlof，2001）。此外，丹尼尔·麦克法登（Daniel McFadden，

2000）被视为"计量经济学家"的行为经济学家。

行为经济学引入经济分析框架的主要理论和要素包括三个主要方面：非标准偏好，如参照点依赖，时点偏好的不一致性，心理账户，公平、利他等社会性偏好（social preference）；认知不协调，如过度自信，自我服务偏差；决策偏差，如框架效应，情绪的影响等。行为经济学家将这些理论广泛应用在经济学的各个领域，包括劳动、金融、企业组织、环境、政治等领域，进而丰富了经济学的发展。其研究方法包括了传统经济学的所有方法，从实证研究上，还更多地采用了实验收集数据的方法，这其中的一个原因是实验能够更好地观察人的行为，并对此做出因果关系判断。由于行为经济学与实验经济学关系密切，人们经常用"行为和实验经济学"一词来合称行为经济学和实验经济学。但行为经济学不限于实验方法，它提倡综合使用不同的研究方法。

自丹尼尔·卡尼曼和阿莫斯·特韦尔斯基的首篇论文发表以来，行为经济学已经走过了很长的道路。1986年，第一届行为经济学会议在芝加哥大学举行。1994年，戴维·莱布索（David Laibson）从MIT毕业并入职哈佛经济系，他大概是最早的行为经济学领域的助理教授。1999年，Quarterly Journal of Economics 第一次用杂志的整个一期作为行为经济学专刊。行为经济学在当今的主流经济学学术期刊中有越来越多的文章发表，在顶级期刊的每一期几乎都占有一定篇幅。此外，还有与行为经济学直接相关的学术团体和学术期刊，其中学术团体包括行为经济学促进学会（Society for the Advancement of Behavioral Economics，SABE，1982年成立），经济科学学会（Economic Science Association，ESA，1986年成立），行为经济学领域的学术期刊包括 Journal of Economic Behavior and Organization，Experimental Economics，Journal of Economic Psychology，Journal of Behavioral Economics for Policy 等。

值得一提的是，美国的拉塞尔·塞奇基金会（Russel Sage Foundation）为早期行为经济学的发展提供了有力的支持，从1986年起就同艾尔弗雷德·斯隆基金会（Alfred Sloan Foundation）合作启动了行为经济学项目。在 1992 年，基金会发起了行为经济学圆桌协会，以支持其成员致力于推进这一新的跨学科领域的活动，该协会由 28 位杰出的行为经济学家组成，包括 7 位诺贝尔奖获得者，比如乔治·阿克洛夫（George Ackerlof）、彼得·戴蒙德（Peter Diamond）、托马斯.谢林（Thomas Schelling）、罗伯特·弗兰克（Robert Frank）等著名经济学家。我的两位导师琳达·巴布科克（Linda Babcock）、乔治·罗文斯坦（George Loewenstein）和马修·雷宾（Mathew Rubin）等曾经是该圆桌协会里比较年轻的教师。该协会发起了三个主要项目：支持行为经济学研究的小额研究基金，暑期学校和行为经济学著作出版。直到 2013 年，该协会一直是拉塞尔·塞奇基金会支持行为经济学的重要成功手段。

1994 年以来，该圆桌协会每两年举行一次行为经济学暑期学习班，容纳大约 30 位想要了解行为研究中最新趋势的高级研究生或者新教师，每个暑期学院由 2 位或 3 位圆桌协会成员组织，他们提供讲座和研讨会的核心课程，其他圆桌协会成员提供客座讲座。1996 年在加州大学伯克利分校，笔者有幸参加了这个项目的第二期暑期学习班，亲听乔治·阿克洛夫（Geoerge Akerlof）、丹尼尔·卡尼曼（Daniel Kahneman）、理查德·塞勒（Richard Thaler）、科林·卡梅拉（Colin Camera）、马修·雷宾（Mathew Rabin）等大师授课。这个持续多年的曾经是唯一的行为经济学暑期研修班，推进了行为经济学的传播，培养了大批的行为经济学者，例如罗伯托·韦伯（Roberto Weber），丽莎·韦斯特兰（Lisa Vesterland）都曾是这个暑期班的学员。如今在世界各地，已经有很多大学定期举办行为经济学研修班和工作坊。

随着行为经济学作为经济学的一个重要领域在蓬勃发展，其应用也日益广泛。切蒂（Chetty，2015）曾指出，行为经济学对公共政策的意义表现在三个方面，一是提供了新的政策工具；二是对现有政策的效果有更好的预测；三是有提供了改进公共福利的机会。美国、英国等国家政府越来越来越多地在政府机构中设立行为科学小组,从而协助政府各个部门将行为科学的方法应用于各项公共政策的制定和评估中,以期提高公共政策的有效性和提高人民的福利水平。与传统经济学相比,行为经济学更多地侧重实证研究,更具有实用性。行为经济学家提出的"助推(Nudge)"思想或温柔家长制(Soft paternalism),主张在不影响人们选择自由的情况下,在政策设计中构建符合大多数人福利目标的决策环境。

二 中国学者早期在行为经济学中的学习经历和贡献

行为经济学的大力发展深深影响了大批的中国经济学者,其中有一批是较早留学海外的中国留学生,师从早期最有影响力的行为经济学家并进行了开创性的学习和研究,另一批是从21世纪初开始探索行为经济学的国内学者,再一批是近期在国外留学之后归国的"海归"青年学者。他们都各自在不同的历史时期促进了国内外学术交流,为行为经济学在中国的发展起了不可缺少的作用,使得国内行为经济学的研究逐渐与国际接轨。

我们能够追溯到的最早接触行为经济学的中国学者,是于20世纪八九十年代在改革开放的浪潮中从中国到海外留学的第一批留学生。那时期在海外学习经济学的中国留学生不多,学习行为经济学的就更少,所以我们几乎能数得出来,他们中现在活跃在中国的行为和实验经济学学术圈里的包括陈岩、唐方方、王湘红、杨春雷。他们都在90年代在国外获得博士学位,在行为经济学还没有兴盛的时代与早期的行为经济学者学习和合作,为行为经济学的发展做出了贡献,为海外和中国经济学家的相互了解和学术交流起了重要的推动作用。

这批早期中国留学生中在行为经济学研究中成果最突出的是陈岩教授,她1995年在美国加州理工学院(Caltech)获得博士学位,现为美国密歇根大学信息学院 Daniel Kahneman Collegiate 讲席教授,清华大学经济学杰出访问教授。她曾师从著名经济学家约翰·莱德亚德(John Ledyard),

在密歇根大学不同院系执教多年，主要研究领域包括机制设计、行为和实验经济学以及信息经济学，早期侧重理论研究，在实验研究中逐步涉入行为经济学。陈岩是行为实验经济学领域的知名学者，在 *American Economic Review*、*Journal of Political Economy*、*Journal of Economic Theory*、*Journal of Public Economics* 等国际一流期刊发表论文三十多篇。陈岩曾担任经济科学协会（ESA）执行主席，也担任多个学术期刊的副主编，包括 *Economic Inquiry*、*Experimental Economics*、*Management Science*。在密歇根大学任教的同时，她也活跃在中国学术圈内。她曾担任上海交通大学安泰经济与管理学院特聘教授，主持承办了经济科学协会亚太地区分会的第三届年会（2007）。从 2017 年起在清华大学发起组织了 Tsinghua Conference on Behavioral, Experimental, and Theoretical Economics（BEAT）学术会议。

陈岩的研究早期侧重机制设计理论，与行为经济学最密切相关是她在身份效应方面的研究。她曾通过实验测量诱导群体认同对参与者的社会性偏好的影响，将身份纳入了经济模型，研究结果认为建立群体认同将促使人们互相帮助，并增加社会福利最大化行动的可能性，从而会提高所有相关方、委托人（公司）以及代理人（工人）的收益（参见 Chen & Li, 2009）；陈教授还提出了一个群体相关的社会性偏好模型，并推导出社会认同改变均衡选择的条件；她认为创造一种深刻的身份认同感可以激励人们付出更多的努力，以达到更有效的结果（参见 Chen & Chen, 2011）。

唐方方博士于 1996 年在德国波恩大学获得欧洲数量经济学和信息学博士项目博士学位，现为北京大学国家发展研究院教授。他曾师从两位诺贝尔经济学奖获得者莱因哈德·泽尔腾（Reinhard Selten）和约翰·海萨尼（John C. Harsanyi）。他于 1997 年获实验经济学会 Heinz Sauermann 奖。1997 年至 2008 年，先后任教于新加坡国立大学社会科学院经济学系、南洋理工大学南洋商学院应用经济学系、香港中文大学商学院市场学系及酒店业旅游管理学院。2008 年夏天正式全职加入北京大学，担任中国经济研究中心国家政策实验室主任，并担任经济学、金融学与营销学教授。

唐方方的主要研究领域为实验经济学、低碳经济与气候变化、博弈论与产业组织、电子商务及网络营销等。他与环境经济学家杰克·尼奇（Jack Knetsch）和行为经济学家理查德·塞勒（Richard Thaler）合作的两篇论文被前沿进展类丛书重印（New Developments in Experimental Economics）（International Library of Critical Writings in Economics 209, Volume I）和收录。唐教授曾对公共产品供给的激励相容机制进行了系统实验研究，从实验中总结出激励相容性、个体合理性和平衡预算等经验（参见 Chen & Tang, 1998）；另外，唐教授近期还对志愿团体的成长进行了研究，发现大多数社区普遍存在具有有效成果的大型群体（参见 Tang et al., 2017）。

笔者于 1996 年在美国卡耐基梅隆大学（CMU）获公共政策与管理博士学位，现任中国人民大学经济学院教授。在 CMU 师从著名行为经济学家琳达·巴布科克（Linda Babcock）和乔治·罗文斯坦（George Loewenstein），也上过本校诺奖得主赫伯特·西蒙（Herbert Simon）的课以及当时在匹兹堡大学任教的阿尔文·罗斯（Alvin Roth）的课。笔者的早期研究有成果发表在 Quarterly Journal of Economics（参见 Babcock et al, 1996），该论文是 QJE 当年第一期的封面论文，该研究结合了问卷设计、工资谈判数据和微观劳动数据检验了行为经济学理论在现实中的表现。在博士毕业时，笔者发现在美国高校并没有哪个学校的经济学院招聘行为经济学领域的教职，相关的职位有在哈佛商学院 Max Berzaman 领导的谈判项目组，和芝加哥大学商学院 Richard Thaler 领导的行为小组。笔者后来在美国 SAS Institute 工作任计量经济师，但一直对行为经济学研究保持高度关注。对于美国企业文化的了解也为后来继续从事行为经济学研究提供了很多灵感。笔者于 2006 年起回国任教，与同事共同主持了中国人民经济学院行为经济学实验室的运作。目前任国际行为经济学促进学会中国区代表，世界经济论坛智库专家，是首届世界经济论坛全球日程委员会行为分会委员。

笔者的主要研究方向为行为劳动经济学、消费行为、公共政策等，并主张在行为经济学研究中结合不同的研究方法。回国后主持了多项国家自然科学基金项目，在推动使用行为经济学的科学方法研究我国重大经济和政策问题中做出了努力。第一研究主题从早期开始，对谈判效率和公平判断中的自我服务偏差进行了多项研究，曾获国际冲突管理协会年会最佳论文奖（参见 Babcock，Loewenstein，Wang，1996），相关的理论持续应用在劳资谈判和跨国气候谈判的研究中（参见 Babcock et al.，1996；Kriss 等，2011；Wang，2012；王湘红，2012）。第二个主题涉及相对收入对经济行为的影响（参见王湘红，孙文凯，任继球，2012；王湘红，陈坚，2016；Sun and Wang，2013）。第三研究主题是如何通过行为机制和政策促进消费水平（参见 Wang，2009；王湘红等，2018）。

杨春雷大概是中国学者在行为实验领域最早获博士学位的，1993 年获德国多特蒙德大学经济学博士学位，师从沃尔夫冈·莱宁格（Wolfgang Leininger）。现任南京审计大学教授。1996 年在德国马格德堡大学任助理教授，1997 年起在台湾中研院任助研究员至研究员，2016 年加入南京审计大学，入选教育部"长江学者"特聘教授。

杨春雷的主要研究领域为微观经济学、博弈论与实验经济学。研究成果发表在国际高水平学术刊物上，如 *International Economic Review*、*Journal of Economic Theory*、*Experimental Economics*、*Game and Economic Behavior*。他曾对成长与合作持久性进行研究，在进化论的背景下，该研究认为当成长具有高成本时，合作也可以在长期中占优势，并且打破原有的自给自足的稳定状态。与重复博弈模型相比，此研究中的模型的长期结果导致简单和复杂的合作者以及简单的叛逃者共存，这更接近现实（参见 Amann，Yang，1998）；此外，杨春雷针对"完全自愿重组机制能否解决公共品环境下的搭便车问题"这一问题提供了一种获得很大成功的机制。他认为，有组织的团体有可能会因为互利而融合，在设计中，兼并是对规模经济的补充，并且可以发现合作组织能够快速成长。另外，研究认为变化是社会的一个显著特征（参见 Charness，Yang，2014）。

三 行为经济学引进中国

1. 国外研究成果的引进

行为经济学在中国的初步兴起是在 21 世纪初，这其中的推动因素之一是 2002 年卡尼曼因在行为经济学领域的贡献而获诺贝尔经济学奖，这大大鼓舞了学者们对行为经济学的热情和信心。随着早期华人行为经济学者们的不懈努力和行为经济学在经济学中的地位上升，自 2004 年开始，大量行为经济学外文著作与研究成果被引入中国国内，这主要有三种形式：一是介绍和评判西方行为经济学理论的论文，例如，周业安（2004，2005）先后发表文章指出，行为经济学不仅在分析范式上与西方主流经济学有所不同，而且通过过程理性替代实质理性，实际上颠覆了西方主流经济学的根基。叶航、汪丁丁和罗卫东（2005）等在进化稳定策略（ESS）的基础上提出了一个演化均衡模型，解释了利他行为的进化优势以及利他偏好内生的机制。二是翻译行为经济学的国外著作，例如，中国人民大学出版社 2003 年出版了史莱佛的《并非有效的市场——行为金融学导论》中译本；2006 年出版了凯莫勒的《行为博弈——对策略互动的实验研究》中译本。在 2010 年，中国人民大学出版社首次推出了专门的《行为和实验经济学前沿译丛》。三是有少量中国学者在国内开始发表具备规范的行为实验研究要素的论文，例如，杨晓兰和金雪军（2004）等借鉴国外实验程序构造了一个信息完全对称的实验室证券市场，利用国内实验数据对理性预期理论的有效性进行了检验；周业安和宋紫峰（2008）则在典型的公共品实验环境中验证了对公共品自愿供给现象的不同解释；陈叶烽（2009）通过实验和调查问卷研究了亲社会行为。

2. 行为实验室和研究团队等基础建设

在大学中建设标准的经济学实验室对于行为经济学在中国的发展起着重要的作用，在海外学者回归国内的热潮中，实验室设施也是一些大学吸引行为经济学学者的重要条件之一。早期具有代表性的有中国人民大学经济学院经济组织与经济行为实验室（2006年）、上海财经大学经济学院实验经济学实验室（2006年）、西南财经大学实验经济学实验室（2009年）、东北财经大学实验经济学实验室（2009年）、厦门大学实验经济金融实验室（FEEL）（2010）、清华大学经济科学与政策实验室（ESPEL）（2012年）等，详情见周业安老师的《实验经济学本土化过程》一文的介绍。

随着行为实验室的建立，行为经济学学术团队日益扩大，一些大学成立了相应的研究中心。上海财经大学经济学院有以杜宁华为代表的团队；上海交通大学有费方域和陈岩带领的团队，浙江财经大学经济行为与决策研究中心（CEBD）叶航领导的研究团队专攻神经经济学；南开大学商学院以李建标为代表的团队专攻市场设计实验；而中国人民大学经济学院由周业安、王湘红、陆方文等带领的团队则侧重公共政策行为实验。

全国性的行为和实验经济学会议开始举办。2013年清华大学举办第一届"理论与行为经济学国际会议"。2015年"第一届行为与实验经济学学术研讨会"成功举办。行为经济学作为一个交叉领域，开始在很多经济学学术会议如中国劳动经济学者论坛中，设有行为经济主题分会场。很多大学开始举办行为和实验经济学的讨论班和学术会议。近些年每年举办类似会议的有厦门大学、北京师范大学、清华大学，更近开始的有武汉大学、上海财经大学等。目前这些学术会议的主题比较强调实验经济学，今后还可以更多组织围绕行为经济学的不同主题来开展。

在行为经济学的学科建设中，除了各高校对本学科的重视加强，国家科研基金的支持也逐渐明朗上升。2017年，国家自然科学基金首次提供了行为实验经济学的代码。在此之前我们在这一领域申请科研基金要困难许多，必须将行为方法放在宏观政策和管理科学中进行研究。这一改进，将有力地促进行为经济学者在国内从事基础的经济学理论研究。此外，国内科研的发展还可更好地发挥民间资金的作用，寻找像美国拉塞尔·塞奇基金会（Russel Sage Foundation）那样的机构基金支持。

3. "海归"学者的引进

从 21 世纪初，全职回国任教的海归博士较少，从事行为和实验经济学研究的就更少，但随着行为经济学的发展也逐渐开始出现，2005 年杜宁华从美国亚里桑那大学毕业到上海财经大学，2006 年王湘红从美国回到中国人民大学，2008 年唐方方从香港回到北京大学。

此后，越来越多的行为实验经济学的学者到国内多个大学任教。例如，2008-2016 年，姚澜、龚冰琳、李玲芳、黄振兴、苗彬先后加入上海财经大学，龚冰琳后转入华东师范大学，李玲芳后转入复旦大学，2010~2012 年，孟涓涓到北京大学，Jaimie Lien、郑捷、刘潇到清华大学（Lien 在 2015 年转至香港中文大学），陆方文到中国人民大学，何浩然到北京师范大学，叶茂亮到中国人民大学后转至厦门大学；2016 年代志新到中国人民大学，杨春雷到南京审计大学。除了杨春雷外，这些"海归"多数都是从美国和欧洲获得博士学位后直接回国任教的。还有一些国外的和香港地区等地的华人行为经济学学者，在中国内地的学术圈内也很活跃，其中包括前面介绍的陈岩，还有新加坡国立大学周恕弘（Soo-Hong Chew，他于近期加入西南财经大学），新加坡南洋理工大学包特，这里不一一列举。

随着大批"海归"学者的到来，中国大学的学者在顶级国际学术期刊发表行为经济学的论文开始出现。其中有些研究是"海归"在国外博士期间开始的研究，另一些是回到国内后开展的研究，相信今后越来越多的研究将会在中国开展，包括理论性的、实验室实验的、使用微观调查数据的和开展实地实验的。本文后面还会对这些研究成果进行小结。

4. 国际交流和国外学者的影响

在中国学者特别是"海归"学者以及海外华人学者的推动下，行为经济学在中国的国际学术交流越来越活跃。很多著名行为经济学家都来过中国讲学和开展合作研究，早期有弗农·史密斯（Vernon Smith）、莱因哈德·泽尔滕（Reinhard Selten）、乔治·罗文斯坦（George Loewenstein）、丹尼尔·麦克法顿（Daniel McFadden）、厄恩斯特·费尔（Ernst Fehr）、丹尼尔·豪泽（Daniel Houser）等。笔者清楚地记得乔治·罗文斯坦（George Loewenstein）在 2010 年到中国人民大学讲座的情景，明德主楼的大会议室不仅是座无虚席，并且窗台和地上都坐满了人，大家被乔治两个多小时的讲座深深吸引。乔治在受邀来人民大学之前对笔者提出要求说"Make the best use of me"（充分发挥他的作用），讲座后表示"You exceeded my expectation"（超出了预期），表达出他对人民大学听众热情的极其深刻的印象。

近期到中国来访的行为和实验经济学学者有阿尔文·罗斯（Alvin Roth），文森特·克劳福德（Vincent Crawford），吉姆．考克斯（Jim Cox），罗伯托·韦伯（Roberto Weber），梅拉·克莱尔·维拉里尔（Maire Clair Villatal），查尔斯·纳西尔（Charles Nassiar），博坦德·科塞吉（Botond Koszegi），丹尼尔·豪泽（Daniel Houser）等，可以说是已经数不胜数了。在国内大学举办的行为和实验经济学会议上，一般都有邀请著名学者来做主旨演讲，同时也有不少国外的青年学者投稿参会。例如，在清华举办的 BEAT 会议上，我们高兴地看到罗斯（Roth）的儿子本杰明·罗斯（Benjamin Roth），刚入职的哈佛助理教授在会上报告了他的论文。

随着中国经济和学术水平的提高以及世界科技的发展，中国的学术氛围增强，中国对西方世界不再显得那么遥远，国外学者对中国的访问也更加频繁。在笔者回国最初的日子里，曾经联系拉塞尔·塞奇基金会（Russel Sage Foundation）的暑期学校主持人，建议他们到北京来举办暑期研究班，他们很担心这里的距离太遥远。但在笔者最近与经济科学学会

（ESA）沟通承办 2020 年的亚太会议事宜时，明显得到了理事会成员的普遍赞成，相信将来在中国可以办更多的世界学术会议。

国外学者的访问，增加了学术交流，为中国的学生和研究者开阔了视野，也为行为经济学的研究开辟了更广阔的研究环境。在中国进行的行为问题和对中国问题的研究既有经济学理论意义也有重要的现实意义。

5. 行为经济学教学的开展

在高校的正式行为经济学的课程，首先大概是从研究生层面开展的。在中国人民大学，笔者从 2007 年开始教硕士研究生的行为经济学课程，一般使用的阅读材料是国外学术论文和翻译成中文的书籍，包括凯莫勒、罗文斯坦（Loewenstein）和卢宾（Rubin）主编的《行为经济学新进展》，弗里德曼和桑德的《实验方法：经济学家入门基础》（2011 年），卡格尔和罗斯主编的《实验经济学手册》（2015 年）。行为经济学的课程系统按照行为经济学的理论主线来开展，强调研究方法的多样性，而不局限于实验方法。实验经济学的课程更多介绍实验方法，笔者在 2014 年开始的本科生实验经济学课程，成为中国人民大学为本科生开设的研究性课程项目之一。随着行为实验经济学的发展，实验方法也同计量分析方法一样，应当作为一般性方法融入经济学教学规划当中。实验方法作为一种实证方法，在另一个侧面可以加深学生对计量经济学实证方法的理解。在同期，杜宁华出版了《实验经济学》（2008）和《实验经济学教程》（2010）两本教材，相信这对实验经济学的教学是有力的帮助。

在行为经济学教学的逐步开展过程中，网络技术的开发使行为和实验经济学的教学工作提高了效率。这些技术开发使得学生可以在电脑上操作，参与课堂实验，而不一定需要到实验室。早期有在美国开发的 moblab，加州理工大学的袁淼博士（Walter Yuan）对此做了很大的推动作用，moblab 即将上线中文版。后期有国内开发的教学软件，重庆的浦冈清提供了 ioslab，武汉大学的魏立佳团队提供了课研助手。还有一些老师开始在网上提供行为经济学的科普教学。

行为经济学教学的开展培养了一批从事行为经济学的学术人才，增加了经济学其他领域的交叉合作，也将使社会人士和政府部门更多认识行为经济学的应用意义。

四　行为经济学研究的中国现状

1. 中国学者的成果状况

在早期华人行为经济学者、本土学者以及海归学者们的不懈努力下，国内与西方成熟的学术研究之间形成了密切接触，激励了中国的学术研究在行为经济学领域大步向前，许多学者逐渐尝试应用行为经济学理论与研究方法来分析、解答中国的经济问题，因此基于中国背景的行为经济学研究广泛铺开，并取得了较为丰硕的成果。

回顾 2005~2017 年，根据陈叶烽统计，行为实验经济学研究在中国国内经济学五大顶级期刊（《经济研究》《管理世界》《世界经济》《经济学（季刊）》《中国社会科学》）共计发表 60 篇论文，论文发表数量逐年上升。其中，在《经济研究》发表的数量共计 18 篇，占五大刊发表数量的 30%，位列第一。从研究方法来看，按照实验室实验、田野实验、自然实验、问卷实验、心理实验和文献述评等六种分类方式，实验室实验占据大半江山，为 42.68%。对所有实验方法进一步归纳，发现电脑实验已大大替代了传统的纸笔实验，Ztree 程序得到广泛应用；此外，问卷法与实验方法相结合成为一大趋势。

随着学术质量的不断提高，国内逐渐涌现出一批由国内研究团队与国外学者合作共同在国际顶尖经济学期刊上发表的行为经济学论文成果。据不完全统计，2005~2017 年，国内学者在前五大经济学国际顶级期刊上发表研究成果共计 13 篇[1]，其中在 American Economic Review 上发文 4 篇。还

---

[1] 五大经济学期刊一般包括 American Economic Review, Econometrica, Journal of Political Economy, Quarterly Journal of Economics, Review of Economic Studies。

有多篇行为经济学论文发表在其他顶级经济学期刊，包括 *Journal of Public Economics*、*Journal of Labor Economics*、*Journal of Economic Behavior and Organization*、*Experimental Economics* 及 *Journal of Economic Psychology* 等。这些成果目前多数以与国外学者合作形式发表的，有少数是国内学者彼此合作或是以独立作者形式发表的，后面两种类型发表数量的增多标志着国内行为经济学研究水平的进一步提升。

这些论文的研究主题涉及社会性偏好、个人行为决策、行为金融学、行为劳动经济学等不同研究方向。研究方法主要有调查问卷与电脑实验相结合，自然实验，或实证检验中国具体的微观数据库等这几种方式。总结近些年间中国背景下的国内外行为经济学研究，发现有以下三个特点：首先，随着不少行为实验经济学家相继荣获诺贝尔经济学奖（Nobel Prize in Economic Sciences），行为实验经济学领域引起了中国国内研究者们的强烈关注，也让国内主流经济学期刊对行为实验经济学逐步认同。其次，研究主题不断丰富，研究深度不断增强。将行为经济学理论与研究方法应用于中国自身的经济环境中，与金融学、劳动经济学、博弈论、公共政策等多个经济学分支相结合，增加了中国经济行为分析的角度。通过行为实验的研究方法产生新类型的数据，与传统经济学数据相结合，有助于更有深度地解析中国经济现象，为中国政策设计与政策评估提供重要依据。最后，国内学者开始将行为经济学实践于中国具体的经济现象，转化为高质量的研究成果，为行为经济学的理论发展开辟了新的空间，使得中国学者的国际发表的成果数量逐渐上升。

随着中国在行为经济学领域的学术贡献日益增加，中国学者在国际学界的影响力开始逐渐提升。清华大学郑捷 2017 年以助理教授身份担任行为经济学期刊 *Journal of Economic Behavior and Organization* 的副编辑（Associate Editor），在一定程度上体现了国际学界对中国学者在行为经济学领域研究水平的认可。

以下我们将从行为经济学理论和几个应用领域对国内学者在行为经济

学方面的研究进行概述。

2. 行为经济学理论方面

当前行为经济学的发展仍然处于动态的演进中，是一个较为开放发展的体系，因而其理论目前显得相对分散。行为经济学首先围绕着一些表明新古典的标准经济理论有缺陷的实验发现而展开，其中最知名的几个包括期望效用理论的失败、禀赋效应、跨期选择的双曲线贴现、社会性偏好，也就是德拉维尼亚（DellaVigna）总结的非标准偏好（参见 DellaVigna，2009）。行为经济学经典论文集《行为经济学新进展》一书中的大多数文章基本是围绕上述四个主题展开的（参见 Camerer et al.，2003）。国内学者的研究成果在这些行为理论方面均有涉及。

针对期望效用不能解释的现象，模糊效用模型得到了广泛应用，模糊规避偏好在许多问题中发挥着重要作用。上海财经大学的研究团队在该项研究中取得了成果。苗彬拓展了艾斯伯格悖论（The Ellsberg Paradox）的完全的模糊性，探讨了人们对局部模糊性的态度，对不确定性理论具有重要意义（参见 Chew，Miao，Zhong，2013）。在市场信息模糊性情境下，结合"伦理偏好"与"伦理环境"等概念，西南财经大学王擎研究了市场的伦理环境如何通过影响市场信息的模糊性程度以及投资者对待模糊性的态度等途径来影响投资者行为（参见王擎、周伟，2013）。

在禀赋效应方面，笔者曾在中国人民大学设计了一个退货政策实验，研究了退货政策与禀赋效应如何影响了购买倾向与退货率，实验结果表明宽松的退货政策显著提高了最初的购买倾向，但并没有提高退货率（参见 Wang，2009）。中央财经大学李彬在经典的信任博弈实验基础上，通过引入参与者待投资资金的风险特征来代表社会的外部风险，对外部风险与社会信任之间的关系进行了系统分析。基本实验结果和回归结果均表明，当决策者面对外部风险时，决策者对他人的信任水平会显著降低（参见李彬，史宇鹏，刘彦兵，2015）。

在跨期决策的相关行为经济理论方面，上海财经大学经济学院的行为和实验经济学研究团队颇有建树：苗彬对个人跨期决策中动态不一致偏好进行了研究，对风险偏好与时间偏好的区分给予细致评价（参见 Miao，Zhong，2015）；黄振兴在不对个人效用函数做出任何假设与测量的前提下，研究了如何更好地测量货币的时间贴现（参见 Attema，Bleichrodt，Gao，Huang，Wakker，2016）。北京师范大学的何浩然分别针对大学生和农村居民开展高回报跨期决策实验，研究了家庭成员个人偏好对家庭共同跨期决策的影响和被试异质性对实验行为的影响，结果表明收益金额和兑现时间这两项特征均显著影响跨期决策行为，其中学生具有强烈的现时偏向型偏好，还发现男性比女性、学生比农村居民具有更强的对早兑现收益的偏好（参见何浩然，2011）。

在社会性偏好方面，国内学者研究成果颇为丰硕。例如，浙江大学的陈叶烽通过实验和调查问卷论证了四种经典亲社会性行为的广泛存在性，并且发现了这几种亲社会性行为两两之间的显著相关性，互惠偏好会显著影响信任博弈中的信任投资行为，除此之外，互惠偏好和纯粹利他偏好一起影响可信任回报行为，而公共品博弈实验中的投资行为受到差异厌恶偏好的显著影响（参见陈叶烽，2009）。叶航和陈叶烽首次运用一组实验数据从个体微观角度考察了信任与合作之间的关系，并且发现信任水平的两种测度方法存在内在一致性，同时认为信任能够促进合作假说的成立依赖于信任水平的具体测度方法（参见陈叶烽、叶航、汪丁丁，2010）。上海财经大学行为和实验经济学研究团队的姚澜将电脑实验与调查问卷相结合，基于相同的社会福利偏好下讨论了在存在负外部性的情况下市场经济中企业的社会责任问题，该文发表在 *The Quarterly Journal of Economics*（参见 Bartling，Weber，Yao，2015）。

中国人民大学经济学院的行为经济学团队也在社会性偏好领域取得了显著成果。周业安做了一系列实验研究，首先通过最后通牒实验说明分配动机的公平比分配结果的公平更会影响人们的决策行为（参见陈叶烽、周业安、宋紫峰，2011）；其次，研究了收入不平等与社会偏好、公共品自愿供给之间的相互关系（参见宋紫峰、周业安、何其新，2011）；此外，还通过实验证明随着政府效率的提高，税收带来社会净福利的增加，个体的再分配偏好也随之提高（参见杨晓兰、周业安，2017）。王湘红在社会性偏好中的研究集中在了参照点效应和相对收入的影响。第一，公共品贡献实验表明，设定最低贡献额，虽然能够增加总体贡献水平，但最低限额的参照点对于某些个体有激励挤出的效应，这对于设定限制额度的公共政策提供了借鉴，发表于 *Journal of Economic Psychology*（参见 Kocher，Martin，2016）。第二，笔者研究了相对收入如何影响慈善捐赠行为，给定绝对收入，当人们获得了相对收入信息时，总捐赠额可以增加，主要原因在于相对高收入者和相对低收入者，有不同的捐赠激励（参见 Wang，Zhang，2018）。

在其他行为经济学理论方面，北京大学蔡洪滨和陈玉宇等人通过随机实地实验清晰地区分出信息对于观察中的社会学习的重要作用（参见 Cai，Chen，Fang，2009）。清华大学李宏斌借助自然实验探索鉴别了家庭内部资源分配中多种动机的影响（参见 Li，Rosenzweig，Zhang，2010）。清华大学郑捷与 Jaimie Lien 研究了不完全信息条件下个体决策行为中的参照依赖现象，为发展参照点理论和参照依赖型偏好理论提供了很好的基础和依据（参见 Lien，Zheng，2015）。

3. 行为劳动经济学

由于中国是人口大国，劳动力存量庞大且流动频繁，劳动力市场和政策设计还需要不断改革与完善，从而行为经济学的兴起对劳动经济学的发展起到了举足轻重的推动作用。学界认为行为经济学的假设和方法非常适用于劳动经济学：一方面，劳动经济学主要关注基于人际互动的企业和员工的决策，但是这些互动的许多方面，尤其是工人的努力无法被准确界定，雇主和员工之间的关系就只能通过不完全合同来确立（参见 Fehr，Goette，Zehnder，2009；Leibenstein，1966），行为经济学对人际互动和激励的本质的假设不同于标准新古典经济学，这有助于解释观察到的雇主和员工的行为。另一方面，劳动经济学借助大量的行为实证研究来揭示个体决策和劳动力市场条件之间的因果关系，而行为经济学的发展扩大了实验室实验和田野实验方法的影响，这些实验方法拓展了劳动经济学的研究工具，也为劳动经济政策的设计和评估提供了更加丰富的手段（参见 Kaufman，1999；Fehr et.al，2009；Charness & Kuhn，2011；List and Rasul，2011；Dohmen，2014；Winter-Ebmer，2014）。

笔者在国外的早期研究和回国之后的第一批研究项目主要是与行为劳动经济学相关，研究问题包括最低工资、劳动关系、集体协商、相对收入的行为影响，收入分配机制等。大部分研究在方法上综合使用实验室实验、田野实验，问卷调查和大样本的微观调查数据。行为经济学的经典理论在这些研究中得到了更为丰富的应用和发展，例如社会比较、参照点效应、公平判断中的自我服务偏差等。笔者团队在发展行为经济学理论的同时，也充分考虑到理论与中国劳动市场实际相结合。例如，在最低工资的研究中，考虑了国内低收入工人对最低工资政策的知情问题，本研究对《最低工资法》的实施效果和考察最低工资的福利效应有重要意义。在发展中国家，最低工资标准通常都很低，且低收入工人获得信息的渠道很少，对于一些公共政策完全不了解，在理解企业和工人的工资谈判行为中我们需要同时考虑公平参照点和信息不对称的结果（参见 Wang，2012）。

相对收入对劳动力市场有着深远的含义，因为其影响劳动供给、工资概况、努力意愿和最优激励制度的选择。我们从行为经济学的视角，在相对收入主题下开展了系列研究，考察了相对收入对收入满意度、消费倾向、捐赠和合作行为、劳动力流动的影响，使用了实验研究和丰富的劳动力市场微观数据分析。其中一个研究使用实验室实验的方法实证检验相对收入对收入满意度的直接影响。研究发现，在控制了绝对收入与其他因素后，收入满意度随收入相对水平的增加而增加。在劳动力市场上，相对收入水平影响劳动力迁移行为、消费行为，对存在大批流动人口和农民工的中国，这一研究方向有重要的理论和现实意义（参见 Wang，Liu，2017）。

以上研究成果发表在国内外学术期刊，包括 *Journal of Economic Psychology*（参见 Wang 2012，Kocher et al，2016），《世界经济》（参见王湘红、孙文凯、任继球，2014），《金融研究》（参见王湘红、陈坚，2016），《经济学动态》（参见王湘红、任继球，2012）等，还出版了专著《工资谈判和政策对劳动关系和收入的影响——基于行为理论的研究》（2012），并在行为经济学手册（*Routledge Handbook of Behavioral Economics*）中贡献了关于行为劳动经济学的一章（参见 Wang，2016）。其中一些成果在中英文期刊中获得了优秀论文奖（参见王湘红、陈坚，2016）和高引用奖（参见 Sun, Wang，2015）。

在就业市场，中国学者应用国外比较盛行的田野实验方法也开展了一些研究，其中包括招聘网络上的田野实验。例如，何浩然和翁茜对工作弹性如何影响劳动力市场，进行了研究。具有弹性的工作时间和地点是雇主提供给雇员的一种重要的非物质激励措施。雇员如何权衡弹性工作和工资？鉴于采用观测数据估计补偿性工资差异受到内生性问题的困扰，何浩然等（参见 He，Neumark，Weng，2017）通过与网络工作平台合作开展实地实验，考察求职者在不同弹性工作制下对新工作的申请决策及其期望工资要求。研究结果表明，对于中等和较高工资的工作，具有时间和地点弹性的工作显著吸引更多的求职者申请；但对于较低工资的工作，求职者对具有弹性的工作却存在更高的期望工资要求。

在劳动供给行为方面，孟涓涓与文森特·克劳福德（Vincent P. Crawford）合作发表的论文对纽约出租司机工作时间选择行为进行了再探研究，文章利用行为经济学中"参照点"的概念从一个更加现实的角度分析劳动者偏好和劳动供给行为与工资的关系（参见 Crawford, Meng，2011）。虽然使用的是美国数据，但是该论文的作者是在 *American Economic Review* 发表论文的最年轻中国学者。用出租车数据研究劳动供给是一个典型的行为经济学应用实例，纽约出租司机的这批数据，首先由卡梅拉（Camerer）等最初收集使用，并研究了参照点依赖问题，并发

表在 *The Quarterly Journal of Economics*（参见 Camerer et al., 1997）。之后亨利·法伯（Henry Farber）两次用同一数据对此问题展开研究（参见 Farber，2008，2015）。中国的出租车市场也是一个大市场，而且存在不同的运营机制，由此可以预见在劳动行为领域有很大的研究空间。

国内的一些劳动经济学者也在挖掘更多可以运用行为经济学视角进行的研究，例如在劳动经济学者论坛期间开设了行为实验分会场，加强了行为劳动经济学领域的学术交流。

4. 行为金融

早在 20 世纪 50 年代，行为金融学就已悄然萌芽。特韦尔斯基（Tversky）研究了人类行为与投资决策模型基本假设相冲突的三个方面：风险态度、心理账户和过度自信，并将观察到的现象称为"认知偏差"。卡尼曼（Kahneman）和特韦尔斯基在 1979 年共同提出的"前景理论"成为行为金融学关于偏好的一个重要理论。20 世纪 80 年代中期以后行为金融研究进入了实质性发展阶段，开始注重把心理学研究和投资决策结合起来。20 世纪 90 年代后期，行为金融学与主流金融学展开了激烈的大讨论，行为金融学在这一论战中迅速崛起。正是在这一时期里，行为金融学引起了中国国内学者们的热切关注。

伴随着中国金融市场的改革与开放，以及越来越多的"海归"学者回国交流，国内关于行为金融理论研究的文献逐渐增多，基于中国背景的行为金融学研究陆续被发表在国内外经济学顶级期刊，贡献了具有创造性的研究意义。例如，南京大学林树运用心理学实验对"赌徒谬误"与"热手效应"这一问题进行考察，发现无论股价连续上涨还是下跌，在中国资本市场上具有较高教育程度的个人投资者或潜在个人投资者中，"赌徒谬误"效应对股价序列变化的作用均要强于"热手效应"；实验也发现投资者存在着明显的"处置效应"，即股价上涨时倾向于卖出，股价下跌时则倾向于继续持有，该效应在女性及专业投资知识与经验程度较低的投资者身上更加明显（参见林树，俞乔，汤震宇，周建，2006）。例如波士顿大学终身兼浙江大学苗建军与上海交通大学巨能久对风险厌恶、模糊性厌恶和跨期替代之间进行了研究（参见 Ju，Miao，2012）；苗建军还探究了连续时间内隐蔽行为下的两种稳健合同问题（参见 Miao，Rivera，2016）。南京大学李心丹对赌博偏好进行了深入的研究（参见 Li，Subrahmanyam，Yang，2014）。浙江大学杨晓兰以交易者决策行为为核心，以信息结构、风险偏好、资金约束、交易制度等为主线，对证券市场价格泡沫问题进行了一系列研究，并探讨了实验方法对中国证券市场制度建设的重要意义，杨教授曾在《世界经济》和《金融研究》等国内期刊发表多篇论文（参见杨晓兰、洪涛，2011；杨晓兰、沈翰彬、祝宇，2016）。西南财经大学雷震涉及行为经济学的研究领域有实验与行为经济学、实验与行为金融学以及实验与行为政策研究，雷震对股价波动、银行业市场结构等问题做过深入的探讨，其研究论文发表于《经济研究》《管理世界》《世界经济》等国内顶级期刊（参见雷震、杨明高、田森、张安全，2016；田森、雷震、翁祉泉，2017）。

5. 公共政策和企业政策

随着行为经济学的发展，它在现实政策中的应用日益得到重视。塞勒（Thaler）于 2017 年获得诺奖，势必推动行为经济学在中国的发展达到又一个高潮，同时也会促使行为经济学在政策领域得到大力应用。行为经济学主张在政策和机制设计中采取温和家长主义的助推方法，主张以小拨大，改善决策构架，在使大多数人提升福利的同时，不对理性决策者增加过多成本。以行为经济学理论为基础，助推机制有一系列具体可行的方法为公共政策提供切实可行的操作手段，包括默认选择法、简化过程、社会规范、信息披露、事前承诺、设置提醒、设立冷静期等。

关于助推政策与传统管制政策的比较，笔者和朱琳、宋爱娴曾对"一刀切"政策进行研究，文章阐明了基于行为助推理论的温和家长制是介于自由放任和"一刀切"限制政策之间的政策手段，能够兼容二者的优点。"一刀切"限制政策一般是指政府设定了一个最低或最高的限制以保护某些特定群体的利益或者达到某些宏观经济目标。有时候政府实施"一刀切"政策是不可避免的，它节省了政府的决策成本，为行为主体提供了指导，简化了行为主体的决策。比如在公共物品的捐献实验中证明，引入最低捐献额度减少了参与者的决策时间，在一定程度上提高了效率。在中国，"一刀切"政策实施得非常普遍，比如最低工资制度，公共物品捐献的最低额度限制，人口控制政策等。但政府在制定政策时需要谨慎使用"一刀切"限制政策，我们用最低工资、最低捐献额度的实验研究证明了，由于参照点效应，最低限额可能挤出了一些决策者的内在激励（参见王湘红、朱琳、宋爱娴，2015）。

在消费领域，行为助推机制可以在消费市场起到提升消费环境、优化消费决策的作用。例如，笔者回国后发表的第一个实验论文是针对消费领域的退货政策和禀赋效应的研究，实验证明宽松的退货政策能够增加消费者的消费倾向（参见 Wang，2009）。之后我们与国家工商总局，淘宝、京东等企业开展了有关优化消费环境、促进消费升级的研究。在 2014 年，我国发布的消费者保护条例中，明确规定"七天无理由退货政策"。这个"一刀切"式的政策，可以促使从前没有提供退货政策的商家开始改进，但 7 天这样的门槛设定有可能提供了较低参照点，减少了商家给顾客提供更友好政策的主动激励。在这个例子中，助推机制的使用可以强调默认选择法，鼓励商家提供明确的退货政策，如果没有提供，则采用国家规定的"X 天无理由退货政策"，而这个天数要根据调查研究来设定，7 天有可能是太低的限制。

消费决策优化一方面涉及消费者个人福利；另一方面涉及解决外部性问题的环保消费。例如，笔者作为国际野生物贸易研究组织（TRAFFIC）的项目专家，参与了如何减少国内消费者对象牙制品的需求和消费。

在网络消费领域，复旦大学李玲芳研究了商品评论等信息机制的作用。李玲芳首先设计了返点好评（Rebate for Feedback，RFF）市场机制来解决电商平台上的信息不对称问题，以促进实现诚信的网络交易市场（参见 Li，2010）。其 2014 年发表在 *Management Science* 上的论文针对中国一口价的电商市场建立基于 RFF 机制的博弈论模型，并通过行为经济学实验以检验其对改善市场效率的效果。研究结果发现，当市场采用返点机制后，市场效率的确随着卖家选择返点的比例而增加（参见 Li，Xiao，2014）。其 2015 年发表的论文通过对消费者行为进行"经济范式"和"互惠范式"的建模，并在 eBay 拍卖市场上运用 RFF 机制进行田野实验，探析了物质奖励对于消费者正面与负面评价反馈的影响。研究表明，在市场中通过平台鼓励消费者评论是更客观有效的机制设计（参见 Cabral，Li，2015）。

在市场交易中，合约的法律监管有一定难度，行为经济学的研究成果逐渐被有效应用在合约设计中，其中不同信息是重要助推手段。杜宁华和李玲芳等在一个 P2P 学生贷的平台进行了实地实验（Du，Li，Lu，Lu，2018），为了提高还款率设计了三组不同的催款信息：中性的还款日期提醒；中性提醒信息的基础上强调出借人对按时按量还款的正向期待；中性提醒信息基础上强调了一旦借款人违约，借款人将会承担的负面后果。研究结果表明，与中性提醒信息相比，"正向期待"信息对还款促进作用显著，而且持续长久。"负面后果"信息只在短期内对还款有促进作用，其长期效果不明显。

在公共交通领域，行为实验可以研究助推机制如何改善人民的交通行为和选择，维护交通安全。例如，人民大学的陆方文与交通部门合作进行了助推交通安全的田野实验，研究发现，使用信息披露方法，针对性地给车主发送之前在哪里违规的短信使得交通违规行为减少了 15%（参见 Lu，Zhang，Perloff，2016）。北京交通大学王雅璨研究了如何更有效地激励人们使用共享单车，促进交通环保行为（参见 Wang et al.，2018）。刘潇等人对社保参与行为进行了田野实验，对实验处理组人员发送参保后的退休工资信息可以显著提高居民的消费（参见 Bai，Chi，Liu，Tang，Xu，2017）。

行为经济学的助推方法在理论研究和实践应用方面都需要政府、社会与研究者的密切合作。在国外,谷歌、雅虎、微软大型技术公司都在企业内设有研究机构,雇用行为经济学家对社会经济问题进行研究,而且不要求他们的研究限定在本企业的内部业务方面,这是企业为社会提供的一种公共品。在国内,越来越多的政府机关和企事业单位愿意与行为经济学家开展合作,涉及消费、环保、健康、交通等领域,以及原国家工商总局,大型企业如阿里巴巴、京东、滴滴、摩拜等。它们与研究者进行各种形式的合作研究,或者分享微观数据,或者提供合作调研和田野实验的条件,同时这些企业也设有阿里研究院、京东研究院等企业研究机构,但它们一般只限于为本企业的业务服务,因此可以与国外企业的研究机构合作,未来需要推动更宽视野和更高层次的行为经济学研究。

在从事行为经济学研究的过程中,我们也亲眼目睹了经济政策和经济模式的迅速变化。网络的日渐发达、共享经济从无到有、人工智能的突飞猛进,这对人们的消费决策和合作模式都有深远的影响,行为经济学在这里有广泛的应用前景。

五 总结和展望

行为经济学在中国的发展将不断继续,学术发展的目标可以分为理论创新和实践应用两大类,两者也是相辅相成的,中国作为经济发展活跃的大国,为行为经济学的理论检验和实践应用都提供了良好的环境。

从发展的着眼点来看,首先,目前国内学者的相互合作以及国际合作都需要进一步加强。无论是本土学者还是"海归"学者,科学研究的目标是一致的,由于每个学者的学习背景和研究特长,各自的研究侧重有所不同,国内各个大学和各个地区之间还缺少有利于长期合作的平台。其次,中国的行为经济学学者还需要继续扩大国际影响力,共同追求行为经济学理论研究方面的创新,并增进国际学术界对国内学术团体的认识。随着年轻学者的逐渐成熟,国内研究者相互合作并产出高水平成果的格局将逐渐形成。行为经济学研究者需要有更宽阔的视野，进一步理解和研究中国和全球经济问题，应用行为理论解决现实问题，进一步加强行为经济学家与政府和社会的合作。

在科研支持方面，政府和高校应建立更完善的有利于行为政策研究和实施的基础设施。在硬件方面，早期更多的是实验室建设，现在需要的是扩充社会网络中的实验平台建设；在管理方面，行为经济学这一新兴经济学领域仍然需要更多培育性的支持。

参考文献

1. 陈叶烽:《亲社会性行为及其社会偏好的分解》,《经济研究》2009 年第 12 期, 第 131~144 页。
2. 陈叶烽、叶航、汪丁丁:《信任水平的测度及其对合作的影响——来自一组实验微观数据的证据》,《管理世界》2010 年第 4 期, 第 54~64 页。
3. 陈叶烽、周业安、宋紫峰:《人们关注的是分配动机还是分配结果？——最后通牒实验视角下两种公平观的考察》,《经济研究》2011 年第 6 期, 第 31~44 页。
4. 何浩然:《个人和家庭跨期决策与被试异质性——基于随机效用理论的实验经济学分析》,《管理世界》2011 年第 12 期, 第 12~20 页。
5. 贺京同、郝身永、那艺:《论行为经济学的理论内核与其"支离破碎"的表象》,《南开学报》(哲学社会科学版) 2013 年第 2 期, 第 139~149 页。
6. 金雪军、杨晓兰:《证券市场理性预期与泡沫的试验检验》,《世界经济文汇》2004 年第 6 期, 第 23~35 页。
7. 雷震、杨明高、田森等:《股市谣言与股价波动：来自行为实验的证据》,《经济研究》2016 年第 51 卷第 9 期, 第 118~131 页。
8. 李彬、史宇鹏、刘彦兵:《外部风险与社会信任：来自信任博弈实验的证据》,《世界经济》2015 年第 38 卷第 4 期, 第 146~168 页。

9. 林树、俞乔、汤震宇等:《投资者"热手效应"与"赌徒谬误"的心理实验研究》,《经济研究》2006年第8期,第58~69页。

10. 陆方文:《随机实地实验:方法、趋势和展望》,《经济评论》2017年第4期,第149~160页。

11. 陆方文:《随机实地实验在中国的发展》,《工作论文》2018年。

12. 宋紫峰、周业安:《公共品的自愿供给机制:一项实验研究》,《经济研究》2008年第7期,第90~104页。

13. 宋紫峰、周业安、何其新:《不平等厌恶和公共品自愿供给——基于实验经济学的初步研究》,《管理世界》2011年第12期,第32~39页。

14. 田森、雷震、翁祉泉:《专家服务市场的欺诈、信任与效率——基于社会偏好和空谈博弈的视角》,《经济研究》2017年第3期,第195~208页。

15. 王擎、周伟:《股票市场伦理环境与投资者模糊决策——理论与实验研究》,《中国社会科学》2013年第3期,第43~64页。

16. 王湘红、任继球:《相对收入对经济行为的影响》,《经济学动态》2012年第4期,第117~123页。

17. 王湘红:《工资制度对劳动收入的影响——国际经验及中国启示》,《政治经济学评论》2012年第3卷第2期,第177~195页。

18. 王湘红:《工资谈判、劳动关系及收入——基于行为理论的研究》,中国人民大学出版社,2012。

19. 王湘红、陈坚:《社会比较和相对收入对农民工家庭消费的影响——基于RUMIC数据的分析》,《金融研究》2016年第12期,第48~62页。

20. 王湘红、宋爱娴、孙文凯:《消费者保护与消费——来自国家工商总局投诉数据的证据》,《金融研究》2018年第6期,第123~137页。

21. 王湘红、孙文凯、任继球:《相对收入对外出务工的影响:来自中国农村的证据》,《世界经济》2012年第5期,第121~141期。

22. 王湘红、朱琳、宋爱娴:《公共政策中的温和家长制和行为助推政策——以消费政策为例》,《国家治理研究》2015年第1期,第25~27页。

23. 杨晓兰、洪涛:《证券市场平准基金是否有效:来自实验室市场的证据》,《世界经济》2011 年第 12 期,第 96~119 页。

24. 杨晓兰、沈翰彬、祝宇:《本地偏好、投资者情绪与股票收益率:来自网络论坛的经验证据》,《金融研究》2016 年第 12 期,第 143~158 页。

25. 杨晓兰、周业安:《政府效率、社会决策机制和再分配偏好——基于中国被试的实验经济学研究》,《管理世界》2017 年第 6 期,第 51~62 页。

26. 叶航、汪丁丁、罗卫东:《作为内生偏好的利他行为及其经济学意义》,《经济研究》2005 年第 8 期,第 84~94 页。

27. 周业安:《行为经济学是对西方主流经济学的革命吗》,《中国人民大学学报》2004 年第 2 期,第 32~38 页。

28. 周业安:《经济学中的实验室实验:经济学迈向科学研究的关键一步?》,《南方经济》2014 年第 8 期,第 91~97 页。

29. 周业安:《改革开放以来实验经济学的本土化历程》,《工作论文》2018 年。

30. 宗计川、吕源、唐方方:《环境态度、支付意愿与产品环境溢价——实验室研究证据》,《南开管理评论》2014 年第 2 期,第 153~160 页。

31. 宗计川、唐方方:《价格离差问题研究评述》,《经济学动态》2010 年第 1 期,第 121~125 页。

32. Amann E., Yang C. L., "Sophistication and the Persistence of Cooperation", *Journal of Economic Behavior & Organization*.1998: 91-105.

33. Attema A. E., Bleichrodt H., Gao Y., Huang Z. X., Wakker P. P., "Measuring Discounting without Measuring Utility", *American Economic Review*, 2016: 1476-1494.

34. Babcock L., Loewenstein G., Wang X., "The Relationship between Uncertainty, The Contract Zone, and Efficiency in a Bargaining Experiment", *Journal of Economic Behavior and Organization,* 1995: 475-485.

35. Babcock L., Loewenstein G., Wang X., "Choosing the Wrong Pond: Social Comparisons in Negotiations that Reflect a Self-Serving Bias", *Quarterly Journal of Economics*, 1996:1-19.

36. Bartling B., Weber R. A., Yao L., "Do Markets Erode Social Responsibility?", *The Quarterly Journal of Economics*, 2015: 219-266.
37. Brosig J., Weimann J., Yang C. L., "The Hot vs. Cold Effect in a Simple Bargaining Experiment", *Experimental Economics*, 2003:75-90.
38. Bai C. E., Chi W., Liu T. X., Tang C., Xu J., "The Impact of Information Provision on the Enrollment of Government-pension Programs and Household Consumption: vidence from a Field Experiment", manuscript, 2017.
39. Cai H. B., Chen Y. Y., Fang H. M., "Observational Learning: Evidence from a Randomized Natural Field Experiment", *American Economic Review*, 2009:864-882.
40. Camerer C., Babcock L., Loewenstein G., Thaler R., "Labor Supply of New York City Cabdrivers: One Day at a Time", *Quarterly Journal of Economics*, 1997: 407-441.
41. Camerer C., Loewenstein G., Rabin M., "Advances in Behavioral Economics", Princeton: Princeton University Press, 2003.
42. Charness G., Yang C. L., "Starting Small towards Voluntary Formation of Efficient Large Groups in Public Goods Provision", *Journal of Economic Behavior and Organization*, 2014: 119-132.
43. Charness G., Kuhn P., "Chapter 3-Lab Labor: What Can Labor Economists Learn from the Lab?", *Social Science Electronic Publishing*, 2011: 229-330.
44. Chen Y., Sonmez T., "Improving Efficiency of On-Campus Housing: An Experimental Study", *American Economic Review*, 2002: 1669-1686.
45. Chen Y., Khoroshilov Y., "Learning Under Limited Information", *Games and Economic Behavior*, 2003: 1-25.
46. Chen Y., Gazzale R., "When Does Learning in Games Generate Convergence to Nash Equilibria? The Role of Supermodularity in an Experimental Setting", *American Economic Review*, 2004: 1505-1535.
47. Chen Y., Li S. X., "Group Identity and Social Preferences", *American Economic Review*, 2009: 431-457.

48. Chen R., Chen Y., "The Potential of Social Identity for Equilibrium Selection", *American Economic Review,* 2011: 2562-2589.

49. Chen Y., Tang F. F., "Learning and Incentive-Compatible Mechanisms for Public Goods Provision: An Experimental Study", *Journal of Political Economy,* 1998: 633-662.

50. Chetty R. Behavioral economics and public policy:A pragmatic perspective. *American Economic Review,* 2015, 105 (5),1-33.

51. Chew, S. H., Miao, B. Zhong S. F., "Partial Ambiguity", *Econometrica,* 2017: 1239-1260.

52. Crawford, Vincent P., Meng J. J., "New York City Cab Drivers Labor Supply Revisited:Reference-Dependent Preference with Rational Expectations Targets for Hours and Income", *American Economic Review,* 2011: 1912-1932.

53. DellaVigna S., "Psychology and Economics: Evidence from the Field", *Journal of Economic Literature,* 2009: 325-371.

54. Dohmen T., "Behavioural Labour Economics: Advances and Future Directions", *Labour Economics.* 2014: 71-85.

55. Du N., Li L., Lu T., Lu X. "Prosocial Compliance in P2P Lending – A Natural Field Experiment", forthcoming in Management Science, 2018.

56. Farber, Henry S., "Reference-Dependent Preferences and Labor Supply: The Case of New York City Taxi Drivers", *American Economic Review,* 2008: 1069-1082.

57. Farber, Henry S., "Why you Can't Find a Taxi in the Rain and Other Labor Supply Lessons from Cab Drivers", *The Quarterly Journal of Economics,* 2015: 1975-2026.

58. Fehr, Ernst., Goette L., Zehnder C., "A Behavioral Account of the Labor Market: The Role of Fairness Concerns", *Annual Review of Economics,* 2009: 355-384.

59. He H. R., Neumark D., Weng, Q., "Workers' Valuation of Workplace Flexibility", manuscript, 2017.

60. Ju N. J., Miao J. J., "Ambiguity, Learning, and Asset Returns", *Econometrica,* 2012: 59-591.

61. Kaufman, Bruce E., "Expanding the Behavioral Foundations of Labor Economics", *Industrial & Labor Relations Review,* 1999: 361-392.

62. Knetsch J. L., Tang F. F., Thaler R. H., "The Endowment Effect and Repeated Market Trials: Is the Vickrey Auction Demand Revealing?", *Experimental Economics,* 2001: 257-269.

63. Kocher, Martin G., Martinsson P., Persson E., "Is there a hidden cost of imposing a minimum contribution level for public good contributions?", *Journal of Economic Psychology,* 2016: 74-84.

64. Kriss, Peter H., Loewenstein G., Wang X., "Behind the veil of ignorance: Self-serving bias in climate change negotiations", *Judgment & Decision Making,* 2011:602-615.

65. Leibenstein H., "Allocative Efficiency vs 'X-Efficiency'", *American Economic Review,* 1966: 392-415.

66. Leininger W., Yang C. L., "Dynamic Rent-Seeking Games", *Games and Economic Behavior,* 1994: 406-427.

67. Li H. B., Rosenzweig M., Zhang J., "Altruism, Favoritism, and Guilt in the Allocation of Family Resources: Sophie's Choice in Mao's Mass Send-Down Movement", *Journal of Political Economy,* 2010: 1-38.

68. Li L. F., "Reputation, Trust, and Rebates:How Online Auction Markets Can Improve Their Feedback Mechanisms", *Journal of Economics & Management Strategy,* 2010: 303-331.

69. Li L. F., Xiao E., "Money Talks:Rebate Mechanisms in Reputation System Design", *Social Science Electronic Publishing,* 2010: 2054-2072.

70. Li X. D., Subrahmanyam A., Yang X. W., "Can Financial Innovation Succeed by Catering to Behavioral Preferences? Evidence from a Callable Options Market", *Journal of Financial Economics,* 2018: 38-65.

71. Lien J. W., Zheng J., "Deciding When to Quit: Reference-Dependence over Slot Machine Outcomes", *American Economic Review Papers & Proceedings,* 2015: 366-

370.

72. List, John A., Rasul I., "Chapter 2-Field Experiments in Labor Economics", *Handbook of Labor Economics*, 2011: 103-228.

73. Lu F. W., Zhang J. N., Perloff J. M., "General and Specific Information in Deterring Traffic Violations: Evidence from a Randomized Experiment", *Journal of Economic Behavior & Organization*, 2016: 97-107.

74. Luis Cabral., Li L. F., "A dollar for your thoughts: Feedback-conditional rebates on eBay", *Management Science*, 2015: 2052-2063.

75. Miao B., Zhong S. F., "Risk Preferences Are Not Time Preferences: Separating Risk and Time Preference: Comment", *American Economic Review*, 2015: 2272-2286.

76. Miao J. J., Rivera A., "Robust Contracts in Continuous Time", *Econometrica*, 2016: 405-1440.

77. Sun W., Wang X. and Zhang X., "Minimum wage effects on employment and working time of Chinese workers——evidence based on CHNS", *Iza Journal of Labor & Development*, 2015：4-19.

78. Dohmen T., "Behavioral labor economics: Advances and future directions", *Labour Economics*, 2014: 71-85.

79. Wang X., "Retail Return Policy, Endowment Effect, and Consumption Propensity: An Experimental Study", *B.E.Journal of Economic Analysis & Policy*, 2009: 38-38.

80. Wang X., "When Workers Do Not Know-the Behavioral Effects of Minimum Wage Laws Revisited", *The Journal of Economic Psychology*, 2012:951-962.

81. Wang X., Liu Kai., "Relative Income and Income Satisfaction: An Experimental Study", *Social Indicators Research*, 2017: 395-409.

82. Wang X., Nie H., "The Impact of Collective Wage Agreements in China:A Firm-Level Study", *The Proceedings of the 64th Annual Meeting of Labor and Employment Research Association*, 2012:92-102.

83. Wang Y., Douglas M. A., Hazen B. T., Dresner M., "Be green and clearly be seen: ow

consumer values and attitudes affect adoption of bicycle sharing", *Transportation Research Part F: Traffic Psychology and Behaviour*, 2018:730-742.

84. Winter-Ebmer, Rudolf., "What is(not)behavioural in labour economics?", *Labour Economics,* 2014:86-87.

85. Yang C. L., Xu M. L., Meng J. J., Tang F. F., "Efficient Large-Size Coordination via Voluntary Group Formation: An Experiment", *International Economic Review,* 2017: 651-668.

86. Yang C. L., Yue F. S., Yu I. T., "The Rise of Cooperation in Correlated Matching Prisoners Dilemma: An Experiment", *Experimental Economics,* 2007: 3-20.

劳动经济学现状及在中国的发展

孙文凯

·作者简介·

孙文凯，经济学博士，中国人民大学经济学院教授，博士生导师，国家发展与战略研究院研究员，美国加州伯克利大学经济系访问学者。主要研究方向为劳动经济学、发展经济学和中国经济问题，近期主要关注户籍制度改革及其配套制度改革，在 *Health Economics*、*China Economic Review*、*Journal of Development Studies*、《经济研究》《世界经济》《经济学（季刊）》《金融研究》《统计研究》等国内外著名学术刊物上发表了数十篇学术论文，出版著作《人口管理中的政府政策抉择》《中国劳动力流动问题研究》《中国农村收入流动和劳动力流动》及教材《劳动经济学》，为中国网等媒体撰写评论文章数十篇，曾主持和参与多个国家级课题。

劳动经济学相关研究有悠久的历史。劳动的价值，在任何经济学文献中都得到足够的重视，是价值创造的来源，消费的来源。亚当·斯密《国富论》第一页第一句话就提到"一国国民每年的劳动，本来就是供给他们每年消费的一切生活必需品和便利品的源泉。构成这种必需品和便利品的，或是本国劳动的直接产物，或是用这类产物从外国购进来的物品"。如何有效利用各种劳动创造更大产出同时达到劳动者最大福利是经济学研究的根本问题。商品中蕴含的劳动价值也被认为是内在价值的衡量。当前，对劳动的研究，发展到包含劳动力本身及其家庭、劳动总量及其配置等宏观微观全面分析，成为一个独立学科。

尽管《国富论》里有大量篇幅描述劳动分工、生产效率、工资决定、技能培训等当前劳动经济学研究的热点内容，但劳动经济学真正作为一个相对独立的经济学科，是第二次世界大战后学科细化才出现的结果。早在1925年，布卢姆（Solomon Blum）已经出版《劳动经济学》的专著，但当时并没有很多针对这个领域的研究和专业刊物，少量的学术研究和授课主要针对劳资关系、工人运动等问题。在二战以前，知名的经济学杂志总计不超过10种，而且很少细分领域。而二战后发展至今，细分的经济学科使得相应的专业化研究杂志达到近百种。在这种背景下，各领域研究的问题都在逐步深入细化，一些劳动经济学杂志也开始出现。当前较著名的《人力资源杂志》（Journal of Human Resources）1965年创刊，《劳动经济学杂志》（Journal of Labor Economics）1983年才创刊出版。此后相关问题研究越发深入，针对劳动力市场这一重要领域的文献数量出现井喷式的扩展。1992年和2010年的诺贝尔经济学奖即授予了研究劳动经济学的学者，还有一些劳动经济学者获得了经济学领域重要的克拉克奖。

劳动力市场的重要性体现在现实中的方方面面，不得不专门进行研究。目前，世界上大多数国家，劳动雇佣关系都是家庭之外最重要的社会关系，接近一半的人口在就业岗位付出劳动。绝大部分国家劳动者收入占到国内生产总值的最大比重，即使是劳动者收入份额较低的中国，其比重也达到国内生产总值的近一半，发达国家则普遍在 50% 以上。收入所得税一般是最大的政府收入来源，比如美国的联邦政府收入中个人所得税占到 40% 左右，所占份额最大。收入分配问题往往又是社会关注讨论的热点，在世界各国都是如此。对劳动力市场的管制也是政府行为的一个重要部分。还有很多在全世界具有普遍性的问题，比如高福利国家的社会保障过度和低福利国家的社会保障不足，人口老龄化导致的对劳动力市场及经济发展和社会保障体系的冲击，妇女劳动参与率提高和儿童出生率降低，移民对本地劳动力市场冲击等。近年发展的超脱于劳动力市场之外的对家庭内部和企业内部的劳动资源配置研究，以及个人层面的健康、幸福、婚姻选择匹配等问题的研究，也都和劳动力市场存在直接和间接的联系。这些问题涉及的内容毫无疑问非常重要，都与我们日常生活息息相关。

目前发展的劳动经济学理论和实证方法可以很好地分析以上提及的问题。在使用传统最优化决策分析的基础上，当前劳动经济学研究向进一步理论创新和更科学实证方法的方向上发展。作为追随者，我国近年学习追赶国外劳动经济学速度很快，是最接近国外研究水平的经济学子学科。本文将对这些内容和过程进行总结。

一 劳动经济学发展过程及现状

1. 概念的进展

当前，虽然劳动经济学仍然以劳动力资源的优化配置为研究核心，但是鉴于研究思路和题目的日益细化，尤其是交叉学科的不断融合，劳动力市场外和市场内的研究都被关注，并且在借鉴其他学科后分析的视角也不断增加。劳动经济学和行为实验经济学、心理学、城市经济学、发展经济学等学科都产生很多关联，要准确给出劳动经济学的边界越来越难，从而对其进行定义也很困难。但对一门学科进行定义是基本要求，因此学界还是有一些关于劳动经济学的定义，如"劳动经济学主要研究同劳动和劳动力市场有关的经济方面的问题，以及就业不稳定和体制发展问题""劳动经济学的研究范围涵盖了微观层次的劳动力市场运行和企业内部人力资源的配置，以及宏观层面的失业和收入分配问题"等[①]。这些可以说是择其重点而进行的概括性定义，但并不全面。追溯历史发展过程，可以看到劳动经济学内涵和学者对其认识在不断发展。比如我国民国早期，已经有一些学者关注特殊劳动力市场如黄包车夫市场的就业、工资随物价而变化的规律。1931年，中国学者朱通九的《劳动经济》中认为劳动经济学是研究劳动者经济行为的科学。这显然比较不具体。伊兰伯格和史密斯在2000年版的《现代劳动经济学》中指出："劳动经济学研究劳动力市场的运行和结果。确切地说，劳动经济学研究雇主和雇员对工资、价格、利润以及雇佣关系的非货币因素（如工作条件）的行为反应。"这个定义明确具体了很多，但只关注劳动力市场内部，并且对劳动力市场内部的内容归纳也是不全面的。在这之前，1997年，牛津大学出版社出版的《牛津经济学辞典》，将劳动经济学表达为"劳动经济学是关于劳动力的供给和需求方面的经济学问。它涉及影响劳动参与率、工资谈判、培训、工作小时和劳动条件，以及有关雇用、劳动力流动、移民和退休年龄等的实践活动的各种因素"。这个较早的定义反而相对好一些。一些其他定义，如大卫·桑普斯福特在其主编的《劳动经济学前沿问题》中指出，"劳动力作为一种生产要素，其价格及配置是由哪些因素决定的？这就是劳动经济学所要回答的问题"。这虽然是主要内容，但现在看是有些狭隘了。

尽管各种定义所强调的重点不同，但都离不开劳动力的供求和劳动力市场，这是劳动经济学的核心。同时，衍生的市场外研究也不容忽视。笔者在2015年所著教材《劳动经济学》中将劳动经济学定义为"分析家庭及个人劳动供给和企业劳动需求，并进而分析劳动力市场均衡工资和收入

[①] 曾湘泉著《劳动经济学》中对一些劳动经济学定义做了一定总结。

分配、失业、劳动关系、劳动力流动和社会保障等劳动力市场结果，也包括个体健康、幸福、婚姻匹配、生育决策等及企业内部劳动力管理机制等市场外结果，兼顾宏观、中观和微观的全面研究劳动者相关问题的学科"。

2. 研究内容的进展

劳动经济学在经济学中的地位越发重要，这来自其研究对象针对劳动力资源这一最重要生产要素。劳动经济学的很多研究主题直接反映我们日常生活中面临的问题，因此让人很有代入感并很容易产生吸引力去研究。由于劳动力资源有不同于一般商品的特殊属性，使得其具有相对不同的分析方法和更广泛的分析内容，并且这些研究内容都是社会经济中最重要的一些话题。

早期针对劳动力的研究主要是在劳动力市场内，《国富论》中有超过一半的篇幅在研究劳动效率、分工、收入、技能等问题。另外，早期也有一些关于劳动剥削、女权等的研究和讨论。1925 年出版的美国学者布卢姆的著作《劳动经济学》中，包含了关于就业、工资、劳资关系、劳工运动、劳动立法等内容。在那段时间前后，劳资冲突问题是资本主义世界的最尖锐社会问题，劳动经济得以受到很多研究者重视。20 世纪 60 年代后，以舒尔茨为代表的人力资本视角，以及以贝克尔为代表的家庭经济学的研究范式，用微观经济理论研究家庭中存在的婚姻、生育、教育、家庭内部分工等劳动力市场外的问题，这极大地丰富了劳动经济学研究的内容。再之后，行为经济学的扩展丰富了传统微观经济理论在解释劳动力市场现象的局限性，定量分析技术进步和数据可得性提高使得劳动经济学的众多话题都可以进行实证分析。

目前，劳动经济学已经成为一个很庞大的体系，涉及新课题不断增多。由于涉及对人的研究，这些研究过程存在很大复杂性。一方面，人具有能动性，这使得人们经常对外在环境变化做出复杂反应。比如，随着工资增加，人们并不一定会增加劳动供给，而是在工资增大到一定程度后减少劳动供给，即常说的商品市场上的"供给法则"在劳动力市场不一定成立。人的行为包含情感因素，经常有利他性的动机，使得常说的"自利"的理性人行为假说不成立。人有时又是非理性的，表现为自我控制不足、冲动、过度自信等行为特征，这使得传统的劳动经济学理论解释力不足。因此，要全面刻画个体劳动者特征是很困难的，挖掘劳动者行为背后机理本身就成为一个重要的研究内容。另一方面，劳动力市场的结果是各种因素综合作用形成的。除了劳动者本人决策、家人影响、企业决策外，由于对劳动者的保护，政府也会有各种法律法规针对劳动力市场。比如历来存在的中国国内劳动力市场的诸多问题，如民工工资被拖欠、工作条件差、工资水平一直没有提高等，受到了舆论界、学术界及政府部门的高度关注。而 2013 年的新《劳动合同法》对灵活工作类型也给了更多保护。这些法律在执行中有强有弱，其对劳动力市场的影响也难以确定。在进行实证分析时，区分各个因素的真实影响也是较困难的。这是实证分析中最重要的"识别"问题。

在进行政策制定时，面临相应的复杂性带来的困难。政策制定者总是在效率和平等间做出权衡，其尺度很难正确把握，甚至很难有正确的标准。比如，社会保障政策在世界各国有很大不同，这本身就反映了没有公认的正确的保障程度标准。在北欧国家，社会保障照顾到生育、失业、养老、医疗、升学的方方面面，使得社会不平等程度大大减少；而在美国，社会保障程度要低得多，并且保障力度最大的医疗开支还在尝试减少。这些不同的背后，是更重视效率还是平等的理念问题。另外，是否应该有最低工资制度、是否应该给工会更大权力、是否应该为工人罢工提供更多保护，这些问题都没有标准答案。这些现实问题给侧重实证分析的研究者很多困难，但又不得不勇敢面对。这只能通过更全面科学的研究展示更多政策制定可能结果，从而制定相对合理、考虑全面的政策。此外，考虑信息不完全、不对称以及激励问题，政策研究的难度将更加复杂。总之，随着研究者对劳动者本身及其家庭、劳动力市场、政策等复杂性认识的增加，以及研究方法进步和数据可得性提高，劳动经济学的研究内容大大扩展了。

总体上看，劳动经济学研究内容可以归纳为四部分：劳动需求方的研究、劳动供给方的研究、劳动力市场结果分析以及一些交互影响研究。

（1）劳动需求

劳动力的需求主要来自企业，属于企业为满足产品市场供给而对劳动力这一生产要素的衍生需求。这样，很多影响企业生产决策的因素都会影响劳动力需求。这些因素包括：①宏观经济环境，比如根据经验总结的奥肯定律（反映经济增长率与失业率关系）和菲利普斯曲线（反应通货膨胀与失业率），以及经济繁荣或萧条对就业影响的关于周期性失业的研究，都说明了宏观经济环境通过对企业生产产生影响进而影响劳动力需求。②国际贸易因素，近年的一些研究发现，国际贸易会提高熟练劳动力（或称为高技能劳动力）的实际工资而降低低技能劳动力工资，意味着国际贸易对企业在劳动力需求结构上产生影响。③产品和劳动力市场结构，如果劳动力市场中作为劳动需求方的企业在产品市场是竞争存在的，它对劳动力的需求量和工资决定都不同于企业是垄断存在时的结果，这说明企业在产品市场中的竞争状态影响劳动需求。同样，劳动力市场是竞争还是垄断结构也直接影响劳动力市场工资和就业量。④法律因素，对劳动的保护产生了大量法律法规和执行机构，这些法律包括最低工资法、劳动保护法等，有的国家还提出了更严格的罢工保护政策以提高工人罢工威慑力。这些法规对企业雇用劳动者的工作条件、工资、解雇条件等做出了规定，必然会逆向影响企业招工的意愿从而影响总的劳动力需求。⑤税收因素，对企业要求的各项税收都会影响企业的劳动需求。比如，对企业所得税减税、减少企业对员工福利提供的要求（作用类比于税收）、对企业资本投入减税等都可能增加或降低对劳动力的需求。⑥技术进步，区别于不同类型的技术进步（中性技术进步、资本节约型和劳动节约型技术进步），对劳动力的需求影响也不同。近年来最热的一个话题就是人工智能这一"第四代技术革命"可能对就业市场的冲击，产生了大量研究。⑦企业内部人力资源管理，涉及企业的一些劳动管理策略，比如效率工资现象能够解释企业对劳动力的需求和工资决定。

（2）劳动供给

劳动供给则主要取决于家庭和个人。早期的劳动经济学研究偏向于对典型个体决策的分析，但从20世纪60年代贝克尔等学者研究开始，尤其1981年贝克尔的著作《家庭论》发表后，对家庭经济学的研究开始兴起。家庭内部资源分配、劳动供给、婚姻匹配、生育决策等种种家庭内决策但有重大社会影响的问题被更广泛地用经济学理论和实证方法来研究。具体地说，在家庭和个人层面，有如下研究内容：①个体在劳动和闲暇间进行权衡从而决定劳动供给的最优化决策仍然是最基础的研究劳动供给的理论，包含家庭联合决策劳动供给的研究。②健康决定因素研究，包括母亲教育年数、家庭子女数量（质量-数量的权衡问题）、劳动力流动和社会保障等对健康影响。③生育决策，生育与否、生育数量与生育后家庭劳动分工的研究。④婚姻匹配，涉及结婚、离婚、配偶选择标准、择偶结果、不完全信息下搜寻成本影响等内容。⑤人力资本投资，是否接受教育、接受教育年限决定及教育回报率估计一直是劳动经济学研究重点，针对这一话题的实证研究方法层出不穷。⑥快乐、满意度、幸福感等主观福利指标的研究，包括绝对收入、相对收入、消费、捐赠等利他行为以及劳动投入本身等对主观幸福感的影响。⑦政策影响，政策可能对以上各个研究内容都产生影响，比如所得税改革对劳动力供给和婚姻匹配影响、社会保障政策对生育、人力资本投资影响及劳动参与影响等。政策评估是当前劳动经济学实证研究的一个重点。

（3）劳动力市场

劳动力的供给和需求共同决定了劳动力市场的工资和就业，这和产品市场的均衡分析很相似。但是，由于劳动力的特殊性，劳动力市场有一些不同于产品市场的特点需要单独分析，比如社会保障和劳动保护、劳资关系处理等。劳动力市场中的相关研究内容包括：①工资决定，包括补偿工资理论、人力资本回报理论、歧视问题、收入不平等、收入代际流动等内容。②失业，失业相关研究包括失业率估算、失业成因理论、失业的个人和社会损失估算等内容。③劳动关系，包括工会影响、集体谈判效应等。④市场分割，以二元劳动力市场为基础的类似研究。⑤劳动力流动，涉及国际迁移、国内迁移的决定因素，以及迁移带来的城市化集聚效应及成因。劳动力流动也和家庭生育、婚姻、养老、消费、资源配置效率等经济社会问题相关联。⑥社会保障，包括社会保障政策及政策调整对均衡就业、工资、收入分布或其他市场结果影响的研究。

（4）交互影响

在上述的劳动供给、劳动需求和劳动力市场结果几个类别内容中，有一些因素互相之间有影响。这里可以简单举几个例子：①劳动力市场分割可能会导致地区间劳动力流动，从而进一步对收入和收入差距造成影响。②劳动力流动可能影响社会融合、劳动力本人及家人健康及主观福利。社会保障制度可能影响劳动力流动，比如，养老保险的覆盖可以解放劳动力，使得其外出务工而不必担心老年父母无所供养；医疗保险覆盖的收入效应可能会降低劳动力外出动力。③收入不平等可能影响个体消费和外出务工。20世纪末21世纪初以来，"新迁移理论"提出了相对收入地位影响劳动力外出务工的新视角，类似的还有一些用相对收入地位解释炫耀性消费、社会冲突等行为。④各种政策可能是基于收入不平等、地区分割、劳动力流动等现实问题而制定的，具有内生性。

上述问题在不同的外在条件下可能产生不同研究结果。比如，信息经济学引入上述的各项研究中，在信息不对称和不完全的条件下，劳动力市场自由交易不一定能达到有效率的配置结果，不能形成有效率的劳动力流动，企业内部要形成有效率的雇佣关系也需要依赖精巧的制度设计而且往往只能达到"次优"结果。如果将行为经济学的非理性因素引入上述问题研究，将更进一步加大问题的复杂性，但也能够更好地解释现实很多问题。还有一些内容，比如个体的亲社会行为、信任问题等，都是劳动经济学研究的内容。阿申费尔特等学者编写的《劳动经济学手册》在不断加入上述相关内容。

3. 研究方法

劳动力资源依附于劳动者的这一特殊性，使得早期经济学几乎都以它作为分析最大侧重点。劳动价值理论在相当长时间被古典哲学和古典经济学家奉为至理。"生产性劳动""非生产性劳动""异化劳动""变态劳动"等术语，不但在马克思的书籍中常见，在亚当·斯密的著作中也能看到类似观点。对劳动使用中的"剥削"问题，是工人阶级反抗运动的理论基础，也常常使得劳动这种特殊商品的交易阻碍重重。在改革开放初始阶段，我国国内理论界对于劳动力是否是一种商品还存在很大争论，可见观念和意识形态在劳动力市场上产生多么深刻的影响。正是由于劳动的特殊性，在经济学中常说的"平等"和"效率"的冲突问题在劳动经济学中尤其明显。劳动力市场上充斥着各类机构和管制政策。以上研究占据了早期的劳动经济研究绝大部分内容。只有到了二战之后，现代劳动经济学内容才逐步扩展，方法论和内容都有极大进步。

现代劳动经济学研究内容虽然大大扩展，但仍然是以劳动力资源配置为主要研究对象。这样，研究方法大体上仍然是以最优化分析和均衡分析方法为主。最优化思路用于分析厂商的劳动需求、家庭的劳动供给，均衡思路根据供给和需求分析劳动力市场均衡工资、就业失业、社会保障、劳动力流动和空间分布等。在劳动需求、劳动供给、工资决定、就业失业等问题上，从微观、中观到宏观都有很多的研究话题在深入展开，并且有越来越复杂的实证方法应用到研究中。劳动经济学的研究不仅对经济学理论的发展做出了巨大贡献，而且由于其研究问题涉及最为复杂的经济现象，因而在研究方法上常有创新之举，比如计量经济学中的选择性样本处理方法就是分析就业市场收入决定时产生的新方法。这些新方法推动经济学研究方法论不断进步和完善。在过去几十年，劳动经济学的研究获得了突破性的发展，劳动经济学研究领域逐步扩大和深入的同时，主要的发展是在方法论上的进步。

一般谈到方法论时，都会提到实证分析和规范分析的两分法，在劳动经济学研究中自然不外如此。实证分析告诉我们经济体是如何运行的并进行经验验证。规范经济分析则根据一定的价值标准来分析人或企业的行为"应该是什么"。由于价值标准在不同社会或不同群体间不同，因此规范分析经常没有标准的答案。在现代劳动经济学中，实证分析是绝对主导，是规范分析的基础。实证分析在劳动经济学中是指采用理论模型、数据分析等方法来分析人和企业的行为及市场结果，从而分析劳动力市场的运行规律。在进行理论分析时，往往需要给予若干假设。比如，我们经常要假设典型个体是理性的，以效用最大化为决策目标；同时由于资源稀缺，他又受限制于若干外在条件，比如给定的时间约束或者收入和财富约束；在这些条件下分析其最优化决策结果，并进行静态分析或者比较静态分析和动态分析。同样，对企业经常要假设其以利润最大化为目标进行决策。这些假设也往往可以根据现实而适当放宽，比如在典型个体效用函数中加入其他人的效用以反映利他性或排他性动机，典型企业目标函数中加入不确定性、融资软约束等对应指标。目前跨期迭代模型、可计算一般均衡模型等理论结合数值模拟方法也已经广泛引入劳动经济问题的理论分析中。

在实证分析尤其是使用数据进行经验分析研究上文提到的各项内容时，最重要的问题是"识别"问题。所谓识别，就是能够有效证明 A 因素对 B 因素的影响确实是 A 因素的作用，而非其他混淆变量 C 因素的作用。比如，我们看到教育程度高的人收入水平也高，但并不一定说明教育就带来了高收入，因为教育程度高的个体往往家庭背景好，个人能力也强，这些因素也会带来较高收入。如果能将这些可观测或不可观测的因素影响排除考察出纯粹由于教育而带来的收入提高，就达到了识别教育对收入影响的因果效应的目的。要达到这个目的，目前的劳动经济学研究中采用了各种方法。有的采用类似自然科学的实验方法获取理想数据检验，包括实验室实验和田野实验；有的采用现实发生的调查数据，为了处理内生性问题，需要结合较复杂的统计方法进行估计。

（1）基于实验获取数据的方法

实验方法在自然科学、医学等领域早已广泛应用，但比较系统开始应用于经济学领域被认为是于 20 世纪六七十年代，其中应用于劳动经济学的研究尤其多。实验有实验室实验（Lab Experiment）和田野实验（Field Experiment）的区别。实验室实验是指完全在虚拟环境下，多半是在实验室的计算机上进行的一些模拟仿真实验。比如，要研究最低工资对就业的影响，研究者可以找到一批被试对象，随机分小组，每组中有人分别设定企业主和雇员的角色。在实验室电脑上，一部分组内设定最低工资，这些组称为处理组（Treatment Group）；而另外的组不设定最低工资，称为对照组或者控制组（Control Group）。给定被试者初始禀赋（一般是作为管理者的启动资金）以及生产函数，让每一组模拟现实运营，并对比处理组和控制组的就业结果差异。

一般的实验室实验都遵循五个步骤即理论准备，制订实验方案和实验设计，实验背景的布置，训练被试及实验，获取结果、分析整理和解释评价。实验室实验的优点是能够严格控制实验条件，并对实验条件和被试活动做出精确的记录，便于分析和研究。但由于实验室实验并非现实发生，因此为了保证结果能够反映真实情景，需要采用适当激励尽量保证行为与现实发生一致。实验室的气氛有时也会影响被试的心理表现。这些问题可以通过将场所移到现场进行受控实验来适当解决。

相比之下，田野实验就要更加贴近现实。田野实验的操作步骤和实验室实验很相似，但是在实地实景进行。比如，要研究金融教育对农民养老保险参与的影响，可以到农村找到一些农户家庭。将这些农户家庭进行随机分组，分成控制组和处理组。处理组的农户进行金融教育，而控制组农户不做任何干预，之后对比二者在保险选择上的区别，以此验证金融教育的作用。相比于实验室实验，虽然田野实验结论由于环境更真实而更加可信，但在操作中需要很强的执行能力，增加了实践难度和成本。

还有一些介于二者之间的实验类型，可以见于其他相关章节的介绍，也可以在一些综述性的文献中看到（如 Duflo et al., 2007）。在获得实验数据后，只需要使用最简单的统计学工具，比如双样本均值 t 检验或者简单最小二乘法即可以估计得到可靠结论。

（2）准实验方法

准实验（Quasi-Experiment）设计，即指未对自变量实施充分控制，但使用类似实验的思路收集、整理以及分析观测数据的研究方法。准实验设计将非随机生成的数据通过一定统计手段修正后按照实验数据处理，能够在实验无法进行的时候达到类似的识别因果关系的目的。在经济学研究中，理想实验并非总是可行，例如研究者出于伦理考虑，不可能为观察大学生药物使用情况而创造一个药物滥用组，然后比较他们与我们创造的非药物滥用组的行为；又比如研究者也没有能力为了解自然灾害下的情绪反应而人为制造一场地震。在这些情况下，严格的实验研究欠缺可行性，研究者只能求助于准实验设计。

在准实验设计中，我们只能选择特征不同的被试，然后将这些在自变量不同水平的被试行为结果加以比较。这不同于实验方法可以人为操纵改变这些特征使得处理组和控制组统计意义上相同。对于大多数天生的被试特征变量（年龄、性别、种族）、被试的社会属性（社会阶层、宗教或居住区）、疾病以及与疾病有关的被试因素（肢体残缺、智力残疾、脑外伤、灾难后果）而言，我们只能选择而不是改变。在分析观测数据时，我们选择被试不只是在某个反映处理效应的被试特征上有差异，同时也很难保证他们在其他相关变量上是无差异的。也就是说，准实验中对额外变量的控制也是较弱的。这使得被试变量的影响会和我们无法排除的额外变量的影响相混淆。为了解决这些非随机问题，已有的准实验方法提出了多种经典手段以尽可能控制这些其他混淆变量。这些手段的主要思路都是将观测数据进行去混淆变量影响的处理以得到相对理想的数据识别处理效应。这些方法包括双重（三重）差分方法、匹配方法、回归断点设计方法等。目前，这些方法都已经比较成熟，列入最新的计量经济学教科书中，也在劳动经济学研究中被广泛应用，此处不再详细介绍。

二 劳动经济学在中国经济学教学科研中的发展及影响

1. 中国劳动经济学发展大致过程

相比于经济学中的其他子学科，劳动经济学在中国的研究历史悠久，早期以对工人运动的研究为主。随着马克思主义引入和工人运动兴起，相关工人运动和马克思主义的研究有大量译著或著作出版。1929 年，陈达出版著作《中国劳工问题》，论述了中国劳工问题的历史、现状和解决途径。1931 年，朱通九出版《劳动经济》一书，主要仍然是对工人运动、劳资纠纷等问题进行分析。骆传华在 1933 年出版的《今日中国劳工问题》记录了之前的各次工人运动，以及收集整理了当时的相关法律。

新中国成立后，中国借鉴了苏联对马克思关于劳动生产率、劳动力再生产、劳动组织、按劳分配的报酬形式等内容的研究结果，引入了这种后来成为计划经济下劳动经济理论的学科。20 世纪 50 年代至 60 年代，我国劳动经济学成为一门独立学科，部分高等院校建立了劳动经济专业，政府有关部门也建立了研究劳动经济问题的机构。对于这些劳动经济相关学术机构的发展过程，袁伦渠和林原（2011）进行了较好的总结：1950 年，清华大学、燕京大学、辅仁大学社会学系设立了劳动组。1952 年院系调整将以上三所大学的劳动组合并为劳动专修科，先设在中央财经学院，后迁到中国人民大学。1955 年，劳动干部学校成立，设立了劳动经济和劳动保护专业。1958 年，劳动学院成立，后改为北京经济学院，设立劳动经济和劳动保护本科。1979 年，中国人民大学成立了劳动经济研究室，并于 1983 年成立劳动人事学院。1994 年，中国人民大学劳动人事学院设立博士点。2001 年，首都经济贸易大学成立劳动经济博士点。与此同时，劳动经济学的科研机构纷纷建立起来。1956 年，原国家劳动部成立劳动科学研究所。

1980年，中国社科院人口与劳动经济研究所成立。1982年，劳动部工资研究所、国际劳工研究所以及国家发改委人力资源开发研究所等机构相继成立。2016年5月，中国劳动经济学会成立，这是由中国社科院人口与劳动经济研究所、中国人民大学、北京师范大学等多家高校及科研机构共同发起，经国务院同意、民政部批准备案、中国社科院主管的国家一级学术团体。这些科研机构的研究涉及劳动经济学的基本理论、劳动力市场、劳动关系、就业与失业等现代劳动经济学问题，推动了我国劳动经济理论与实践的发展。

从内容看，一直到20世纪末，计划经济体制下进行的劳动经济学教育与研究占据全面主导，与西方经济学中新发展的人力资本理论、家庭经济学和市场决定供需及工资等偏离较远。但由于改革开放后私营部门发展特别是国企改革后职员激励成为一个受关注话题，从企业内部人力资源管理到市场的劳动参与、失业、工资决定、收入差距等都逐步成为研究的热点问题。21世纪初何承金、陆铭、宋培林、曾湘泉分别出版了劳动经济学教材，是比较早将西方经济学的劳动经济研究范式较完整进行介绍的教材。之后，蔡昉、杨河清等学者陆续出版自己的劳动经济学教材。也有一些学者将西方劳动经济学的教材翻译引入国内（虽然20世纪八九十年代已有学者使用国外教材，但非常小众）。这些都使得国内学生和研究者能快速了解现代西方劳动经济学，并运用相关知识研究中国问题。

按照曾湘泉和杨玉梅（2008）对改革开放后30年劳动经济学发展的回顾，劳动经济学研究内容在我国改革开放后的30年内发展可分为四个阶段。第一阶段（1978~1984年）是苏联劳动经济学的影子依然存在的时期。此阶段对私人劳动是否存在及是否应该存在、是否应该采用不同工资制度仍然存在争议。第二阶段（1985~1991年）为现代劳动力市场经济分析引入及初步发展期。此阶段对人口流动问题持续关注，对收入分配是否公平进行了较多讨论，比如"脑体倒挂"就是此阶段一个常见的收入分配中的问题。第三阶段（1992~2001年）研究内容逐渐接近现代劳动经济学范畴期。国有企业下岗职工、农村劳动力大规模转移、人力资本投资增加、收入差距拉大、劳动力市场分割等，都成为我国劳动经济学界关注和研究的热点。第四阶段（2001~2008 年）以就业和收入分配为主题的劳动经济学分析不断拓展。加入 WTO 后，对高校扩招带来的大学生就业及教育回报率降低问题，以及收入分配问题讨论最多。曾湘泉和杨玉梅（2015）进一步总结后续的研究，发现研究内容有所扩展，就业、收入分配、人力资本、人口流动、市场分割、歧视等话题得到较广泛研究。到了目前，市场经济下的劳动经济学已经是当前国内研究主流，研究在计划经济时代几乎不存在的失业、收入分配、家庭内部决策等热点问题，包括上文提及的其他几乎所有劳动经济研究领域也都有人在研究，在研究领域上与发达国家学者已无区别。

西方市场经济条件下的现代劳动经济学研究范式在中国兴起相对较晚。但是，由于中国在改革开放后进行了大量改革，带动了经济社会快速发展，也带来很多社会问题，产生了大量有趣又重要的待研究课题，因此，在国外的华人学者首先利用国外的相关理论和实证分析方法对中国的问题进行了研究，并且在交流、学习、理解、掌握之后，国内学者也快速赶上，得以利用本土优势更深入具体地分析这些问题。在 21 世纪初，一个显著的现象就是在学术期刊发表的论文中采用较复杂理论模型和数据分析方法的科学性较强的劳动经济学研究开始迅速增加。而在之前，在国内我们能够看到的劳动经济学学术论文和著作几乎无一例外都是以文字论述为主。

2. 当前中国劳动经济学教学科研发展状况

目前，国内劳动经济学教学和科研都取得了极大进展，可以说日新月异。在教学方面，当前全国已有几百所高校或研究所开设劳动经济学课程，其中不少高校或研究所获得了劳动经济学博士点、硕士点授予权，培养了一大批劳动经济领域的科研和应用型人才。在授课内容上，目前也主要是以西方市场机制下的劳动经济学为主，强调理论模拟和数据实证分析。尤其是随着微观数据可得性提高和定量分析方法在经济学教学中的推广,大部分经济学研究生都有能力使用计量经济学方法结合微观数据进行研究,这在二十年前甚至是十年前都是根本不能想象的。由于已有的微观数据多半是对家庭和企业进行调查,因此很多劳动经济学相关话题可以检验,相关用于课堂教学以及学术研究发表数量增加就理所当然。笔者本人也在开设劳动经济学课程,深刻体会到结合微观数据实证分析重要问题是锻炼研究生基本学术能力的重要途径,这也是国外大多数大学经济类专业都会开设劳动经济学课程的原因。

劳动经济学也是当前最普遍的国内大学教师研究兴趣领域,这至少有两点证据。第一,任意浏览一所双一流高校经济学院,特别是海外归来博士较多的学院,都会发现有相当大比例的教师研究兴趣或研究成果中包含劳动经济学内容。平均有四分之一左右发表过劳动经济学相关论文。第二,笔者近三年每年都在组织"中国劳动经济学者论坛"会议,在每年的年会上报告的学者近150人,是经济学子领域会议中规模最大的,接近中国经济学年会的规模。这都说明劳动经济学在教师研究中的普及性。

目前,国内已经形成了几个劳动经济学领域的研究重镇。比如北京大学有众多研究劳动经济学的优秀教师,姚洋、陈玉宇、林菀娟、赵耀辉、雷晓燕、秦雪征、梁建章等学者发表了大量高水平学术研究,其中不乏《政治经济学杂志》(*Journal of Political Economy*)、《经济学季刊》(*Quarterly Journal of Economics*)、《美国经济评论》(*American Economic Review*)等经济学领域最顶级刊物的论文,也有众多如《劳动经济学杂志》(*Journal of Labor Economics*)、《人力资源杂志》(*Journal of Human Resources*)、《健康经济学杂志》(*Journal of Health Economics*)等子领域顶级刊物。他们的研究包括工会、政治意识、健康、养老、劳动供给等众多领域。其中赵耀辉教授针对养老问题发起了专门的调查数据库,并衍生了大量相关研究。中国社科院人口与劳动经济研究所也有较多学者进行了有影响的研究,包括蔡昉、张车伟、王德文、都阳、王美艳等学者,进行了广泛的社会调查和国际合作，在对就业问题研究上有较多学术成果，并出版了专门的劳动经济学期刊《劳动经济研究》。北京师范大学以李实教授为代表的团队在研究收入分配问题上享誉国际。中国人民大学在劳动经济学研究方面也有悠久历史，除曾湘泉、赵忠等学术带头人外，还有一大批年轻的海外归国博士，整体研究力量较强。此外，还有很多院校如中山大学、暨南大学以及财经类院校如中央财经大学、对外经贸大学、西南财经大学等都有不错的劳动经济学研究队伍。这些研究团队发表学术论文同时，也通过承接课题等形式影响政府决策。

不得不提的是一些资深学者，各自在劳动经济学部分领域率先在国内发起研究并精耕细作，自己产出一批代表性成果同时，带动了大量后续研究。这些研究包括蔡昉对我国剩余劳动力问题的研究、赵人伟和李实及陈宗胜对收入分配的研究、赵耀辉对人口迁移的研究、曾湘泉对就业的研究、赖德胜和姚先国对市场分割的研究、张俊森对教育回报率的研究、曾毅对老龄化和人口预测的研究、钱楠筠对性别比影响因素的研究等。这些学者在劳动经济学领域培养人才和带动学术繁荣上做出了重要贡献。

国内劳动经济学能够在十几年时间内快速发展，成为在学术发表上最好的经济学子领域之一，除了上述众多资深学者的贡献，还有众多原因。第一，必须强调的是大批海外留学博士回归任教功不可没，他们把更前沿的理论和方法引入国内，使得国内的劳动经济学教学和科研能够尽快地与国外接轨，从而在创新的步伐上也有了追赶国外研究的可能。这些海外归来学者培养的国内优秀博士也已经规模较大，毕业后进入国内众多高校任教，进一步充实了整体劳动经济学研究队伍。在海外学成学者带动下，一些国内学者也已经在《发展经济学杂志》（*Journal of Development Economics*）、《劳动经济学杂志》（*Journal of Labor Economics*）等子领域顶级刊物上发表论文，并且涉及人数越来越多，发表数量和质量都越来越好。第二，中国劳动经济学的快速发展，也有赖于中国不断的改革，产生了人类历史上涉及人数最多的试验场，带来众多值得研究的重大问题。在改革开放后，人口计划生育管理、国企改革、高校扩招、加入世贸组织、户籍制度放开等重大事件都在劳动力市场产生了全方位影响。一些小的经济规划和政策更是不胜枚举。改革开放前的意识形态管制、大饥荒、上山下乡等重大事件也都产生了长期的遗留影响。中国也面临很多具体问题，如老龄化加剧、储蓄率过高、人口流动量大、社会保障不平均、收入不平等程度较高和贫困人口规模较大等现实问题都有待不断研究解决。对这些问题社会需要大量研究，相应的学术研究兴起也就不足为奇了。第三，大量的微观数据库被调查收集和公开，使得研究者有更多资料可用于研究，这也是劳动经济学科得以快速发展的原因。这其中以基金支持方式进行的政府投入有很大贡献。

虽然已经取得飞速进步，但就平均而言，我国的劳动经济学教学和研究水平与发达国家的国际同行还存在着一定差距。第一，国内专门从事此学科研究的单位很少，单独成立劳动经济学院或系的单位还比较少，大多数相关领域研究者仍然是散兵游勇式的单打独斗研究，从而缺乏足够集中的力量攻关重大学术问题或现实问题。随着社会经济转型，中国正面临着日益严峻的就业形势。就业、失业、人力资本投资、人口结构、劳动力市场发育等问题成为经济生活中越来越重要的课题。这往往需要建立有竞争力的团队进行相关工作，事实也基本证实按照团队协作进行的工作往往效果更好，能进行更加重大的问题研究。第二，虽然已经有学者在顶级期刊发表论文，但毕竟还是少数，特别是多以海外归国人员居多，还较少看到有本土培养学者针对中国劳动力市场问题的研究发表于国际顶级期刊上。这说明国内劳动经济学研究的主体力量仍然距离国际前沿有较大差距。第三，很少有学者能够提出劳动经济学的理论性原创贡献，从而缺少国际知名的学者，现有的劳动经济学研究者基本仍是借鉴学习西方理论和方法研究中国问题，最多是研究一些中国特色问题。

3. 大量可用的微观数据是国内劳动经济学研究的长期财富

需要额外说明的是，经验分析是目前劳动经济学研究的主流，尤其是使用微观调查数据结合适当统计方法分析的研究占到目前期刊发表论文的 80% 以上。在现有的学术研究中，数据可得性成为一个话题能否深入研究甚至一门学科能否良好发展的关键，特别是要研究中国问题和做出中国特色研究，就必须有扎实的中国数据。这需要越来越多的微观数据库。目前，不断有学术机构或政府部门对专门数据进行整理，主要是家庭和个人层面的微观调查，形成研究中国问题的重要数据库。

这些数据库包括：（1）农业部固定观察点调查（Research Center for Rural Economy，RCRE）。全国农村固定观察点调查系统是 1984 年经中共中央书记处批准设立的，于 1986 年正式建立并运行至今。目前在 31 个省（区、市）调查农户 23000 户，调查内容包括常规调查和专项调查。RCRE 数据调查内容非常广泛，包括家庭所有个体基本信息、家庭生产经营信息、家庭消费收入信息和家庭财产状况信息，也包含个体外出务工相关信息。这些数据由于大部分是定点调查，可以形成多年跟踪的面板数据。（2）城镇住户调查数据（Urban Household Survey，UHS）。中国城镇住户调查数据同样是从 1986 年开始调查。UHS 数据库更换的频率比较大，这主要是为了反映城市人口的快速变化。总体上说，UHS 包含了个人层面和家庭层面的变量，比如个人的性别、年龄、文化程度、就业所在行业、职业、工资、工作小时数、参加工作年份、退休金、财产性收入等，家庭层次上的变量如家庭总收入、人口数、居住面积、房间数、家庭财产、现金支出、现金流入、储蓄、借款、家庭消费等。这些信息可以用来研究如教育回报率、收入不平等、行业分割、性别收入差距等诸多课题。（3）中国家庭收入项目调查（Chinese Household Income Project Survey，CHIP）。中国家庭收入项目调查调查内容主要包括收入、消费、就业、生产等有关方面的情况，包含了众多个人层面和家庭层面的变量。现在 CHIP 做了五轮，分别是 1988 年、1995 年、2002 年、2007 年和 2013 年。CHIP 包含了全部省份，也包含了农村和城镇，甚至有单独的农民工样本，样本量也足够大。很多研究流动人口的学者使用这个数据发表了研究。（4）普查数据

（Census）。中国人口普查数据是规模最大的微观数据库，基本上遵循10年一次大普查，5年一次小普查的规律。由于调查样本量大，因此调查信息相对少，只有基础的人口学信息和背景信息，经济信息较少，比如基本没有收入方面的数据。因此学者们经常结合普查数据库产生劳动和人口的地区总量指标，与其他有经济信息的数据库结合进行分析。（5）中国健康与营养调查（China Health and Nutrition Survey，CHNS）。中国健康与营养调查是主要关注营养与健康问题，针对部分省份城乡进行入户和部分跟踪调查。CHNS现有的数据年份有：1989、1991、1993、1997、2000、2004、2006、2009、2011、2015。CHNS数据主要包括个人、家庭、社区变量。由于数据调查较早且公开，相应产生的研究极多。（6）中国健康退休跟踪调查数据库（China Health and Retirement Longitudinal Study，CHARLS）。中国健康退休跟踪调查数据库是由北京大学赵耀辉教授负责的一个主要为了研究健康和退休行为的项目，因此选取的样本年龄都大于等于45岁。CHARLS问卷2011年后开始跟踪调查，调查内容包括个人、家庭及社区信息。此外的数据还有中国综合社会调查（Chinese general social survey，CGSS）、中国教育追踪调查（China Education Panel Survey，CEPS）、中国时间利用调查（Chinese Time Use Survey，CTUS）、中国家庭追踪调查（China Family Panel Studies，CFPS）等大型数据库。

由于科研经费的增加，目前各个科研单位和统计机构进行调查获取的独特微观数据还有很多。比如清华大学经管学院中国金融研究中心进行了针对居民家庭金融资产的调查；西南财经大学也进行了类似的规模更大的调查。其他还有几种数据库，也具有较大样本量，如中国社会科学院劳动与人口研究所五个城市的劳动力市场调查、中山大学劳动力动态调查数据库、国家卫生健康委员会进行的流动人口调查等。这些数据开发力度还相对较小。

可以说，目前这些大型数据库覆盖的信息可以研究绝大多数劳动经济学问题。并且这些数据库本身还在不断加入新调查模块淘汰旧模块，新数据的不断发布会吸引更多对劳动经济学有兴趣的学者进行研究,也是国内外学者进一步研究中国劳动力市场问题的有力保障。

三 进一步发展展望

当前的劳动经济学研究在向着更细致的方向发展,从目前的主流杂志发表论文看,主要是针对传统问题不断寻找更好的数据和方法进行识别,并不断融入其他领域的想法带来新解释,计算机模拟技术发展、实验方法的引入以及独特数据的获得,都是对问题能够更好阐述的重大推进。在二十年前,国际著名的期刊还能够使用简单的计量经济学方法以及宏观数据发表论文,十年前的中国同样如此,但在今天如果没有这些新方法和数据则基本没有可能。新方法和数据的引入对更准确深入认识家庭决策、个人决策、总体失业决定、对个人长期影响以及福利测度等提供了帮助。

但是,当前劳动经济理论对更宏大的问题往往缺乏办法,比如对日益增长的技术进步带来的资本回报增加和收入差距扩大,除了提高高收入者税收这一现实中执行效果较差的办法外,几乎没有看到更好的办法。正如马克思经典著作《资本论》中所说,社会化大生产和创造的财富集中在少数人手中这一资本主义的固有矛盾始终存在。现代劳动经济学更好地分析了在市场经济机制下众多劳动力市场中的各主体决策及结果同时,对于市场经济的固有问题还缺少深入分析。也许正因如此,皮凯蒂的《21世纪资本论》即使没有多少新思想,仍能轰动一时。

按理说,中国学者对马克思主义劳动价值论曾有深刻认识和广泛学习,如果能够将相应视角结合西方劳动经济学中的方法论,应该能够互相弥补不足。但是,国内目前对劳动经济学的学习和研究相当大程度在模仿主流西方劳动经济学的思路和方法,这样必然缺少创新,也不能指导如何脱离分配不平等这一市场经济结果。笔者预期社会经济制度最终应该会在市场经济和计划经济间取得平衡,而劳动经济学的研究也将由当前西方主流方法和思路结合劳动价值理论最终寻找到理解和改进社会问题的新思路。当然，这些改进都需要时间。

参考文献

1. 陆铭:《劳动经济学：当代经济体制的视角》，复旦大学出版社，2002。
2. 孙文凯、宋扬、王湘红:《劳动经济学》，清华大学出版社，2015。
3. 〔英〕亚当·斯密:《国民财富的性质和原因的研究》，商务印书馆，1972。
4. 袁伦渠、林原:《劳动经济学的形成与发展》，《中国流通经济》2011年第4期，第55~58页。
5. 曾湘泉:《劳动经济学》，中国劳动社会保障出版社，2005。
6. 曾湘泉:《劳动经济学》，复旦大学出版社，2008。
7. 曾湘泉、杨玉梅:《我国劳动经济学研究回顾与展望》，《中国劳动》2015年第2期，第4~10页。
8. 曾湘泉、杨玉梅:《改革开放三十年以来我国劳动经济学的发展历程、现状与展望》，《劳动经济评论》2018年第1期，第1~16页。

引进西方理论福利经济学 40 年

姚明霞

· 作者简介 ·

姚明霞，女，经济学博士，中国人民大学经济学院副教授。主要研究兴趣是福利经济学和宏观经济问题。主要学术成果有：1."西方福利标准理论评析"，《政治经济学评论》，2016年第5期。2."美国量化宽松货币政策效果分析"，《中国物价》，2016年第4期。3."中国政府财政支出对经济社会发展的影响"，《经济理论与经济管理》，2008年第12期。4."福利经济学中非福利主义的兴起"，《教学与研究》，2005年第8期。5.《福利经济学》，经济日报出版社，2005年5月。6."西方福利经济学的沉浮"，《当代经济研究》，2001年第4期。7."西方社会福利函数理论述评"，《教学与研究》，2000年第11期。

作为经济学的一个分支，西方福利经济学讨论关于如何度量以及如何促进社会福利的问题。它试图明确到底哪一种政策可以带来最优的结果；或者如果有多重最优结果，到底选择哪一个[①]。也就是说，西方福利经济学的关注点在于：一是度量社会福利；二是根据能否提高社会福利这一标准来对不同的政策进行判断和选择。西方福利经济学的议题可以划分为两部分：理论福利经济学部分，包括帕累托标准、补偿检验、社会福利函数、阿罗不可能性定理、福利经济学第一和第二定理、公平、权利等，以及应用福利经济学部分，包括消费者剩余、成本－收益分析等度量社会福利总量或者变化量的工具、最优税收问题、最优收入分配问题、外部性问题等。本文将关注其中的理论福利经济学的部分[②]。

西方理论福利经济学的发展经历了以下六大时期：第一时期是1920年之前，西方经济学采取福利主义的价值判断标准，认为社会福利是所有社会成员个人福利的总和。第二时期是1920年到1939年，旧福利经济学时期，福利经济学作为一个独立的学科分支创立并发展起来。第三时期是1939年到1951年，新福利经济学发展。第四时期是1951年到1970年，阿罗不可能性定理提出并带来困惑。第五时期是1970年到2007年，社会选择理论和非福利主义发展。第六时期是2007年以来，行为福利经济学发展起来。

根据超星发现系统的检索结果，新中国成立以来，中国引进西方理论福利经济学最早是在1961年，期刊"国外社会科学文摘"第4期上刊

[①] Feldman, Allan M. "welfare economics." The New Palgrave Dictionary of Economics. Second Edition. Eds. Steven N. Durlauf and Lawrence E. Blume. Palgrave Macmillan, 2008. The New Palgrave Dictionary of Economics Online. Palgrave Macmillan. 13 October 2009 <http://www.dictionaryofeconomics.com/article?id=pde2008_W000050> doi: 10.1057/9780230226203.1826.

[②] Ng（1983）没有划分理论福利经济学和应用福利经济学，其对福利经济学的讨论包括了帕累托标准、补偿检验、消费者剩余、社会选择、最优收入分配、外部性、公共物品、最优次优第三优问题等。Boadway 和 Bruce（1984）所划分的应用福利经济学只包括消费者剩余、成本－收益分析这两部分。Steven N. Durlauf 和 Lawrence E. Blume（2009）将消费者剩余、卡尔多检验和西托夫斯基检验等补偿检验划分为应用福利经济学。

登了两篇文摘。第一篇是"实证经济学、福利经济学和政治经济学",摘自《法学与经济学杂志》1959年10月号,原作者是美国柏坎南(James M. Buchanan)[①],翻译郭家麟。正文之前有编者按,给出了关于西方福利经济学的两点评价:"伦理上的中立"是"骗人的谎言"、"最大量社会福利的说法则完全抹煞了社会福利的阶极性"。第二篇是"新福利经济学",摘自《日本经济学大辞典》,原作者是熊谷尚夫,翻译吴斐丹。1949年新中国成立以来,中国引进西方理论福利经济学有关论著最早是在1965年。1965年,商务印书馆出版发行了《福利经济学评述》和《统制经济学——福利经济学原理》两本书。前者是英国福利经济学家李特尔(I. M. D. Little)1957年同名著作的中译本,后者则是美国福利经济学家A.P.勒纳(Abba P. Lerner)1946年同名著作的中译本。两书都由陈彪如翻译,并有译序。译序都从马克思主义的立场、观点和方法出发对原著进行了评价。译者在当时的条件下选择翻译这两本书,可以说为将西方理论福利经济学引入中国做出了贡献,也足见其对西方理论福利经济学的发展十分关注。李特尔的《福利经济学评述》中译本曾于1980年第二次印刷。1966年,商务印书馆出版了英国经济学家J.de V.格拉夫(Graaff)的《理论福利经济学》中译本,由夏炎德根据1957年英文本译出。该中译本于1980年第二次印刷。

1978年,中国实施了改革开放政策。改革开放是中国经济实践领域的一场变革,同时也是中国经济理论界发展过程中引进和传播西方经济理论成果、力图为中国经济实践服务的一个重要里程碑。根据1978年改革开放以来中国理论福利经济学界所发生的重要事件,本文将对中国引进西方理论福利经济学的进程进行回顾、总结及展望。具体地,本文划分了4个发展阶段进行说明:改革开放之初(1978~1992年)、福特班开设福利经济学课程之后(1993~1997年)、阿玛蒂亚·森获得诺贝尔经济学奖之后(1998~2006年)、引进行为福利经济学之后(2007年至今)。

---

① 现在翻译为布坎南。

一 改革开放之初（1978~1992年）

改革开放之初的 1979 年秋到 1981 年春，中华外国经济学说研究会曾在北京大学举办大型"国外经济学讲座"[①]，每周讲授一次，共 60 讲。其中，第四十六讲《福利经济学基本理论》和第四十七讲《以福利经济学为理论基础的"社会主义"经济学和"福利国家"论》就专门介绍福利经济学，这两个专题的主讲人是中国人民大学的吴易风先生。讲座的讲稿最初发表在《经济研究参考资料》上，后来由中国社会科学出版社于 1980 年 7 月到 1981 年 12 月以《国外经济学讲座》为书名分四册公开出版，而且多次重印。这次讲座以及书的出版，对我国经济工作者了解和研究西方经济学包括福利经济学起到了非常重要的作用，大大推动了我国西方经济学的研究，激发了我国年青一代从事西方经济学研究的热情。因此，这次讲座以及书的出版具有非常深远的意义。

根据超星发现系统的检索结果，关于主题为"福利经济学"（精确）、发表时间在 1978~1992 年的检索结果共 99 个（检索时间 20180803），年均 7 个。这些文献以介绍和评论西方理论福利经济学为主。例如，1982 年，商务印书馆出版美国经济学家鲍莫尔（William J. Baumol）于 1952 年所著的《福利经济及国家理论》，由郭家麟和郑孝齐翻译。

1984 年 6 月，商务印书馆出版了厉以宁、吴易风、李懿合著的《西方福利经济学述评》，巫宝三为该书写了前言。该书对于西方福利经济学在中国的引入起到了不可缺少的作用，直到现在，它仍然是经济理论工作者的重要参考书。

1986 年，李懿在《国外社会科学》第 12 期上发表了《福利经济学的伦理评价》。该文首先对西方福利经济学的规范性质作了说明，然后主要

[①] 中华外国经济学说研究会史编写组：《中华外国经济学说研究会成立三十年来的回顾》，第 7~11 页。

介绍了西方福利经济学的一些伦理内容：资产阶级功利主义、个人福利与社会福利的分析、收入分配问题、政策决定等。该文应用马克思主义的立场、观点和方法对西方福利经济学进行了评述，同时也指出了西方福利经济学对于中国有一定的参考价值，尤其是它所采用的一些分析方法。

1987年，赖平耀和肖麟在《经济科学》第1期上发表了《社会福利函数与计划经济中的目标选择》。该文扼要地评述了西方社会福利函数理论，包括社会福利函数概念、一些补偿检验、阿罗不可能性定理等，并在此基础上探讨了"社会主义计划经济的目标选择问题"。同年，何涌相继发表了两篇有关西方福利经济学方面的文章。一篇是在《经济研究》第5期上发表的《七十年代以来西方福利经济学关于平等和效率的理论进展》一文。该文首先概述了20世纪70年代以前西方福利经济学关于平等与效率问题的研究，指出了其根本缺陷在于割裂了平等和效率的关系。然后分别介绍了20世纪70年代以来西方关于平等和效率研究的三个主要趋势：平等和正义理论、最优税收理论、相互依赖的效用函数理论。另一篇是在《经济学动态》第5期上发表的《西方经济学社会福利函数理论现状》一文。该文扼要地介绍了20世纪70年代以来西方关于社会福利函数具体形式方面的一些进展。

1991年，中国友谊出版公司出版了周建明翻译的澳大利亚华裔经济学家黄有光（Ng Yew-kwang）教授[①]1983年的著作《福利经济学》（修订

---

① 黄有光：澳大利亚公民，华裔。1942年出生于马来西亚，毕业于槟城韩江中学、新加坡南洋大学（1966）、悉尼大学（1971）。曾在澳大利亚Monash大学任教授（1974~2012）与终生荣誉教授（2013开始）。现任新加坡南洋理工大学经济系Winsemius讲座教授。于1980年被选为澳大利亚社会科学院院士。于2007年获得澳大利亚经济学会最高荣誉——杰出学者。在经济学、哲学、生物学、心理学、社会学、数学、宇宙学等学术期刊（包括AER、Economica、EJ、JET、JPE、RES、SCW）发表两百余篇审稿论文。兴趣与贡献包括：中国经济问题，福祉经济学与公共政策，提创福祉生物学与综合微观、宏观与全局均衡的综观分析，与杨小凯合作发展以现代数理方法分析古典的分工、专业化与经济组织的新兴古典经济学。近著：《宇宙是怎样来的？》，2011；《从诺奖得主到凡夫俗子的经济学谬误》，2011；2013，复旦大学出版社；《快乐幸福学》，台湾五南图书出版公司，2015。（摘自黄有光教授个人网址 http://www.ntu.edu.sg/home/ykng/。）

版）。该书译者序言中提到，黄有光教授曾于 1984 年应中国科学院邀请来华进行学术交流，"当他了解到我国学术界对福利经济学了解尚少时，提出希望能在国内翻译出版他的这一著作，以为中国经济学的发展和现代化的建设尽一份力量。"但不知何故，译本于六年后才迟迟出版。后来，黄有光教授于 1993 年参加了美国福特基金会的中美经济学教育交流项目，来华为四十余名来自全国各地的经济学专业的研究生讲授了《福利经济学》课程，主要参考书即为这本书的英文原版。李懿（1992）介绍了英国著名经济学家马克·布洛格于 1985 年出版的著作《凯恩斯后著名经济学家》，该著作内容反映 1930 年代以来西方经济学的发展和演变，其中包括福利经济学：补偿检验、成本—收益分析、次优理论、分配公正。1992 年，朱荣科出版《平等与效率》。该书表述了作者自己的见解，书中称为"社会主义福利经济学"。

这段时间，跟福利经济学有关的学位论文的数量很少，其中包括厦门大学博士学位论文杨斌（1989）研究经济增长和税收公平的问题；厦门大学硕士学位论文陈龙发（1991）研究帕累托经济理论与新福利经济学；厦门大学硕士学位论文肖兴政（1991）对中美财政政策进行了比较分析，等等。

二 福特班开设福利经济学课程之后（1993~1997 年）

1993 年福特班开设福利经济学课程，是中国引进西方福利经济学进程中的一个重大事件。

福特班是一个简称，由于受到美国福特基金会的资助而得名。福特班包括中国人民大学福特班（1985~1996）和复旦大学福特班（1988~1993），是 1985 年成立的美国经济教育与研究委员会与中国国家教育委员会所任命的中美经济学教育交流委员会双方进行合作的工程之一[①]。福特班由全

---

① 邹至庄：《中国经济转型》，中国人民大学出版社，2005，第 381 页。

国各高校一年级和二年级硕士研究生经过考试选拔而组成，完全按照美国高校经济学的教学模式进行授课和学习，其宗旨是培养一批接受过西方经济学正规教育的年轻师资队伍，以期他们能够在中国高校中传播西方经济学。1993 年，中国人民大学福特班春季学期，开设了福利经济学课程，主讲是澳大利亚华裔经济学家黄有光教授。这个历时一学期的课程，带给笔者和同学们的是一个完全不一样的世界：一是经济学课可以很有趣——黄有光教授讲课很幽默，课堂气氛十分活跃，那些经济学的概念和图表，好像都是活的，是可以用来解释一些问题的，而不是用来记忆背诵的，而且课上会经常穿插一些关于经济学家们的奇闻轶事，让大家感觉经济学家们也可以是很有趣的一群人；二是经济学理论可以很有趣——自己感受到的效用增加不一定就是福利的增加，一元钱就是一元钱，对香烟等物品征税时不能把穷人和富人区别对待等，有很多看似并不是问题的问题，却恰恰是最需要用经济学逻辑来重新思考的；三是经济学的学习和研究可以很有意义——福利经济学研究社会应该追求什么，个人应该追求什么，个人效用并不是唯一重要的目标，公平正义等也是非常重要的，在中国的现实经济背景下，如何借鉴西方福利经济学的成果，对于中国的经济社会发展以及每个中国人的发展，都具有非常重要的意义。也就是在这个时候，笔者对福利经济学产生了浓厚的兴趣，并且一直研究和关注其发展[①]。

根据超星发现系统的检索结果，关于主题为"福利经济学"（精确）、发表时间在 1993~1997 年的检索结果共 97 个（检索时间 20180803），年均 24 个。这些文献不仅介绍西方理论福利经济学，而且开始尝试将其应用到中国经济改革所面临到的一些问题上面。具体地，主要涉及以下三个

[①] 后来，笔者完成于 2001 年的博士学位论文就是关于西方理论福利经济学研究的。黄有光教授在 1999 年底来北京大学讲学的时候，笔者跑去蹭课。得知笔者正在准备写关于福利经济学方面的博士论文，黄老师特地在回国后复印好了一些资料并邮寄给了我。非常感谢黄有光教授对于学生和后辈的关心。

方面。

　　介绍和评论西方理论福利经济学。在 1993~1997 年这段时间，中国继续介绍和评价西方理论福利经济学方面的成果。例如 1994 年，人民出版社出版了方福前博士的《西方福利经济学》。同年，《经济与改革——澳大利亚经济学家黄有光文集》由改革出版社出版。这一时期，有少量期刊论文讨论福利经济学的有关问题。例如，朱荣科（1995）总结了马克思的经济福利思想；李日琴等（1995）从福利经济学三个定理出发来讨论效率和公平的关系；李森（1997）讨论资源的配置和帕累托标准等。1998 年 1 月，朱荣科出版《社会主义福利经济学》。

　　学位论文方面，对于西方理论福利经济学的研究是很少的，其中有上海财经大学博士学位论文丛树海（1995）分析社会保障的经济影响；北京大学硕士学位论文李健（1997）讨论 I-O 及 CGE 模型在中国环境税的经济分析中的应用。

　　有少量文献尝试把西方理论福利经济学应用到一些具体的经济领域，例如，陈剑波（1994）讨论人民公社的产权制度；查先进（1994）讨论我国信息资源的有效配置；张文春和李欣（1995）讨论如何建立和完善我国政府间财政转移制度；石鸿飞（1997）讨论专利制度的成本收益分析，等等。

　　关于中国经济改革所面临问题的思考。1992 年，中国开始建设中国特色社会主义市场经济，学界因此开始讨论与此有关的理论问题。例如，丁冰、李海珍（1995）从西方经济学的角度讨论了效率与公平的定义以及二者之间的关系，并且认为：在现实的中国，应该注意维护公平，控制收入分配不公。李文溥（1996）认为，在从计划经济到社会主义市场经济的转轨过程中，不能只注重效率评价标准而忽视其他的价值评价标准。张传平（1996）介绍了西方经济哲学中的三种不同的平等观点以及马克思的平等观点。

三 阿玛蒂亚·森获得诺贝尔经济学奖之后（1998~2006年）

1998年底，印度裔、福利经济学家阿玛蒂亚·森获得诺贝尔经济学奖，是中国引进西方福利经济学进程中的又一个重大事件。自此，西方福利经济学在中国开始受到大量的关注，有了很多的引进、研究和应用，有关西方福利经济学主题的中文期刊及学位论文数量迅速增加。根据超星发现系统的检索结果，关于主题为"福利经济学"（精确）、发表时间在1998~2006年的检索结果共845个（检索时间20180803），年均105个。这些文献主要涉及以下三个方面。

1. 更广泛的理论引进，更深入的评论和研究。

（1）介绍福利经济学理论的期刊论文和译著，其中，大部分是关于阿玛蒂亚·森的研究成果的。例如，陈孝兵（1998）介绍西托夫斯基的福利经济理论；张明（1999）讨论阿罗悖论及其在实践中的应用问题；邓翔（1998）、周长城（1999）、李子江（1999）、刘元春（1999）、夏业良等（1999）、郭熙保和王万珺（2004）等介绍和评价阿玛蒂亚·森的理论；2000年，森的著作《伦理学和经济学》中译本由商务印书馆出版，此书由王宇和王文玉根据布莱韦尔公司1999年本译出。叶航（2003）评析黄有光新著《效率、公平与公共政策》；姚明霞（2005）通俗易懂地介绍并评价了西方福利经济学；刘绮霞（2006）介绍了一位日本"近代经济学之父"福田德三及其经济思想包括其福利经济思想，等等。

（2）关于社会选择理论的英文文献被翻译出版或介绍。例如，杨春学等翻译的美国经济学家丹尼斯·C.缪勒1989年的《公共选择理论：Ⅱ》；杨晓维等翻译的美国经济学家乔·B.史蒂文斯的《集体选择经济学》；赵定涛和扶元广（2005）介绍了社会选择理论的新进展；张恒龙和陈宪（2006）对社会选择理论的研究进行了综述，等等。

（3）前沿理论引入及总结性文献有：2000年，中国税务出版社和北京腾图电子出版社出版的1993年由尼古拉斯·巴尔和大卫·怀恩斯主编的《福利经济学前沿问题》中译本,"我作为这本书的审校者,认为这是一本关于福利经济学的前沿性的、综合性的和有价值的读物"[①]。姚明霞(2004)梳理了阿罗不可能性定理之后西方理论福利经济学的发展情况。

(4)博士学位论文数量明显增加,超星发现系统的检索结果共75篇。例如,陈晓云(1999)研究福利心理与行为;李军(2000)研究中国城镇的反贫困问题;王祖祥(2001)研究收入不平等与贫困评价理论;徐延辉(2001)研究信息经济学对传统福利经济学的挑战与修正;姚明霞(2001)研究西方理论福利经济学;刘俊霞(2003)研究养老社会保险的分配效应与制度改革;王艳萍(2005)研究阿马蒂亚·森的经济思想;周海欧(2005)研究社会福利标准的决定机制与社会选择的信息基础;侯远潮(2006)研究经济转型中的社会养老保险体制,等等。

2. 继续应用西方福利经济学对中国特定经济领域的问题进行理论分析。例如,刘春江(2005)对电子商务课税进行了分析;董永强、陶军、纪其进(2005)提出了基于福利经济学的网络资源分配模型;费友海(2005)基于福利经济学的角度分析了我国农业保险发展困境的深层根源;李国璋和张冀民(2005)应用福利经济学对现行粮食补贴政策进行了思考;郑风雷、张尧、吴复立(2005)提出了基于帕累托最优准则的输电扩展规划;郑伟、石洪华、陈尚、张朝晖、丁德文(2006)从福利经济学的角度来看生态系统服务功能;吕景春(2006)从福利经济学角度来研究和谐劳动关系的制度安排与机制创新;林荣茂(2006)讨论了经济适用房制度的政策调整问题,等等。

3. 将应用进一步扩展到中国建立和发展社会保障制度方面。《国外理论动态》记者(2004)介绍了西方经济学对社会福利制度的研究及其借鉴意义;封进(2004)从福利经济学的角度分析了中国养老保险体系的改革

---

① 方福前:《福利经济学前沿问题》,《光明日报》2000年。

问题；李喜梅（2004）以社会保障理论、社会结构理论、福利经济学理论等理论为指导，分析了我国农村养老保障所存在的问题，并且提出了实物换保障的解决方法。孙月平等（2004）研究了福利经济学的基础理论、社会经济福利制度、贫困与反贫困、人口控制与老龄化、社会保障制度的建立与完善；徐雅妮（2006）从公平与效率的角度分析了农村医疗保障的缺失问题，等等。

另外，这段时间，关于西方理论福利经济学的教学方面也有一些进展。1999年年底，黄有光教授到北京大学光华管理学院讲学，讲授"公共经济学"课程。2003年前后，笔者在中国人民大学开设了全校选修课"福利经济学"，介绍了理论福利经济学的基本理论。在中国人民大学社会保障专业，2005年开设了硕士研究生专业基础课"福利经济学"，由程永宏博士讲授，教材使用黄有光教授1983年著作《福利经济学》（修订版）的中文版（1991年由中国友谊出版公司出版，周建明翻译）。

在这段时间，中国引进西方理论福利经济学的亮点是一个研究中心的成立。2005年12月，北京大学经济与人类发展研究中心（Center for Human and Economic Development Studies，CHEDS）[①]成立，它是中立的非营利性学术研究机构，学术顾问委员会名誉主任为阿玛蒂亚·森，中心主任为夏庆杰。它有如下三个方面的使命：①推动中国的人类发展研究和实践；②促进中国社会的发展观向"以人为本"转变；③关注弱势群体的发展。该研究中心的特别之处在于它集研究、项目实践和培训于一体，在中外交流与合作中探讨反贫困问题、包容性绿色增长问题、主观幸福感问题等。

四　引进行为福利经济学（2007年至今）

由于行为经济学和实验经济学的快速发展，它们的成果和方法也被

---

① http://www.cheds.pku.edu.cn/index.htm.

应用在福利经济学中,这样就产生了行为福利经济学。"行为福利经济学"一词最早于2007年在文献中出现[①]。传统福利经济学的观点认为,从民众的选择行为可以倒推出民众的目的和民众的福利,即福利是由选择行为揭示出来的东西,显示偏好原理所采取的就是这样一种逻辑。但是,如何从选择行为对应其背后的福利,是一个十分困难的问题。因为,行为经济学揭示出现实中有许多选择行为是违背传统的理性原则的。这样,如何使传统福利经济学的分析框架与现代行为经济学在逻辑上保持协调一致,即解决协调问题(reconciliation problem)[②],就成为行为福利经济学的主要任务。

根据超星发现系统的检索结果,中文文献中"行为福利经济学"一词最早出现在2007年出版的《南大商学评论(第13辑)》中的《行为公共经济学:非标准决策者情况下的福利和政策分析》一文中。该文是一篇中文译文,由李伟翻译,原作者是道格拉斯·本海姆、安托尼·兰杰。但译文并没有注明英文原文来自何处。在2011年有一条信息资讯显示标题为"行为福利经济学"的中文论文,作者是 B. Douglas Bernheim[③]。张苏(2014)对西方行为福利经济学的发展情况进行了介绍;姚明霞(2016)对西方行为福利经济学在福利标准理论方面的应用进行了介绍和评析。这一时期,关于行为福利经济学的引进和介绍的文献很少。

以"福利经济学"为主题(精确)的文献则很多。根据超星发现系统,发表时间在2007~2018年的检索结果共2493个(检索时间20180803),年均237个。其中,期刊论文和博士学位论文的数量相对于

[①] 张苏:《行为福利经济学前沿理论及其未来》,《经济学动态》2014年第8期。

[②] Ben McQuillin, Robert Sugden, "Reconciling Normative and Behavioural Economics: The Problems to Be Solved", *Social Choice and Welfare*, April 2012, v. 38, iss. 4, pp. 553-567.

[③] http://ss.zhizhen.com/detail_38502727e7500f260c90cfe475f538e44530bb653c77ab4319 21b0a3ea255101120bdd20dcbbaef718efb1235c2132d60cae27307e1c21563f1647ead762b 9822a472440befd7a5cb5466a8e4c715747.

以前有非常明显的增加。这段时间的文献，有很大部分是关于福利经济学在各个领域的应用，例如在财政、垄断行为、社会保障、大气治理、社会养老服务等领域；另外一部分则是关于福利经济学的理论分析和实证研究，例如，方福前，吕文慧（2007）从社会福利函数的角度讨论了我国的公平问题；吕文慧（2008）对中国城镇居民福利和不平等的状况进行了实证研究；孙永尧（2011）研究罗尔斯的差别原则；丁建峰（2011）研究无知之幕下的社会福利判断和实证社会选择理论；胡丹丹（2014）研究阿马蒂亚·森的正义思想；江求川（2014）研究基于能力分析法的中国不平等问题，等等。

黄有光教授于 2007 年在复旦大学正式设立"复旦大学经济学院黄有光福祉经济学研究奖学金"。该奖学金奖励对象为研究福祉经济学（包括社会选择理论、分工理论中的福祉经济学问题）的复旦大学经济学院博士生，奖励额度为每人每学年 10000 元人民币，每年评选一名。复旦大学以外的、有志于福祉经济学研究的研究生也可向复旦经济学院提出申请，如果获得授予奖学金，在成为复旦经济学院的博士生之后即可享有该奖学金。[①]

在教学方面，黄有光教授仍然身体力行，致力于中国高校的福利经济学教学工作，分别于 2015 年 5 月和 2016 年 5 月受邀为中国人民大学经济学院的青年教师及研究生讲授福利经济学专题，前来学习的教师和同学们都获益良多。黄有光教授于 2017 年底在华中科技大学经济学院讲授福利经济学短期课程[②]。

五 总结及启示

回顾中国引进西方理论福利经济学 40 年，可以看到，这个引进过程，

---

① http://www.econ.fudan.edu.cn/internationaldetail.php?cid=487，发布时间：2011。
② http://eco.hust.edu.cn/info/1102/6591.htm。

经历了四个发展时期：改革开放之初（1978~1992年），以理论介绍为主；福特班开设福利经济学课程之后（1993~1997年），继续理论介绍并尝试应用理论到中国改革实践，高校教学的推广传播开始起步；阿玛蒂亚·森获得诺贝尔经济学奖之后（1998~2006年），理论介绍更广泛，研究和应用更深入，高校教学活动继续展开，非营利性研究机构加入推广传播中来；引进行为福利经济学之后（2007年至今），引进和传播方面继续原有的模式，同时，受限于西方理论福利经济学自身发展缓慢，对前沿理论的介绍并不多。

根据超星发现系统的检索，从整体上看，以福利经济学为主题（精确）的、各时期不同类型文献的数量情况如图1所示。其中，期刊和学位论文文献，其数量大幅增加出现在1998年、1999年，到2011年、2012年到达峰值，而目前，学界对于西方理论福利经济学的研究兴趣逐渐淡化。

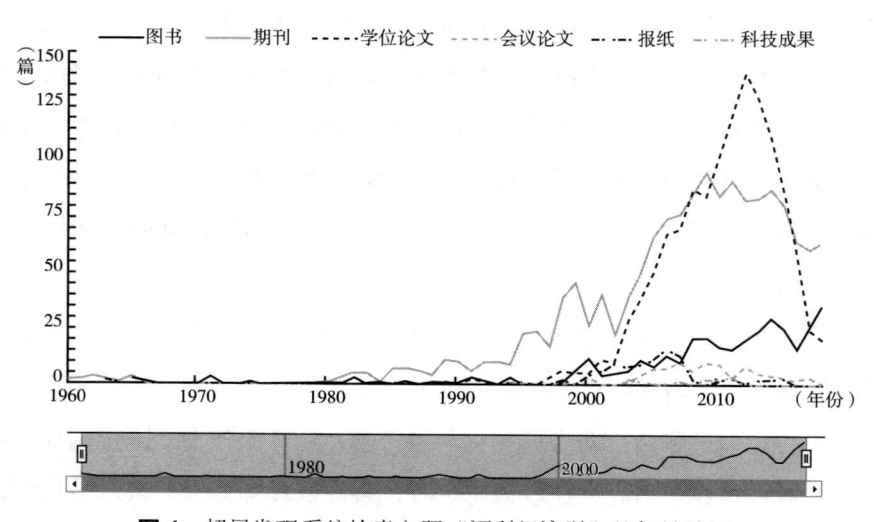

图1 超星发现系统检索主题"福利经济学"的相关结果

回顾和总结中国引进西方理论福利经济学40年，可以看到，这个引进过程有以下几个特点：

1. 引进过程，大致是从以下四个方面来展开的：第一方面是翻译西方原著、介绍和评论西方理论文献；第二个方面是在高校开设课程，讲授原理和理论给年轻学子和青年教师；第三个方面是高校培养博士研究生进行深入的理论研究和探讨；第四个方面是在政策制定方面加以思考、借鉴和应用，为中国经济社会的发展献计献策。

2. 福利经济学在高校的教学推广工作，由个别的著名经济学家来带领的效果是很好的，而进一步的推广工作则需要更强的师资力量。

3. 以往西方福利经济学的引进在1998年诺贝尔经济学奖颁给阿玛蒂亚·森之后有了数量上的飞跃。这一方面说明，我们很关注西方学界动态，另一方面也说明，我们的文献引进，关注面比较窄，引进的初衷很大程度上并没有服从于中国经济改革的实践需要。

4. 对于有关民生问题的政策，其理论依据、福利效果、具体措施的分析和解读，是非常不够的。这种状况导致的一个结果是，很多福利理论的应用文献都仅仅停留在纸上谈兵的阶段，而并不能被政策制定者所理解和应用。例如，如何评价改革开放的成果，福利理论早有定论，当然不能以GDP或者总收入为唯一标准，因为GDP或者总收入指标并不是一个好的福利指标，而以往很长一段时间里中国政府却恰恰以GDP为考核政绩的首要指标。

回顾和总结中国引进西方理论福利经济学40年，可以获得以下启示，期待能够有助于增进中国的社会福利。

第一，引进和研究西方理论福利经济学，应该服务于提高中国社会福利这个最终目标。因此，在政策制定时，首先应该明确一个公众认可的社会福利标准（例如效用主义的福利标准、罗尔斯主义的福利标准或者机会标准等），在考虑到所有个人福利的情况下，明确政策的优先目标是什么。中国经济改革实践中所出现的很多问题和矛盾都是缺乏公认的社会福利标准而导致的，例如，在经济增长过程中所出现的社会贫富差距不断扩大的问题，就是因为公平与效率之间关系的处理没有得到公众的认可，其结果就是虽然经济高速增长但公众幸福感并没有得到有效提高。再如，关于是否以及如何实施延迟退休制度，首先需要明确一个可以被所有社会成员所接受的福利标准（例如效用主义的或者罗尔斯主义的福利标准等），在此前提下，进一步讨论该制度对不同人群的福利影响，才是有意义的；否则，讨论就没有一个基准点，也不可能获得一个被公众认可的政策方案。

　　第二，应该重视对年青一代的培养，例如课程教学以及博士学位论文的写作方面，没有这些，最终的为我所用、对中国经济社会建设把握方向，就都无从谈起了。

　　第三，作为经济学家的学者应该关注职业本身的伦理影响——这也是中国引进理论福利经济学40年过程中最显不足的地方，因为经济学的研究工作对于学生以及普通民众具有更加深远的伦理影响（Atkinson，2011）[1]。尤其在当下，在中国经济进入新常态的时期，经济结构以及社会结构都在发生变化，而如何认识和应对这些变化，必然至关重要。例如，如何看待不同的致富方式，如何看待不同的消费方式，应该制定什么样的社会保障政策，应该如何调节收入差距，这些公众和政策制定者都非常关心的问题，理论福利经济学的研究都应该给出解答和思考，并传递给公众。中国的经济学家们应该尽力普及和传播自己的研究成果，或者言传身教、讲授课程、指导研究生、著书立说，或者在大众媒体上发表科普文章、努力参与政策制定过程建言献策；应该重视公众认知的形成和变化。可以说，在当下的中国，所有的中国经济学家、经济学教育工作者都肩负十分重要的

---

[1] Anthony B. Atkinson, "The Restoration of Welfare Economics", *The American Economic Review*, vol. 101, No. 3 (May 2011), pp. 157-161。

学科使命[①]。

最后，作为本文结尾，此处列出曼昆（2017）所总结的关于福利经济学的5条原理——虽然简单，但足够细致而准确地捕捉到了我们这个职业智慧的绝大部分[②]，以与福利经济学的学生、研究者、应用者以及关心中国经济学和中国经济发展的所有人士共勉。

1. 效率是借以考察结果的一个有用的透镜。
2. 效率并不是政策的唯一目标。
3. 效率的度量是以人们理性地追求自己最大利益为前提的。
4. 人们并不总是理性的。
5. 政府的政策制定者们同样也并不是完美的。

参考文献

1. Atkinson, Anthony B., "The Restoration of Welfare Economics," *The American Economic Review*. Vol. 101, No. 3（May 2011）, pp. 157-161.

2. Boadway, Bruce. Welfare Economics. Basil Blackwell Publisher, 1984.

3. Feldman, Allan M., "welfare economics." *The New Palgrave Dictionary of Economics*. Second Edition. Eds. Steven N. Durlauf and Lawrence E. Blume. Palgrave Macmillan, 2008. The New Palgrave Dictionary of Economics Online. Palgrave Macmillan. 13

[①] 例如，黄有光教授长期以来致力于福利经济学和公共经济学的普及传播工作，把严谨的经济学逻辑转化为通俗的语言，成为常识传播者、谬误终结者。他于2009年开通博客，其中，搜狐博客迄今总访问量78万人次以上，财新博客迄今总访问量53万人次以上，从2011年以来的新浪博客总访问量52万人次以上。议题包括中国经济发展、单身税、拥堵费对谁有利等。在高校学术讲座中介绍自己关于公共经济政策十大指导原则的观点（十大指导原则包括应用市场、提供公共物品、有效地减少不平等、自由贸易与排除行政与共谋的垄断、提供有用的信息与规则、有效地征税、减少过分的市场波动、有效地进行公共投资、软性父权主义政策、快乐导向的政策目标。

[②] Mankiw, N. Gregory, "On welfare economics in the principles_course", *Journal of Economic Education*, 2017：28.

October 2009 <http: //www.dictionaryofeconomics.com/article?id=pde2008_W000050> doi: 10.1057/9780230226203.1826.

4. Mankiw, N. Gregory, "On welfare economics in the principles course", *Journal of Economic Education,* 2017:27-28.

5. Ng Y.-K. Welfare Economics: Introduction and Development of Basic Concepts, revised edition. Macmillan,1983.

6. 尼古拉斯·巴尔、大卫·怀恩斯（主编）：《福利经济学前沿问题》，中国税务出版社、北京腾图电子出版社，2000。

7. 〔美〕鲍莫尔：《福利经济及国家理论》，郭家麟、郑孝齐译，商务印书馆，1982。

8. 柏坎南、郭家麟：《实证经济学、福利经济学和政治经济学》，《国外社会科学文摘》1961年第4期，第12~16页。

9. 道格拉斯·本海姆、安托尼·兰杰：《行为公共经济学：非标准决策者情况下的福利和政策分析》，李伟译、郑江淮校，《南大商学评论》2007年第2期，第111~178页。

10. 陈剑波：《人民公社的产权制度——对排他性受到严格限制的产权体系所进行的制度分析》，《经济研究》1994年第29卷第7期，第47~53页。

11. 陈龙发：《帕累托经济理论与新福利经济学》，1991。

12. 陈孝兵：《蒂博·西托夫斯基福利经济理论述论》，《经济学动态》1998年第10期。

13. 陈晓云：《福利心理与行为的理论与实验研究》，1999。

14. 丛树海：《分析社会保障的经济影响》，1995。

15. 邓翔：《福利经济学的批判性重建》，《学术研究》1998年第12期。

16. 丁冰、李海珍：《论效率与公平》，《经济学动态》1995年第7期，第67~70页。

17. 丁建峰：《无知之幕下的社会福利判断：基于福利经济学和实证社会选择理论的研究》，2011。

18. 董永强、陶军、纪其进：《基于福利经济学的网络资源分配模型》，《东南大学学报》（自然科学版）2005年第35卷第3期，第361~365页。

19. 方福前：《西方福利经济学》，人民出版社，1994。

20. 方福前：《福利经济学前沿问题》，《光明日报》2000 年。

21. 方福前、吕文慧：《从社会福利函数的演进看我国公平问题》，《天津社会科学》2007 年第 3 期。

22. 封进：《中国养老保险体系改革的福利经济学分析》，《经济研究》2004 年第 39 卷第 2 期，第 55~63 页。

23. 费友海：《我国农业保险发展困境的深层根源——基于福利经济学角度的分析》，《金融研究》2005 年第 3 期，第 133~144 页。

24. 〔英〕格拉夫：《理论福利经济学》，夏炎德译，商务印书馆，1966 年第 1 版，1980 年第 2 次印刷。

25. 《国外理论动态》记者：《西方经济学对社会福利制度的研究及其借鉴意义》，《国外理论动态》2004 年第 9 期，第 1~7 页。

26. 郭熙保、王万珺：《市场机制、个人自由和社会机会——阿马蒂亚·森经济学说评述》，《山东社会科学》2004 年第 9 期，第 17~21 页。

27. 何涌：《七十年代以来西方福利经济学关于平等和效率的理论进展》，《经济研究》1987 年第 5 期。

28. 何涌：《西方经济学社会福利函数理论现状》，《经济学动态》1987 年第 5 期。

29. 侯远潮：《经济转型中社会养老保险体制研究》，2006。

30. 胡丹丹：《阿马蒂亚·森正义思想研究》，2014。

31. 黄有光《福利经济学（修订版）》，周建明译，中国友谊出版公司，1991。

32. 黄有光：《经济与改革——澳大利亚经济学家黄有光文集》，改革出版社，1994。

33. 江求川：《基于能力分析法的中国不平等问题研究》，2014。

34. 赖平耀、肖麟：《社会福利函数与计划经济中的目标选择》，《经济科学》1987 年第 1 期。

35. 〔美〕勒讷：《统制经济学——福利经济学原理》，陈彪如译，商务印书馆，1965。

36. 李国璋、张冀民：《对现行粮食补贴政策的福利经济学思考》，《生产力研究》2005 年第 3 期，第 40~42 页。

37. 李健：《I-O 及 CGE 模型在中国环境税的经济分析中的应用》，1997。

38. 李军:《中国城镇反贫困问题研究》,2000。
39. 李日琴等:《论市场体制与效率和公平的关系:从福利经济学的三个定理谈起》,《社会科学辑刊》1995 年第 1 期。
40. 李森:《资源的总体配置效率与"帕累托标准"》,《贵州财经学院学报》1997 年第 4 期。
41. 〔英〕李特尔:《福利经济学评述》,陈彪如译,商务印书馆,1965 年第 1 版,1980 年第 2 次印刷。
42. 李文溥:《论经济分析中的效率评价标准与价值评价标准》,《经济研究》1996 年第 31 卷第 12 期,第 63~68 页。
43. 李喜梅:《实物换保障——我国农村养老保障道路的理性选择》,2004。
44. 厉以宁、吴易风、李懿:《西方福利经济学述评》,《商务印书馆》,1984。
45. 李懿:《福利经济学的伦理评价》,《国外社会科学》1986 年第 12 期。
46. 李懿:《〈凯恩斯后著名经济学家〉一书介绍》,《国外社会科学》1992 年第 11 期,第 78~82 页。
47. 李子江:《集体选择与社会福利》,《江汉论坛》1999 年第 4 期。
48. 林荣茂:《论经济适用房制度的政策调整——土地划拨与货币补贴的福利、效率与产权分析》,《消费经济》2006 年第 22 卷第 4 期,第 52~54、78 页。
49. 刘春江:《电子商务课税的福利经济学分析》,《财贸经济杂志》2005 年第 9 期,第 38~43、97 页。
50. 刘俊霞:《养老社会保险的分配效应与制度改革》,2003。
51. 刘绮霞:《福田德三及其经济思想》,《中南财经政法大学学报》2006 年第 4 期,第 124~129 页。
52. 刘元春:《福利、公平、贫困与饥荒——评阿马蒂亚·森对福利经济学的贡献》,《教学与研究》1999 年第 4 期,第 37~41 页。
53. 吕景春:《和谐劳动关系:制度安排与机制创新——一个福利经济学的研究框架》,《经济学家》2006 年第 6 期,第 11~18 页。
54. 吕文慧:《中国城镇居民福利和不平等的实证研究》,2008。

55. 〔美〕丹尼斯·C.缪勒:《公共选择理论》,杨春学等译,中国社会科学出版社,1999。

56. 〔美〕阿玛蒂亚·森:《伦理学和经济学》,王宇、王文玉译,商务印书馆,2000。

57. 〔美〕乔·B.史蒂文斯:《集体选择经济学》,杨晓维等译,上海三联书店、上海人民出版社,1999。

58. 石鸿飞:《专利制度的成本收益分析》,《北京师范大学学报》(人文社会科学版)1997年第2期,第98~105页。

59. 孙永尧:《罗尔斯差别原则的证明——主要基于福利经济学的视角》,2011。

60. 孙月平、刘俊、谭军编著《应用福利经济学》,经济管理出版社,2004,第345页。

61. 外国经济学说研究会编《国外经济学讲座(第四册)》,中国社会科学出版社,1981。

62. 王艳萍:《阿马蒂亚·森的经济思想研究》,2005。

63. 王祖祥:《收入不平等与贫困评价理论》,2001。

64. 夏业良、徐立青:《贫困经济学与选择机制:阿马蒂亚·森理论贡献述评》,《南京社会科学》1999年第5期,第33~37页。

65. 肖兴政:《中美财政政策比较分析》,1991。

66. 熊谷尚夫、吴斐丹:《新福利经济学》,《国外社会科学文摘》1961年第4期,第21~25页。

67. 徐雅妮:《既不公平也缺乏效率——从福利经济学的公平与效率角度看农村医疗保障的缺失》,《甘肃农业》2006年第7期,第366页。

68. 徐延辉:《信息经济学对传统福利经济学的挑战与修正》,2001。

69. 杨斌:《治税策略:经济增长和税收公平:亚当·斯密以来西方治税观主要体系研究》,1989。

70. 姚明霞:《西方理论福利经济学研究》,2001。

71. 姚明霞:《阿罗定理之后的福利经济学的发展趋势》,《经济学动态》2004年第12期。

72. 姚明霞:《福利经济学》,光明日报出版社,2005。

73. 姚明霞:《西方福利标准理论评析》,《政治经济学评论》2016年第5期。

74. 叶航:《效率与公平:一个建立在基数效用论上的新视角——黄有光新著〈效率、公平与公共政策〉评析》,《管理世界》2003 年第 12 期,第 150~153 页。

75. 查先进:《论我国信息资源的有效配置》,《情报科学》1994 年第 2 期,第 12~16 页。

76. 张明:《阿罗悖论的起源及其在实践中的应用》,《浙江大学学报》(人文社会科学版),1999 年第 3 期。

77. 张传平:《市场逻辑与平等观念》,《哲学研究》1996 年第 11 期,第 24~30 页。

78. 张恒龙、陈宪:《社会选择理论研究综述》,《浙江大学学报》(人文社会科学版) 2006 年第 36 卷第 2 期,第 80~88 页。

79. 张苏:《行为福利经济学前沿理论及其未来》,《经济学动态》2014 年第 8 期。

80. 张文春、李欣:《借鉴西方经济理论建立和完善我国政府间财政转移制度》,《财经问题研究》1995 年第 10 期,第 29~35 页。

81. 赵定涛、扶元广:《社会选择理论的新进展》,《经济理论与经济管理》2005 年第 2 期,第 69~73 页。

82. 郑风雷、张尧、吴复立:《基于帕累托改进准则的输电扩展规划》,《电网技术》2005 年第 29 卷第 10 期,第 40~45、69 页。

83. 郑伟、石洪华、陈尚等:《从福利经济学的角度看生态系统服务功能》,《生态经济》2006 年第 6 期,第 78~81 页。

84. 朱荣科:《平等与效率》,黑龙江教育出版社,1992。

85. 朱荣科:《马克思的经济福利思想》,《求是学刊》1995 年,第 40 页。

86. 朱荣科:《社会主义福利经济学》,黑龙江教育出版社,1998。

87. 周长城:《社会选择、福利分配和贫穷》,《国外社会科学》1999 年第 1 期。

88. 周海欧:《社会福利标准的决定机制与社会选择的信息基础》,2005。

89. 邹至庄:《中国经济转型》,中国人民大学出版社,2005,第 379~389 页。

中国供给管理实践的历史回顾与展望

苏 剑 邵宇佳

作者简介

苏剑，美国布兰戴斯大学（Brandeis University）国际经济学与金融学博士，北京大学经济学院教授，博士生导师，北京大学国民经济研究中心主任，北京市新世纪人文社科理论"百人工程"学者，北京外国经济学说研究会副会长，中国特色社会主义政治经济学论坛副主席，曾任方正证券首席宏观经济顾问（2014.9—2016.8）；研究和教学领域为宏观经济学和中国经济。参与或主持省部级以上课题十余项，著有专著《新供给经济学：理论与实践》《内外失衡下的中国宏观调控》《宏观经济学（中国版）》等；在国内外发表过数十篇学术论文和政策评论文章。主要学术贡献有：(1)基于中国特色和总供求模型，提出了一个包括市场养护政策、供给管理政策和需求管理政策的三维宏观调控体系，其中，市场养护政策的目标是恢复市场功能，是治本之策，而需求管理和供给管理则是在短期内市场功能无法完全恢复情况下的治标之策，因此宏观调控应该以市场养护为主，以供给管理和需求管理为辅；中国目前的宏观调控体系就是如此。(2)供给侧研究方面在国内领先。早在2007年，就在短期宏观调控中引入了供给管理。(3)在需求管理方面，引入了创新支持政策。通过创新扩大优质需求，保证经济的优质、健康发展，避免了凯恩斯主义政策损害经济健康的现象。(4)推动了中国人口政策的调整。从2006年开始，就认为中国已经陷入深度人口危机，呼吁中国尽快彻底取消计划生育政策，鼓励生育。(5)就本次美国金融危机，指出其成因是科技进步率的下滑，并指出以产品创新为核心的科技革命是唯一能够将美国和世界经济从危机中彻底挽救出来的因素；在世界经济"新常态"下，世界经济将遭遇一波又一波的金融、经济危机。(6)较早就中国经济的"新常态"进行了深入的研究，并就新常态下的中国宏观调控进行了探讨。(7)提出用大规模国土绿化尤其是治理沙漠拉动中国经济长期、高速、健康发展的政策建议，并提出创新产权模式、用沙漠土地的所有权或长期使用权吸引民间资金进行沙漠治理的方案。(8)测算了2012年后中国经济增长的最低目标，指出6.5%的经济增速即可保证充分就业，为中国确定经济增长目标提供了理论依据。(9)带领课题组设计了北京市地铁运营的补贴机制。该机制从2009年1月1日开始被使用至今。该成果获北京财政学会2008年度财政优秀科研成果一等奖。

邵宇佳，经济学博士，现在北京大学经济学院从事博士后研究，研究专业是西方经济学，主要研究方向是供给管理。博士期间主要研究全球价值链、国际经济周期和开放宏观经济模型，并在《财贸经济》《国际贸易问题》《人大复印报刊资料》《经济问题》等期刊发表学术论文，获得"第八届浙江省国际经济贸易研究优秀成果奖"一等奖，同时申请并参与省部级课题6项。

一　引言

供给和需求是市场运行的基本力量，而供给管理和需求管理是对市场经济运行进行宏观管理的两种基本方法。相对于需求管理而言，供给管理则是政府用于调整商品和服务供给的各种手段（除价格手段外），最终目的是实现总供给和总需求之间的均衡（苏剑，2016）。虽然供给管理的理论渊源是资产阶级古典经济学以来的传统，即经济自由主义传统（刘伟，2017），但体制性原因、理论原因（即对凯恩斯主义的偏好）以及政策实践问题，包括缺乏对供给的理解和合适的政策工具（苏剑，2015），导致供给管理在西方宏观经济实践中经常被忽视（刘伟、苏剑，2007）。唯独一次具有代表性的供给管理实践也仅仅是应对20世纪70年代西方国家出现的"滞胀"危机，美国里根政府和英国撒切尔政府均采取了供给学派的政策主张，但供给管理调控并未取得预期的效果。

然而，供给管理却是新中国成立以来运用最多、对中国经济影响最大的政策工具。首先，新中国就是供给管理思想的产物，因为马克思主义政治经济学认为，社会主义国家建立后，劳动者翻身做了主人，不再受资本家的剥削，所以在社会主义制度下，劳动者是为自己工作，生产积极性就远远高于资本主义制度，从而大大解放生产力、发展生产力（苏剑，2016）。然后，中国于1955年掀起"社会主义建设高潮"，实行对农业、手工业和资本主义工商业的"社会主义改造"，效仿苏联建立计划经济体制，而计划经济体制其实就是供给管理的极端形式（苏剑，2015）。之后，中国于1978年实施改革开放，推行各类改革措施提高各种要素的积极性，释放活力，促进经济的发展，所以也是供给管理。最后，党的十九大报告明确提出以供给侧结构性改革为主线实现经济高质量发展的目标，凸显了供给管理在未来中国宏观调控中的重要地位。

可见，中国对西方供给管理的运用具有相当长的历史。在中国改革开放40周年取得的成绩中，供给管理功不可没，所以对40年改革历程中的供给管理实践进行梳理研究具有非常重要的理论意义和现实意义。在理论意义方面，当前宏观经济政策体系的理论和分析框架已发展至总供求模型，但西方国家缺少丰富的供给管理实践素材，在实践运用中仍以IS-LM模型为依据（苏剑，2017），所以对中国改革开放40年供给管理实践的梳理正好可以弥补空缺，有助于完善对总供求模型的理解。在现实意义方面，中国未来将持续深化以供给侧结构性改革为主线的经济发展目标。所以以史为鉴，能为未来的供给侧结构性改革提供有价值的参考依据。

二 西方供给管理的历史渊源

当代西方供给管理的理论基础主要源于供给学派经济学（Supply-side Economics），诞生于20世纪70年代美国经济面临"滞胀"的时期。在当时，面对"滞胀"这种新型经济危机，占据主流地位的凯恩斯经济学不知所措，受到了政界和学界的质疑和挑战。于是以裘德·万尼斯基、罗伯特·蒙代尔、亚瑟·拉弗以及马丁·斯图尔特·费尔德斯坦等为代表的供给学派同其他学派，如货币主义学派、新古典综合学派、新剑桥学派等，分别在各自的理论立场上分析"滞胀"原因以及探究应对措施，而供给学派则受到里根政府的青睐逐渐成为新生潮流中的重要经济学流派。针对当时的"滞胀"问题，供给学派认为这是国家长期采用以财政政策和货币政策为主张的凯恩斯主义需求管理所造成的累积效应，忽视了经济主体行为、相对价格和总供给的影响。在凯恩斯主义对经济总需求的过度刺激下，整体储蓄率会随之下降，进而引起社会投资率下降，同时人们的工作积极性在高税率的经济环境下受到抑制，最终共同导致经济的供给不足。若继续采用凯恩斯主义需求管理政策来刺激经济，必然引发通货膨胀率的上升。因此，供给学派主张从增加总供给着手，采取减税等一系列供给管理政策来刺激储蓄，扩大投资，提高产能，进而促进经济增长。这些理论和政策主张当时受到美国等陷入经济危机的国家的高度重视，并成为各国政府制定政策的依据，尤其以"里根经济学"为重要代表。

虽然供给学派对"滞胀"问题提出了具有针对性的政策建议，但并没有形成系统的理论框架和政策体系，而之所以会自成一派主要是因为各代表人物在观点不尽相同之下却均主张从供给侧而不仅仅是需求侧来调控宏观经济（苏剑，2016）。然而，也正是因为主张从供给侧进行宏观调控，供给学派的理论渊源可以追溯到古典经济学，其典型代表就是亚当·斯密的《国富论》，《国富论》在从供给的角度讨论经济增长的动力、源泉以及效率的同时也从生产者的角度强调私有制和市场自由竞争，从而体现了供给学派的核心思想传统（刘伟，2017）。待古典经济学瓦解之后，古典自由主义代表人物之一的法国经济学家让·巴蒂斯特·萨伊深受亚当·斯密《国富论》的影响，其在1803年出版的著作《政治经济学概论》中提出了著名的"萨伊定律"，认为一种产品的生产会给其他产品开辟销路，即供给可以自动创造需求。自此，作为古典自由主义重要分支的"萨伊定律"长期独树一帜，占据了当时主流经济学地位，并协同其他古典经济学者，如约翰·穆勒、大卫·李嘉图等，共同宣扬供给自动创造需求的学说（Keynes，1936）。纵观以萨伊等为代表的古典经济学者，他们信奉自由竞争的市场机制，认为总供给和总需求会自动实现均衡，同时极力反对政府对经济的干预，主张依靠"看不见的手"来支配整体经济运行，而其基本思想就是扩大生产能力、减少政府干预、发挥个人创造力（Feldstein，1986）。但是，20世纪30年代突如其来的"大萧条"引发了经济学理论的"凯恩斯革命"，从而几近将思想观点与之相对的"萨伊定律"彻底颠覆，供给管理思想经历了历史上的第一次否定（贾康、苏京春，2016），从此陷入了低谷。

然而，正是20世纪70年代发生于美国的"滞胀"经济危机促使了供给学派的诞生，他们重新肯定了"萨伊定律"在宏观调控中的正确性与重要性，并认为供给侧并不是由需求派生的次要因素，而是更为主要的因素（贾康、苏京春，2016），其推崇的供给管理核心思想认为只有增加并优化劳动、资本和企业家精神这三种生产要素的投入，才能增加和优化总供给，进而提升整个经济体的社会财富（魏杰、杨林，2016），而自由市场会自动调节生产要素的供给和有效利用，故而应当消除阻碍市场调节的不利因素，实现"小政府、大市场"的经济环境，使经济运行在最优的长期增长路径上（戚自科，2009）。其中，供给学派的主要代表人物之一阿瑟·拉弗则将上述供给学派的核心内容和政策主张描绘在一条曲线中，后称"拉弗曲线"，旨在表明政府的税收收入与税率之间的关系，倘若税率在一定的水平以下，提高税率能够增加政府的税收收入，但超过某一点时，提高税率将会强烈地抑制纳税者的经济活动，进而导致税收收入的减少。因此，供给学派在对宏观经济调控时采取的政策措施主要包括降低个人和企业的纳税税率、取消国家对经济的过多干预和健全与经济增长相适应的货币管理体系等。

尽管供给学派提倡的供给管理政策对美国当时的"滞胀"产生了积极的影响，但囿于供给管理政策带来的严重负面效果，如巨额财政赤字、利率攀升以及贸易赤字等，当时的供给学派在 20 世纪 80 年代末失去了政策决策层的信任，尤其是"滞胀"问题缓解之后，凯恩斯主义的需求侧调控又占据主导地位。在之后的历史浪潮中，世界主要发达经济体的宏观调控也基本侧重于以萨缪尔森倡导的需求侧"反周期"调节思想。2008 年，美国"次贷危机"引爆全球金融危机，美国政府从供给侧进行足以影响全局的"区别对待"政策操作与结构调整，标志着供给管理思想再一次登上宏观调控的舞台。然而，此次供给管理的宏观调控并没有像过去那样同需求管理保持严格的对立，具有强烈的排他性，而是供给需求管理相互结合，共同协调作用于宏观调控，故而有别于过去的供给管理思想，亦可称为新供给经济学。

三　中国引进西方供给管理的进程

西方供给管理的核心思想传统起源于古典经济学主张的从供给角度讨论经济增长的动力、源泉以及效率和从生产者角度强调资本私有制与市场自由竞争（刘伟，2017）。因此，在运用供给管理时需要以竞争性市场机制为前提，从供给侧调控宏观经济的总产出，否则供给管理就会陷入计划经济这种极端的形态（苏剑，2015）。然而，中国引进西方供给管理正是依托于计划经济制度，并在引进过程中表现出对市场机制从认可到否定再到逐渐重视的演变过程。

（一）早期西方供给管理思想的兴起

一般认为，新中国成立之后才引进供给管理思想，建立计划经济这种极端的供给管理模式，并且是照搬苏联的中央计划模式，是苏联20世纪30年代发展战略的翻版。其实不然，至少在经济制度上，1949年新中国成立并不代表经济建设的脱胎换骨，而更像是一种延续，是对中华民国经济制度的继承（柯伟林，2001）。就以中国特色的国有企业而言，其基本制度并非新中国从苏联模式中移植而来，而是形成于抗日战争时期（卞历南，2011）。此外，据历史研究分析发现，具有计划经济和国营企业重要标志的"单位"制度也是起源于20世纪三四十年代（路风，1993）。当然，计划经济制度[①]也不例外。美国学者柯伟林（2001）通过深入分析和研究国民政府时期的经济发展计划以及在大陆和台湾留下的遗产后认为，在中国

[①] 需要说明的是，通常认为的计划经济就是极端供给管理模式，是完全忽视市场机制的供给管理，也是苏联和新中国社会主义改造后推行的计划经济制度。但是，计划经济不全是忽略市场机制的极端供给管理模式，其实在新中国社会主义改造之前提及的计划经济都不指代政府完全控制经济的发展，其控制程度处于监督和主导地位，同时在经济中发挥市场机制的作用，允许私有经济的存在，是一种相对温和的供给管理模式，具体原因下文有说明。

首次提议推行计划经济的是孙中山。孙中山在其 1920 年出版的著作《实业计划》中就多次提及"国家机关之监督""立中央机关监督之"之类的话，表明对政府干预和调控经济是赞成的，而这也是在中国首创计划经济的佐证。当时孙中山英文撰写《实业计划》参考的资料大部分来自西方国家出版的书籍（郭绪印、胡海英，2009），同时考虑到孙中山撰写《实业计划》的时间是在 1918 年之前，也是在"凯恩斯革命"之前，当时西方还处于新古典自由主义经济思潮时期。可见，《实业计划》汲取了许多当时西方主流新古典自由主义注重供给分析的经济学思想，但考虑到中国的国情，孙中山并不主张完全的自由主义，而是提议政府进行监督干预，但干预并未达到完全控制的程度。这一点从后来的国民政府经济政策中可见一斑。除此之外，正如孙中山在《实业计划》中所言"中国事业之开发应分两路进行，一个人企业，二国家经营是也"，也是意在表明他不完全赞成马克思主义消灭私有制，并认为其不适合中国之国情（李成勋，1999）。所以，当时孙中山主张的则是一种以国家资本为主体的混合型经济（萧冬连，2017）。由此可见，孙中山在中国首创的计划经济思想与西方供给管理思想一脉相承，而且从具体实行措施来看，注重发展实业，从供给的角度拯救中国，与供给管理调控宏观经济具有异曲同工之妙。

（二）民国政府的温和供给管理

20 世纪 30 年代西方世界爆发严重的经济危机，苏联采用计划经济体制并迅速崛起，从而直接掀起了计划经济的思潮。当时众多的中国知识精英纷纷排斥自由放任的市场经济，推崇计划经济。例如，自由主义学者蒋廷黻、丁文江和翁文灏等通过赴苏考察后感受颇深，进而也大力赞成中国实行计划经济。其中翁文灏认为，中国只有靠计划经济方可实现工业化，而这一切须由政府以国营方式奠定基础。此外，早期主张自由市场经济的马寅初、乡村建设派领袖梁漱溟、"新儒家"代表人物张君劢以及实业界的穆藕初、卢作孚、章乃器也均赞成计划经济，认为只有实行计划经济中国方可实现工业化。然而，值得注意的是，虽然众家所言均推崇实施计划经济，但计划或统治经济到什么程度，个人心中所指亦存差异（阎书钦，2009；黄立人，2005）。就从当时国民政府执行计划经济的过程而言，计划经济所指的并不是苏联的中央计划模式，而是孙中山所倡导的混合型经济发展模式（Lloyd，1986）。

在这一背景下，国民政府不仅有孙中山的遗训，更有维护中央集权的需要，于是便开始了计划经济的探索。从1928年至1934年，国民政府至少起草了四个主要经济计划（卞历南，2011），之后蒋介石招揽了50名学术圈有名望的知识分子，如胡适、丁文江、蒋廷黻等，于1932年成立了国防计划委员会，并着手制定了《重工业建设五年计划》。国防计划委员会于1935年4月改组为资源委员会，成为一个负责发展国营基本工业的政府机构，主要任务是发展军事工业和巩固国防，并分别在1936年和1939年编制了《重工业五年建设计划》和《国营工业三年计划》。此外，在抗战期间，蒋介石联合翁文灏和陈立夫共同组织了"国父实业计划研究会"，用于制订战后重建计划，制定了《物资建设五年计划（草案）》。该草案明确宣告，战后中国"采取有计划的自由经济发展道路，使人民的经济自由与国家的经济计划融合为一体"，蕴含的经济政策方针即为"计划经济为主，市场调节为辅"（柯伟林，2001），是国民政府既定的战后基本国策（程麟荪，2004），也是孙中山所倡导的国民经济发展模式（Lloyd，1986）。

然而，随着国共内战的爆发，所有的建设计划均被搁置或流产，原来资源委员会的领导人纷纷投靠解放军，从而为新中国经济建设战略的延续和继承提供了可能。所以国民政府因国内战乱等因素自始至终没有将计划经济实践至苏联模式，而从其起草的战后五年计划中可以窥探到，国民政府最终希望采用的经济制度仍是孙中山倡议的以国家资本为主体的混合型经济制度，采用"计划经济为主，市场调节为辅"的供给管理模式，而不是苏联的极端供给管理模式。

（三）新中国的极端供给管理

在新中国成立之初，我国继承了民国时期的工业遗产，尤其是资源委员会下辖的国有工业及国有控股工业，这为新中国成立之后的经济发展做出了重要的贡献。这一点毛泽东也曾说过，"国民党在一定程度上为发展中国工业创造了有利条件"（李丹慧，2014），但最令毛泽东看重的则是当时的经济结构，即国家掌握了工业的主要部分（萧冬连，2017）。也正是在这样的历史条件下，新中国在成立之后便开始没收官僚资本，将其转变成国有资本，同时对计划经济逐渐加强控制与管理，例如推行统制外贸、成立中央财经委、建立以中国人民银行为中心的金融体系、统一调度重要物资和统筹就业等。

为了谋求进一步的发展，中共党内一致赞成向苏联学习，毛泽东更是提出了"苏联共产党就是我们最好的先生，我们必须向他学习"的号召。于是，国内通过大量翻译苏联各类书籍、大量派遣人员去苏联学习以及大规模聘请苏联专家来华三种方式学习苏联模式。其中，周恩来亲自率团于1952年8月前往苏联访问，听取苏联党政领导人包括斯大林本人对中国五年计划的建议。紧接着，刘少奇又率领中共代表团于1952年10月参加苏共第十九次代表大会，并进一步讨论中国"一五"计划问题。新中国"一五"计划的编制内容都是苏联专家和顾问帮助完成的（李越然，2001），可以说基本是照搬苏联的（薄一波，1991）。

于是，在1953年6月的中央政治局会议上，毛泽东正式提出了"一化三改"，即工业化和对农业、手工业、资本主义工商业的社会主义改造。其中，改造过程包括以统购统销为核心的物资管理体制的形成、政府对生产要素价格的控制、工业生产及管理方式的重构以及计划管理机构的建立（郑有贵，2016），"一化三改"解决了所有制问题，为计划经济体制的确立扫清了障碍、开辟了道路。至此，新中国实现了高度中央集权的苏式计划经济体制，而极端供给管理模式也就成为新中国主要的宏观经济调控方式了。

（四）从极端供给管理走向正统供给管理

在苏联这种极端供给管理的计划经济体制下，计划经济取代市场经济，用行政指令性计划完全取代市场机制的调节。虽然这一模式在实现工业化目标上取得了成效，但其运行效率低下的缺陷日益凸显。为此，中央领导人在毛泽东的主导下分别实行了两次放权，意在激发地方和企业的积极性，但结果都事与愿违。数据资料显示，"文化大革命"结束后中国大陆的人均 GDP 仅为 979 国际元，远远落后于日本、韩国等国，甚至还落后于菲律宾、泰国、斯里兰卡等国（麦迪森，2009）。于是，中国政府先后派了多个代表团去发达国家（地区）进行考察，尤其是邓小平对日本和美国的出访，使他深刻地认识到重视经济建设和向国外学习的必要性和重要性。与此同时，学界也掀起了一股从学理上对"价值规律"和"商品经济"平反的思潮，其中以孙冶方、薛暮桥为首的许多经济学家批评消灭商品货币关系的"左"倾观点，提出应更多地发挥价值规律的作用。李先念也提出了"计划经济与市场经济相结合"的说法。但由于受到根深蒂固的旧计划经济意识形态的阻挠，十一届三中全会并没有确立商品经济的基本观点。

在老一辈无产阶级革命家邓小平和陈云的大力支持下，1981 年 6 月，中共十一届六中全会正式通过了"计划经济为主，市场调节为辅"的经济制度，表明中国终于打破了自 1955 年开始沿袭的苏联计划经济的极端供给管理模式，恢复到民国政府时期的温和供给管理模式。1984 年 7 月，中国社会科学院院长马洪协同周叔莲、张卓元和吴敬琏撰写了《关于社会主义有计划的商品经济的再思考》，得到了党内元老王震、邓力群的肯定，也得到了邓小平和陈云的一致同意。1984 年 10 月，中共十二届三中全会正式确立了"有计划的商品经济"的经济制度，再一次突破了"计划经济为主，市场调节为辅"的旧框架，使得市场机制得到了进一步的恢复。从此之后，我国对市场机制的重视与日俱增，在邓小平发表南方谈话之后，中共十四大明确了"建立社会主义市场经济体制"的改革目标，进一步凸显市场机制在资源配置中的基础性作用。中共十八届三中全会的报告，更是做出了让市场机制在资源配置中发挥决定性作用的决定。可见，经过一次次的理论突破，市场机制经历了从被忽视到恢复再到被重视的过程，而且中国的宏观经济调控也脱离了苏联极端供给管理模式的计划经济模式，逐渐趋于西方供给管理的潮流，实现了从极端供给管理模式向正统供给管理模式的转变。

（五）中国引进西方供给管理思想小结

孙中山的《实业计划》最早将西方供给管理思想引进中国，但考虑到中国国情，孙中山并没有提倡完全的自由主义，而是首创了"计划经济为主，市场调节为辅"的宏观调控模式，并得到了国民政府的实践。由于经济制度路径依赖的缘故，新中国成立之初继承了国民政府的经济制度"遗产"。但党内领导一致偏向于向苏联学习，从而过渡到了苏联的计划经济模式，即否定市场机制的极端供给管理模式。鉴于极端供给管理模式存在低效率缺陷，中共尝试进行了一些改革探索，但均事与愿违。于是，在经济遭到重创之后我国便实施了改革开放，并逐步恢复了市场机制的作用，从而实现了从极端供给管理模式向正统供给管理模式的转变。因改革开放的40年正是中国供给管理从极端走向正统的40年，故下文将有针对性地对中国40年的供给管理历程进行梳理。

四 中国实践西方供给管理的历程

中国改革开放走过了40年的历程，基本实现了从思想解放到改革实践、从农村到城市、从封闭半封闭到全方位开放、从经济体制改革到全面深化改革的推进。在40年的改革过程中，中国推行了多项改革方案，其中对中国经济产生重大影响的许多改革措施都是供给管理政策。新中国成立以来，借鉴苏联的经济体制逐步走上了计划经济体制的轨道，计划经济体制从某种意义上而言就是供给管理的极端情形，是在否定市场的基础上运用供给管理政策（苏剑，2015），一切经济活动均由政府制订计划并实施。极端的供给管理政策严重束缚了企业和工人的生产积极性，造成经济运行效率低下、动力不足、活力匮乏等负面影响，进而制约了经济的快速发展。于是，在极端供给管理调控经济二十多年之后，伴随着改革开放，中国也开始了供给管理模式的革新，在实践中逐步转变对供给管理的思想认识，引进西方供给管理思想，结合中国各阶段的国情，逐渐打破这种极端供给管理体制，提出可操作的供给管理政策。在改革开放历程中，中国推行的大部分政策措施在于促进总供给，所以改革开放的40年其实也是中国供给管理实践的40年。

（一）改革起步阶段（1978年至1984年）

1. 思想解放

消除观念的枷锁同样可以激发人们的积极性，提升生产效率，所以解放思想也是供给管理政策的表现形式之一，同样，中国共产党的思想政治工作也是供给管理思想的一种外在表现（苏剑，2016）。在改革起步阶段，人们受计划经济旧体制的思想束缚，进行各种生产尝试时畏手畏脚，担心犯错误，所以就率先开启了解放思想的工作，提出了实践是检验真理的唯一标准，否定了"两个凡是"。同时著名的"八八讲话"[①]开启了教育界拨乱反正的先声，否定了"读书无用论"的愚昧思想。思想解放在社会实践中发挥了巨大的促进作用，为经济的发展消除了思想包袱，提升了生产效率；教育界的思想解放为提升要素质量和技术创新创造了有利条件，为经济的长期发展注入了动力。

---

① 即1977年8月8日邓小平在科学和教育工作座谈会的讲话。

2. 农村经济改革

在改革开放之前，中国就长期受困于生活物资的极度匮乏，其中粮食问题尤为突出，原因就是计划经济体制的弊端导致供给不足。数据资料显示，全国人口在 1978 年达到了 9.6 亿人，其中农村人口为 7.9 亿人，占总人口的 82%，但这部分农村人口中有接近三分之一的人没有解决温饱问题，即使是比农村人口生活水平高的城镇人口，每人每天平均摄入的热量也仅为 2311 千卡，低于世界规定的温饱线水平（郑有贵，1998）。然而，农村经济中率先萌生了冲破极端供给管理模式即计划经济模式的星星之火，发动了"包产到户""包干到户"的承包制运动，将生产队的统一经营与家庭的分户经营结合起来，把农民的切身利益与产出紧密联系起来，从而有效摆脱了计划经济旧体制的束缚，释放了农民生产的积极性，提高了生产效率，进而扩大了总产出。但考虑到当时大部分人对集体经济的思想认同根植于心，中国首先解放思想，消除农业生产者对责任制的思想顾虑，然后再正式推行家庭联产承包责任制，突破人民公社"三级所有，队为基础"的极端供给管理模式。家庭联产承包责任制的供给管理实践效果相当显著，全国农业实现了大丰收，小麦、棉花、油菜籽总产量分别增长 14.8%、21.3%、39.2%。

之后，在家庭联产承包责任制和"两个转化"的供给管理政策调控下，过去管理农村生产的人民公社已然是名存实亡。于是，中国对当时的农村管理体制推行了调整，实施政社分设[①]，目的在于减少政府对农村经济的管制和干预，提高生产效率。在政社分设之后，社队企业从过去的人民公社中分离出来，并更名为乡镇企业。从此，乡镇企业如雨后春笋般涌现。据统计，1984 年全国乡镇企业达到 606.52 万个，比上一年翻了两番还多，其中户办、联户办企业占 69.3%，乡镇企业总收入为 1537.08 亿元，同比增长 65.5%。

---

① 即将人民公社中属于政权的那部分职权分离出去，建立乡政府作为农村基层政权。

3. 国有企业改革

新中国成立初期，为了优先发展重工业和加快实现工业化，国家大力发展国有企业。但国有企业表现出众多不足之处，如缺乏竞争力与创新精神、企业运行效率低下等。因此，中国在改革起步阶段对国有企业推出了多项改革措施。

对国有企业的改革主要包括两方面，一方面是对国企人事和分配制度的改革，涉及绩效奖励制度调整，包括恢复计件工资，实行按劳分配制度；推行经济责任制，实行责、权、利相统一，将企业员工的奖金同经济效益挂钩等。这些改革措施的目的是通过激发员工的工作积极性提高生产效率。另一方面是对国企相关企业制度的调整，包括放权让利，扩大企业自主权；推行个人承包制；试行劳动合同制；从利润留成到"利改税"再到"拨改贷"的试行；企业股份制试行等。这些改革措施均属供给管理政策，目的是提升企业的整体运营效率，但多数仅仅是试探性的。其中推行个人承包制很大程度上是受到农村家庭联产承包责任制的影响，也有点类似于英国推行供给管理中的国企私有化，将个人利益同国有企业的绩效密切联系起来，激发企业的潜在产出，但本次推行的个人承包制仅仅是一次小小的试点，而具体的政策推行是在下一阶段的改革过程中。而试行劳动合同制则是为了打破"铁饭碗"的"终身制"用工制度，一方面通过下岗的危机感调动工人的积极性，提升生产效率；另一方面通过引进新人来间接地优化要素的质量，扩大整体生产效率。

4. 非公有制经济的引入

在计划经济体制下，非公有制经济就是资本主义的"毒苗"，是受到严厉禁止的。但随着思想解放，政府和民众对非公有制经济形成了初步的认同，同时国家也希望扩大产出、增加就业，便推行了恢复和发展个体经济的政策。政策批准了部分人可以从事某些个体劳动，但不准雇用。虽然个体经济的发展仍受到约束，但已实现了从无到有的突破，这股新生力量为中国经济注入了新的活力，扩大了总产出。

（二）改革重心战略转移阶段（1984年至1992年）

1. 城市经济体制改革

由于在计划经济体制下长期实行由行政部门利用行政手段安排生产协作来完成商品的生产、流通和技术开发，城市经济处于"条块分割"的状态，所有工业企业、科研单位均由政府统一管理，而且过多的行政干预往往导致经济运行效率低下，进而拖累整个城市经济运行的效率。于是，对城市经济的改革主要体现在国家推出了横向经济联合政策，该政策旨在疏通企业间、部门间以及地区间的内在联系，使得一些彼此相关和相互依赖的经济单位按照自愿互利的原则建立某种经济联合形式，包括功能工业企业间联合、生产企业与科研单位间联合、工商联合、商商联合以及工贸联合五种形式，用以冲破依靠行政手段的、高度集中的管理体制的束缚，彻底破除条块分割、政企不分、无视企业自主权的旧体制弊端，最终提升要素的总体效率，包括企业的生产效率和市场机制的调节效率。如果说家庭联产承包责任制释放了农村经济活力，那么横向经济联合政策则激发了城市经济的活力，也为下一步继续释放国有企业活力创造了客观经济环境。

2. 国有企业运营体制改革

经过改革起步阶段的几年努力，非国有部门取得了长足的发展，但是作为国民经济支柱的国有企业改革却远远地落在后面。而这主要是因为国有经济基本上仍保留着计划经济体制，前期的改革并未真正涉及国企内部的运营体制，所以企业整体运营效率并没有如非国有部门那般快速提升。于是，为了增强国有企业的活力、促进国民经济的增长，政府有针对性地推出了多项改革措施，主要包括国企承包制、厂长负责制、企业留利制度以及取消行政级别工资模式。

这一阶段针对国有企业的供给管理主要涉及国有企业经营制度和国企员工工资制度的改革。对于国企经营制度的改革，主要目的就是减少政府管制，扩大企业自主权；而对国企员工工资制度的改革主要目的就是提高员工的工作积极性，提升生产效率。例如，国企承包制的推行主要借鉴了农村家庭联产承包责任制的成功实践，将承包制用于国企，目的在于减少行政管制，将所有权和经营权分离，提高企业经营效率，扩大企业产出。数据资料显示，在推行国企承包制之后，当年全国预算内工业企业承包比例已达 78%，其中大中型企业达到 82%，承包一年以上的大中型企业占 64%，而且众多的小企业也都实行了承包或租赁。在承包制推行之下，企业绩效明显好转，有效地抑制了国企前几年表现出来的利润滑坡。但是经历了两年的绩效好转之后，企业效益再次出现滑坡，全国企业平均亏损 30%，部分企业甚至出现了亏损 50% 的情况，所以 1992 年后中国不再鼓励国企承包制。可见，这是中国供给管理的一次失败的尝试。再如，推行厂长负责制将企业的经营决策权交由厂长，给予了企业经营自主权，同时留利制度更是给予了企业在发展生产、改善职工集体福利和奖励职工等方面具备了一定的财力，从而增强了企业活力，提高了企业的经营效益。然而，对国有企业员工分配制度改革的主要方式是完善工资模式，例如取消行政级别工资，从供给管理角度就是提升劳动者的生产效率，一方面释放了行政人员的积极性，另一方面也释放了员工的工作积极性。

3. 非公有制经济的合法化

虽然上一阶段，政府批准了私营经济进入国内市场，但缺少必要的政策支持，私营经济发展受到一定的抑制，在此阶段为了进一步推动私营经济的发展，我国正式在宪法中赋予私营经济合法地位，为其正常运营营造了一个较好的法制环境。

4. 其他方面的供给管理

在改革重心战略转移阶段，除了以上推行的供给管理政策外，我国也实践了部分其他方面的供给管理政策，但都是长期供给管理政策，例如教育制度的调整和企业员工养老保险制度的调整。其中，教育制度的调整能够激发各类高校的潜力和活力，推动中国教育事业的高效运行，促进全国要素质量的提升，带动中国经济的长期发展。而企业员工养老保险制度的调整不仅可以激发劳动者的积极性、提高生产效率，也可以实现长期供给管理调控目标，优化就业结构，最终有利于经济的发展。

（三）社会主义市场经济体制基本框架构建阶段（1992年至2002年）

1. 再次解放思想

在这一阶段，由于同时受到东欧剧变、苏联解体等国际形势和"左"倾思想抬头等国内形势的影响，改革进程徘徊不前。于是，邓小平的南方谈话从理论上深刻回答了在中国改革过程中长期困扰和束缚人们思想的许多重大问题，尤其是社会主义制度与市场经济之间的关系问题。这是一次解放思想的行动，更是一次供给管理实践，为社会主义市场经济体制基本框架的建设扫除了关键的思想障碍。

2. 国有企业经营机制改革

经过前两个阶段的改革后，多数国有企业面临经济效益下降、企业亏损增多的经营困境，而究其原因，从主观上讲还是企业内部机制不灵活，从客观上讲则是企业经营环境不佳，如国企税负重、员工的包袱重等（高尚全，1991）。于是，此阶段国有企业改革的目标则是转变企业经营机制并建立现代企业制度，同时对负债过高的国企推行"债转股"。

对国企进行经营机制改革也是供给管理，通过实现国有企业的自主经营、自负盈亏、参与市场竞争以及盈利目标不受干扰这四个目标来激发企业的活力（孙效良，1991）。更重要的是，强力推动经营机制转换可以有效促进以市场经济为基础，以企业法人制度为主体，以公司制度为核心，以产权清晰、权责明确、政企分开、管理科学为条件的新型现代企业制度的建立，如公司制等。在现代企业制度下，政企职责分离、规范企业经营者行为等方式有利于解放和发展国有企业的生产力,扩大企业的经济效益。鉴于此,股份制改制试点全面铺开。

虽然国有企业改革在持续进行中,但大部分国有企业在 20 世纪 90 年代时均处于高负债的状态,企业经营为资金短缺所困。统计局数据资料显示,1995 年至 1998 年,国有企业账面平均负债率始终维持在 65% 左右。虽然国家在 1994 年对 100 家企业进行了现代企业制度改造,但经过四年的努力其平均负债率仅下降了 2.6 个百分点(罗仲伟,2000)。于是,国家首次推行了"债转股",旨在将一部分国有企业无法偿还的债务转化为对企业的投资,从而可以消除沉重的还本付息负担,减轻债务压力,进而改善资产负债结构和财务状况,实现企业运营成本的大幅度下降,最终带动企业经营效益的好转。

3. 非公有制经济进一步合法化

对于非公有制经济的存在,继 1982 年和 1988 年的《中华人民共和国宪法修正案》对个体、私营经济的市场地位分别予以确认之后,1999 年再次以国家大法的形式对个体、私营经济等非公有制经济的地位和作用予以确认,为非公有制经济的发展提供了一个长期稳定的制度环境、政策框架和法律保障,为中国经济的长久发展注入新的活力,助力中国经济的快速发展。

4. 农村经济再改革

农村经济经过前两个阶段的发展,农产品供给和商品流通都得以稳定,所以其边际效应趋于减弱,于是中国推行了一系列的长期供给管理政策,例如农业产业化政策、"四分开一完善"原则[①]以及《中华人民共和国乡镇企业法》等。其中,农业产业化政策对传统农业进行技术改造,推动农业科技进步,而"四分开一完善"原则是为了保护农民的生产积极性,最终共同助力农业的长久发展。至于《中华人民共和国乡镇企

---

① 即政企分开、中央与地方责任分开、储蓄与经营分开、新老财务账目分开、完善粮食价格机制。

法》则是为乡镇企业的长期发展提供法律上的保障。

5. 其他方面的供给管理

除了在上述各领域推行供给管理政策之外，国家也推行了西部大开发战略、科教兴国战略、社会保障和医疗卫生制度等，这些都是长期供给管理政策。其中，推行西部大开发战略是由于东部地区实行改革较早，经济发展迅速，东西发展水平差异日渐增大。为了平衡国内区域经济发展，国家采取此政策进行扶持，带动西部地区的经济发展。而科教兴国战略旨在凸显科技和教育的重要作用，科技可以提高生产技术，实现产品创新，教育可以提升要素质量，从而有助于经济的长期发展。

（四）社会主义市场经济体制完善阶段（2002年至2012年）

1. 国有企业改革

自改革开放以来，虽然国有企业的改革一直朝着减少政府管制和干预的方向行进，但政企分离的政策目标始终难以真正实现，究其原因则在于政资不分，即统一行政机构既执行调节社会经济生活的职能，又行使所有者的职能（何诚颖，2000）。于是，此阶段国家就针对政资不分的症结推行国有资产管理体制改革，目的在于实现真正意义上的政企分离，扩大企业自主权，提高企业的经营效率。与此同时，对国有商业银行进行股份制改造，目的在于建立现代商业银行制度，完善金融产权结构和法人治理结构，明晰所有权与经营权，促进两权分离，从而提高国有商业银行的经营效率和经营效益。

2. 农村经济改革

在改革初期，中国优先发展农业，为工业化发展提供原始积累，待工业化发展到一定程度后，工业又能反哺农业，从而实现工业和农业的协调发展。而此阶段正是中国进入工业反哺农业的新阶段。于是，国家对农村采取了一系列的供给管理政策，包括减税、补贴、耕地保护制度以及城乡统筹配套措施。其中，减税政策主要涉及取消农业特产税和农业税，同时也对农民实行直接补贴，减轻农民负担，增加农民收入，调动农民的生产积极性。推行耕地保护制度，一方面为了保护和提高粮食综合生产能力；另一方面为了保护农民的利益。至于城乡统筹配套措施，则是为了推动农村富余劳动力转移、促进农民工就业安居、提高农民社会保障、加强对"三农"的扶持、推进城乡协调发展、促进现代农业发展、大力打造城镇群等，这些政策措施为破解城乡二元结构发挥了不可或缺的作用。

3. 非公有制经济的合法化

这一阶段，中国分别颁布"非公36条"和"新非公36条"，旨在解决非公有制经济行业准入问题，支持非公有制经济进入如垄断行业、公用事业和基础设施领域等，促进公有制经济主体和非公有制经济主体的市场竞争，进一步引导国内经济资源通过市场竞争的方式进行优化配置，提高宏观经济的运行效率，促进经济的发展。

4. 其他方面的供给管理

随着工业化程度的不断提高，更多富余的农村劳动力开始迁移至城市打工，从而形成了农民工群体。据数据统计，1990年全国农村流入城市人口达7000万人，而2004年则达到了1.4亿人。由于是异地迁徙，进城的农民工无法享受到和当地人同等的待遇，国家针对农民工这一特殊的群体采取了一些政策，具体包括平等就业制度、养老保险、平等接受义务教育以及户籍管理制度等，帮助和保障农民工进城就业，助力中国经济的发展。

此外，国家施行均衡发展战略，侧重于将义务教育推向农村，并免除城乡义务教育学杂费，对特殊群体实施教育补助措施，目的在于通过全民教育实现劳动力素质的提升，为经济的长久发展提供源源不断的动力。

（五）全面深化改革阶段（2012年至2018年）

1. 国有企业改革

混合所有制已经在国内发展了多年，但国有企业仍面临着"内部治理外部化，外部治理内部化"的困境（李维安，2014）。于是，针对国有企业的这一困境，国家推行混合所有制，将国有资本、集体资本、非公有资本等交叉持股、相互融合，扭转国有企业两权不分、政企不分、社企不分、党企不分的现状（李维安，2014），进一步落实企业自主权，从而盘活国有企业的活力。

2. 非公有制经济改革

此阶段进一步放宽了非公有制经济的准入门槛，允许其进入公共服务、基础设施和金融市场领域，目的在于充分调动民间资本积极性，努力创造公平、公正、公开的竞争环境，实现资源的优化配置。

3. 农村经济深化改革

这些改革主要针对农民权益和农业发展问题。绝大多数农民是靠种地获取收入的，所以推行土地使用权制度改革有助于维护农民的切身利益，保持农民的生产积极性。而针对农村经济中出现的农产品供求结构失衡、生产成本过高以及资源透支利用等问题，国家推行农业供给侧结构性改革，力争解决这些结构性问题。

4. 供给侧结构性改革

此阶段中国经济转型面临着工业领域产能过剩和服务业领域产品供给短缺的双重矛盾，于是国家推行供给侧结构性改革，重点是"三去一降一补"[1]，着力提高经济发展的质量，促进经济的长久发展。此外，针对地区收入不平衡等问题，国家对转移支付制度进行了完善，目的在于促进区域协调发展，优化国民收入结构等。

---

[1] 即去产能、去库存、去杠杆、降成本、补短板五大任务。

5. 其他方面的供给管理

"营改增"是自1994年分税制改革以来的又一次重大改革，主要是通过减少重复征税来进一步减轻企业税负，调动供给要素的积极性，促进国内经济的发展。同时，国家针对整体区域的经济发展推出了区域经济政策（该政策也是供给管理政策的重要组成部分）（苏剑，2016），促使区域之间产生经济增长的联动性，优化经济结构，促进和谐发展。此外，实施创新驱动战略，并调整人口政策，其中实施创新驱动战略的目的是通过创新来挖掘新的经济增长点，而人口政策调整的目的则是摆脱人口增长率下降以及老龄化等人口问题的困扰，维持经济发展所需的劳动力。

（六）中国供给管理40年实践总结

通过对中国供给管理40年实践历程的梳理，可以发现中国的供给管理在调控对象、调控方式和调控目标上均不断发生转变。就调控对象而言，出现了以农村为主要调控对象过渡到城市最后再返回至农村的过程，换言之，也就是从调控农业过渡到工业再反哺至农业的过程，也符合一国经济发展的客观规律，农业是兴邦之根本，是经济发展之基础；就调控方式而言，在40年的实践中，前中期的供给管理政策主要以短期调控为主，而中后期的供给管理政策则主要以长期调控为主，实现了将调控的侧重点从短期过渡到长期，这也符合中国改革开放的必然要求，因为短期供给管理更多以制度变迁为手段，可以快速激发要素活力，使经济在较短时间内得到快速增长。但短期调控的边际效益递减，所以中后期的供给管理侧重于长期调控，主要以发展科教为主要手段，通过技术进步、提升要素质量来带动经济的增长。就调控目标而言，供给管理的调控目标出现了从要素积累到经济结构的历史转变，前期通过释放要素的活力促进经济发展，后期则是通过提升要素质量和调整经济结构来助力经济健康发展。

值得肯定的是，在中国供给管理的40年实践中，思想领域的调控也发挥着举足轻重的作用。在每次改革的阶段性突破前都有一次对思想的调控,所以从某种意义上说,新中国就是供给管理思想的产物(苏剑,2016)。此外,中国经济供给管理40年其实也是制度变迁的40年,其间短期供给管理调控手段基本上是通过制度变迁实现的,表现为从极端的供给管理体制逐渐转变成社会主义市场经济体制,从过去对市场机制的忽视逐渐转变成对经济发展起基础性作用再到决定性作用的认知过程。可见,在中国经济飞速发展的40年中,制度变迁带来的经济效益是极其巨大的。在全面深化改革阶段,国家将供给管理上升为适应和引领经济新常态的一项战略举措(刘伟,2017),可见,未来中国经济的发展仍将持续仰仗供给管理。

五 西方供给管理理论在中国的适用性探讨

西方供给管理理论继承了以亚当·斯密的《国富论》为代表的资产阶级古典经济学以来的传统,其理论和政策主张都侧重于供给方面的分析,一方面主张从供给的角度讨论经济增长的动力、源泉和效率;另一方面从生产者的角度强调资本主义私有制和市场自由竞争。而这实际上构成了西方供给学派的核心思想传统(刘伟,2017),也是西方供给管理理论的基础。但是,纵观西方供给学派在应对20世纪70年代西方国家"滞胀"经济危机时采取的各项供给管理政策措施和中国历经改革40年所推行的各项供给管理政策时可以发现,双方在具体政策措施上表现出明显的差异。例如,西方供给管理的政策主张在于大幅度减税并辅之以放松政府管制、紧缩货币和减少政府支出,然而中国的供给管理政策主张围绕制度变迁来提升要素效率并辅之以科技创新对要素质量提升的长期作用。尽管如此,双方在政策内涵方面仍具有本质的联系,例如西方供给管理政策推行的减税,其实质也是刺激人们工作的积极性,提升其效率;至于放松政府管制的本质也是加强市场机制的调节作用。造成双方供给管理政策差异的内在原因是双方的时代背景、政策目的和政治经济体制的不同。因此，正如许多国内学者所言，西方供给管理理论适用于中国，但具体操作不能照搬照抄，需要考虑中国特色（苏剑，2016；郭威，2016；李栋，2012）。

若从政策机制和制度基础的角度看待西方供给管理理论在中国的适用性，可以发现供给管理理论在中国的运用具有得天独厚的优势。从供给管理的政策目的出发，越是强调供给管理，则越需要尊重市场竞争的自由和充分性（苏剑，2015）。从供给管理的政策起点看，供给管理越深入，政策对生产者的影响越深刻。因此，供给管理的政策效果关键在于政府和市场之间的协调与统一（刘伟，2017）。

综上所述，西方供给管理理论不仅适用于中国的宏观调控，而且在供给管理政策效果和宏观调控政策组合上相对于西方国家也具有一定的制度优势。

六 中国供给管理的未来展望

自 2008 年金融危机以来，受世界经济复苏乏力、全球价值链分工深化、中国经济增长动力转换以及周期性因素等多重影响，中国国内生产成本上升、技术进步方式变化、投资收益率下降、出口导向型增长不可持续，中国经济进入"新常态"（刘伟、苏剑，2014）。中国经济"新常态"的基本内涵具有经济增长速度由高速转入中高速、经济结构不断优化升级以及发展动力从要素和投资驱动转向创新驱动的三大特征（韩宝江，2015）。换言之，中国经济已经告别了追求数量和规模的发展阶段，进入了以追求经济增长质量为先、努力谋求经济结构优化的新发展阶段。

在经济新常态下，中国将面临经济增长率下降、"滞胀"隐患显现、劳动力短缺、消费占比提高、产业结构向资金密集型和知识密集型转换以及"后发优势"动力不足等新特征（刘伟，苏剑，2014）。这些新特征的出现对宏观调控提出了新的要求。在过去长久的需求管理下，国内经济在供求关系上已经表现出需求不足和产能过剩的失衡状态（刘伟、蔡志洲，2016），面对这些失衡状态仍简单地利用总量需求政策刺激已经很难迅速见到成效，应该从注重需求管理转变为注重需求管理与供给管理的统一（刘伟，2014）。

针对当前的经济"新常态"和经济结构失衡问题，中国已经在供给管理领域提出了对策，即供给侧结构性改革，意在适度扩大总需求的同时，着力加强供给侧结构性改革，着力提高体系质量和效率，增强经济持续增长动力，并进一步以实体经济发展为着力点，以提高供给体系质量作为主攻方向和战略目标。所以，在今后中国的宏观调控舞台上，供给管理将会长期处于重要的地位，供给管理的作用也将愈发显得举足轻重。那么，如何制定协调供给管理、需求管理以及价格管理（苏剑，2017）的宏观调控政策将是未来研究供给管理政策的方向。此外，考虑到源自西方的宏观调控体系不包括供给管理政策，目前制定宏观经济政策的理论基础和框架存在缺陷和不足（苏剑，2017），所以如何将供给管理政策融入总供求模型并结合中国特色构建一个具有中国特色的新型宏观调控体系，也将是未来供给管理的研究方向。

参考文献

1. Lloyd E. Eastman. Nationalist China during the Nanking Decade1927-1937. Cambridge: Cambridge University Press，1986.
2. M. Feldstein. Side Economics: Old Truths and New Claims. *American Economic Review*，1986 (2): 26-30.
3. 安格斯·麦迪森:《世界经济千年统计》，北京大学出版社，2009。

4. 薄一波：《若干重大决策与事件的回顾》，中共中央党校出版社，1991。

5. 《改革是社会主义制度的自我完善和发展——高尚全答美国哥伦比亚广播公司电视记者问》，《中国经济体制改革》1991 年第 12 期，第 9~12 页。

6. 卞历南：《制度变迁的逻辑：中国现代国营企业制度之形成》，浙江大学出版社，2011。

7. 程麟荪：《中国计划经济的起源与资源委员会》，《二十一世纪》2004 年第 4 期。

8. 郭威等：《供给侧结构性改革：理论与实践》，人民出版社，2016。

9. 郭绪印、胡海英、孙中山：《〈实业计划〉的首创性和超前性》，《上海师范大学学报》2009 年第 7 期，第 102~109 页。

10. 何诚颖：《我国国有资产管理体制模式的比较与选择》，《中国工业经济》2000 年第 3 期，第 16~20 页。

11. 黄立人：《论卢作孚的"计划经济"思想》，《民国档案》2005 年第 1 期。

12. 贾康、苏京春：《"供给侧"学派溯源与规律初识》，《全球化》2016 年第 2 期，第 30~54 页。

13. 柯伟林：《认识二十世纪中国》，《二十一世纪》2001 年第 10 期。

14. 李成勋：《从〈实业计划〉看孙中山振兴中华的战略构想》，《学术月刊》1999 年第 10 期，第 24~31 页。

15. 李丹慧：《冷战国际史研究》，世界知识出版社，2014。

16. 李栋：《里根经济学的政策实践及启示》，《财政研究》2012 年第 1 期，第 79~81 页。

17. 李维安：《深化国企改革与发展混合所有制》，《南开管理评论》2014 年第 17 卷第 3 期，第 1 页。

18. 李越然：《中苏外交亲历记》，世界知识出版社，2001。

19. 刘伟、蔡志洲：《经济增长新常态与供给侧结构性改革》，《求是学刊》2016 年第 43 卷第 1 期。

20. 刘伟、苏剑：《"新常态"下的中国宏观调控》，《经济科学》2014 年第 4 期，第 5~13 页。

21. 刘伟、苏剑：《供给管理与我国的市场化改革进程》，《北京大学学报》2007 年第 5

期，第 97~104 页。

22. 刘伟：《经济"新常态"对宏观调控的新要求》，《上海行政学院学报》2014 年第 5 期，第 4~14 页。
23. 刘伟：《我国供给侧结构性改革与西方"供给革命"的根本区别》，《中共中央党校学报》2017 年第 6 期，第 17~26 页。
24. 路风：《中国单位体制的起源和形成》，《中国社会科学季刊（香港）》1993 年第 11 期。
25. 罗仲伟：《债转股政策的意义与问题》，《科学决策》2000 年第 3 期，第 38~41 页。
26. 戚自科：《美国 20 世纪 80 年代供给管理政策实践研究——暨我国当前宏观调控转向思考》2009 年第 3 期，第 66~72 页。
27. 苏剑：《从一维空间到二维空间：供给管理与宏观调控体系的新突破》，《光明日报》，2015 年。
28. 苏剑：《基于总供求模型和中国特色的宏观调控体系》，《经济学家》2017 年第 7 期，第 27~37 页。
29. 苏剑：《如何治理滞胀？》，《北京行政学院学报》2012 年第 1 期，第 76~80 页。
30. 苏剑：《新供给经济学：理论与实践》，中国人民大学出版社，2016。
31. 孙效良：《谈如何转换企业经营机制》，《经济管理》1991 年第 10 期，第 6~13 页。
32. 魏杰、杨林：《实施供给侧改革 优化供给结构》，《财税论坛》2016 年第 2 期，第 7~12 页。
33. 萧冬连：《本土资源与苏联模板——关于中国计划经济起源的讨论》，《中共党史研究》2017 年第 6 期，第 39~53 页。
34. 阎书钦：《抗战时期经济思潮的演进——从计划经济、统制经济兴盛到对自由经济的回归》，《南京大学学报》2009 年第 5 期，第 97~112 页。
35. 约翰·梅纳德·凯恩斯：《就业、利息和货币通论》，商务印书馆，1999，第 23 页。
36. 郑有贵：《为什么中国经济体制改革由农村率先进行并首获成功》，《中共党史研究》1998 年第 5 期，第 25~30 页。
37. 郑有贵：《中华人民共和国经济史（1949~2012）》，当代中国出版社，2016。

四十年来我国宏观调控思路的演进

方福前

1978 年 12 月，党的十一届三中全会启动了我国改革开放的伟大历史进程。经济体制和经济生活的变革引起了思想观念的变化，我国宏观经济调控思路也随之发生了革命性的变化。回顾 40 年的改革开放历程，我国宏观调控思路的演进大体上经历了计划主导、间接调控、政策调控和稳进调控四个阶段。

一　计划主导

中华人民共和国成立以后，准确地说是自 1953 年实行第一个五年计划到党的十一届三中全会以前，我国一直实行的是高度集中的计划经济体制。与这种体制相适应的宏观经济管理方式是政府通过集中的指令性计划对生产、分配、交换和消费进行直接的、全面的控制，依靠计划手段实现国民经济的综合平衡。在这种体制下，生产要素和其他资源完全由国家控制和统一计划配置，全国实际上是一个大工厂，宏观经济和微观经济不分，"生产什么""如何生产""为谁生产"三个基本经济问题全靠计划部门的计划指令来解决，多数情况下是靠行政命令来解决。那时候中国经济活动中实际上没有经济学意义上的企业。因为企业没有自己独立的利益，企业都是国有（国营）的，企业的利益就是国家的利益，企业生产经营的目标是完成国家计划指标而不能是利润，企业没有生产经营自主权，不能独立地做出生产经营决策。当时我们在理论上和思想观念上把商品、资本和市场机制都看成资本主义制度的有机构成部分，都姓"资"，在经济实践中完全排斥它们；认为计划控制优于市场调节，计划经济是社会主义制度的本质特征之一，计划经济可以做到有计划按比例发展，市场调节则是自发的、盲目的，其结果必然是比例失调的。因此，改革开放前，可以将扎根于高度集中的计划经济体制土壤上的宏观调控思路称为"计划控制"。

严格说来，在十一届三中全会以前，我们只有计划控制理论，没有现代经济学意义上的宏观调控理论，甚至没有宏观调控思路。1979年随着全党工作的重点转移到社会主义现代化建设上来，我国的宏观调控思路才逐渐形成。

党的十一届三中全会虽然还没有完全否定和破除计划经济体制，但是已经认识到这种体制的缺陷，开始把市场调节引进来，这是中国共产党人从中华人民共和国成立30年来经济发展的经验教训中得出的认识。十一届三中全会指出："现在我国经济管理体制的一个严重缺点是权力过于集中，应该有领导地大胆下放，让地方和工农业企业在国家统一计划的指导下有更多的经营管理自主权；应该着手大力精简各级经济行政机构，把它们的大部分职权转交给企业性的专业公司或联合公司；应该坚决按经济规律办事，重视价值规律的作用，注意把思想政治工作和经济手段结合起来，充分调动干部和劳动者的生产积极性……充分发挥中央部门、地方、企业和劳动者个人四个方面的主动性、积极性、创造性，使社会主义经济的各个部门各个环节普遍地蓬蓬勃勃地发展起来。"[①]《中国共产党十一届三中全会公报》虽然没有使用"市场机制"和"市场调节"的提法，但是"按经济规律办事，重视价值规律的作用"，让地方和企业"有更多的经营管理自主权"实际上是向市场化改革迈进，破除计划经济迷信的重要思想和举措。

我们注意到，《中国共产党十一届三中全会公报》把企业经营管理自主权说成是国家计划部门"让渡的"和"下放的"权力，没有认识到企业作为经济的微观细胞、作为微观经济主体本应具有这些权利；并且会议公报强调地方和企业的经营管理自主权仍然要"在国家统一计划的指导下"，也就是说，在计划经济体制中引入一些市场调节和市场配置资源的因素。这种宏观调控思路的基调还是计划经济套路，但是它毕竟打破了计划经济的坚冰，打破了集中计划一统天下的局面，认识到了计划经济的缺陷和市

[①] 《中国共产党十一届三中全会公报》，转引自《人民日报》1978年12月24日。

场机制的优势,市场机制和市场调节开始在经济活动中发挥作用,计划指令和市场机制都成为资源配置的手段。但是,这个阶段的市场机制的调节还只是被限制在很小的范围内,并且由于各种价格还是计划价格,价格改革还没有开始,所以市场调节的作用还十分有限,集中的指令性计划仍然是资源配置和调控经济运行的主要手段,市场调节还只是计划调节的一种补充,只是计划调节的一种辅助手段。

我把改革开放之初形成的宏观调控思路称作"计划主导"。这种思路认为,社会主义经济由两部分或两个板块组成,即计划经济部分和市场调节部分,其中计划经济部分是基本的、主要的,市场调节部分是次要的、从属的,并且这两部分是有分工的:计划经济部分服从计划按比例,市场调节则是自发的、盲目的。既然计划经济是基本的和主要的,那么资源配置自然就是计划主导的,市场(机制)配置资源就是次要的、从属性的。我们党著名的经济工作领导人陈云同志对这个思路表述得最为清楚。陈云同志在1978年3月8日的《计划与市场问题》的讲话中说:"整个社会主义时期经济必须有两个部分:(1)计划经济部分(有计划按比例的部分);(2)市场调节部分(即不作计划,让它根据市场供求的变化进行生产,即带有"盲目"调节的部分)。第一部分是基本的主要的,第二部分是从属的次要的,但又是必需的。既掌握了政权,又有了第一部分经济,就能够建设社会主义。第二部分只能是有益的补充(基本上是无害的)。"陈云同志认为,随着我国的经济体制改革和经济发展,计划控制和市场调节这两块都必须加强,而不是相互替代,"在今后经济的调整和体制的改革中,计划经济和市场调节这两个部分比例的调整,将占很大的比重,不一定计划经济部分愈增加,市场调节部分所占绝对数额就愈减少,可能是相应地增加"①。

党的十二大(1982年9月)报告《全面开创社会主义现代化建设的

---

① 中共中央文献研究室编《三中全会以来重要文献选编》(上),人民出版社,1982,第71页。

新局面》明确了当时我国的宏观调控思路是"计划经济为主、市场调节为辅",并且把它作为一个原则确定下来。这个报告比较系统地阐述了"为何""如何"要实行"计划经济为主、市场调节为辅"。报告指出:"我国在公有制基础上实行计划经济。有计划地生产和流通,是我国国民经济的主体部分。同时,允许对部分产品的生产和流通不作计划,由市场来调节,也就是说,根据不同时期的具体情况,由国家统一计划划出一定的范围,由价值规律自发地起调节作用。这一部分是有计划生产和流通的补充,是从属的、次要的,但又是必需的、有益的。国家通过经济计划的综合平衡和市场调节的辅助作用,保证国民经济按比例地协调发展。这几年我们对经济体制实行了一些改革,扩大了企业在计划管理方面的权限,注意发挥市场调节的作用,方向是正确的,收效也很明显。但是,由于有些改革措施不配套,相应的管理工作没有跟上,因而削弱和妨害国家统一计划的现象有所滋长。这是不利于国民经济正常发展的。今后,要继续注意发挥市场调节的作用,但绝不能忽视和放松国家计划的统一领导。"[①] 我们看到,这个报告把市场调节的对象看成由国家统一计划中划分或让渡出来的,强调市场调节不能削弱和妨害国家统一计划。

这个报告比较具体地论述了"计划为主、市场为辅"的宏观调控思路。报告认为,为了使经济的发展既是集中统一的又是灵活多样的,在计划管理上需要根据不同情况采取不同的形式。对于国营经济中关系国计民生的生产资料和消费资料的生产和分配,尤其是对于关系经济全局的骨干企业,必须实行指令性计划,这是我国社会主义全民所有制在生产的组织和管理上的重要体现。对于集体所有制经济也应当根据需要下达一些具有指令性的指标,如对粮食和其他重要农副产品的征购派购。由于我国还存在着多种经济形式、对社会的各种复杂需求和大量企业的生产能力难以做出精确计算,除了指令性计划之外,对许多产品和企业要实行主要运用经

---

① 中共中央文献研究室编《十二大以来重要文献选编》(上),人民出版社,1988,第22页。

济杠杆以保证其实现的指导性计划。无论是实行指令性计划还是指导性计划，都要力求符合客观实际，经常研究市场供需状况的变化，自觉利用价值规律，运用价格、税收、信贷等经济杠杆引导企业实现国家计划的要求，给企业以不同程度的机动权，这样才能使计划在执行中及时得到必要的补充和完善。至于各种各样的小商品，产值小，品种多，生产、供应的时间性和地域性一般很强，国家不必要也不可能用计划把它们都管起来。这类小商品，可以让企业根据市场供求的变化灵活地自行安排生产，国家应当通过政策法令和工商行政工作加强管理，并协助它们解决某些重要原材料的供应。

报告提出："正确贯彻计划经济为主、市场调节为辅的原则，是经济体制改革中的一个根本性问题。我们要正确划分指令性计划、指导性计划和市场调节各自的范围和界限，在保持物价基本稳定的前提下有步骤地改革价格体系和价格管理办法，改革劳动制度和工资制度，建立起符合我国情况的经济管理体制，以保证国民经济的健康发展"。[①]

可见，在"计划主导"的宏观调控思路中，计划经济是主菜，市场调节只是添加剂或配料，市场调节的主要作用只是为计划经济拾遗补缺，计划与市场之间是有隔墙的，二者的职能和作用是有明确分工的。不过，我们应当认识到，计划主导思路还是与计划控制思路有明显差别，前者引入了市场机制，后者则否定和排斥市场机制；虽然在计划主导思路中，计划还是资源配置的主要手段，但已经不再是唯一手段。

站在今天的角度来看，计划经济为主、市场调节为辅的思路有很大的局限性。它把经济分割为两个板块，一块由计划来控制，另一块由市场来调节，市场调节的那一块在范围和比重上都很小。这种思路的基础是当时的经济体制还是计划经济体制。但是，这种"计划主导"的思路在当时具有重要的积极的意义。首先，它承认不是所有的经济活动都是计划能够管

[①] 中共中央文献研究室编《十二大以来重要文献选编》（上），人民出版社，1988。

得了管得好的，计划会有失误会有偏差，实际上否定了计划控制的唯一性和完全正确性。其次，它引入了市场调节，不再把市场调节看成资本主义的专利，它肯定了在社会主义经济中市场调节的必要性和有效性。最后，它把宏观调控划分为指令性计划、指导性计划和市场调节三种方式。虽然它还强调这三种调控方式有各自的范围和界限，但是为了建立市场调节的物质基础，已经提出了改革价格体系和价格管理办法，改革劳动制度和工资制度，而这些改革的结果将是市场价格机制和市场体系的形成。而市场价格机制和市场体系的形成是市场经济的重要内容，是现代宏观调控的重要基础和必要前提。

在党的十二大报告的基础上，第六届全国人大一次会议（1983年6月）的《政府工作报告》进一步提出"按照社会化大生产的要求组织生产和流通，发展统一的社会主义市场"的设想。因此，与十一届三中全会前的"计划控制"相比，"计划主导"思路及其实施客观上启动了我国经济体制改革的市场化进程，是迈向现代宏观调控思路的"开步走"。

二 间接调控

"计划主导"是政府对经济活动进行直接控制。"间接调控"则是政府试图通过调节市场引导企业来影响经济活动。"间接调控"的思路是和社会主义有计划的商品经济的设想联系在一起的，是借用了雅诺什·科尔奈在20世纪80年代提出的思路。"间接调控"思路的基本点：①就政府和企业的关系来说，各级政府部门原则上不再直接经营管理企业，企业是相对独立的经济实体，是自主经营、自负盈亏的社会主义商品生产者和经营者，大量的生产经营活动由企业面向市场独立自主地进行。②就国家、市场、企业这三者关系来说，是"国家调节市场，市场引导企业"。这里所说的"国家"实际上是指政府或者国家集中计划，这里的企业是指国有企业（当时叫国营企业）和集体企业。

1984年10月，党的十二届三中全会通过《中共中央关于经济体制改革的决定》（以下简称《决定》），明确提出社会主义经济是公有制基础上有计划的商品经济，商品经济的充分发展是社会主义经济发展不可逾越的阶段，是实现我国经济现代化的必要条件。《决定》提出要建立一种新型的计划体制，要突破把计划经济同商品经济对立起来的传统观念，社会主义计划经济必须自觉依据和运用价值规律。"实行计划经济同运用价值规律、发展商品经济，不是互相排斥的，而是统一的，把它们对立起来是错误的。在商品经济和价值规律问题上，社会主义经济同资本主义经济的区别不在于商品经济是否存在和价值规律是否发挥作用，而在于所有制不同，在于剥削阶级是否存在，在于劳动人民是否当家做主，在于为什么样的生产目的服务，在于能否在全社会的规模上自觉地运用价值规律，还在于商品关系的范围不同。"[1]《决定》重申了十二大的方针，强调在社会主义全民所有制经济占主导地位的前提下，其他各种经济形式是我国社会主义经济必要的和有益的补充，必须长期坚持发展多种经济形式和经营方式。《决定》突破了把所有权和经营权混在一起的传统观念，确认全民所有制企业的所有权和经营权可以适当分开，在国家计划、政策、法令的指导、管理和调节下，使企业真正成为相对独立的经济实体，成为自主经营、自负盈亏的社会主义商品生产者和经营者。

《决定》概括了有计划的商品经济体制的基本点：第一，就总体说，我国实行的是有计划的商品经济，而不是完全由市场调节的市场经济；第二，完全由市场调节的生产和交换，主要是部分农副产品、日用小商品和服务修理行业的劳务活动，它们在国民经济中起辅助的但不可缺少的作用；第三，实行计划经济不等于以指令性计划为主，指令性计划和指导性计划都是计划经济的具体形式；第四，指导性计划主要依靠运用经济杠杆的作

---

[1] 中共中央文献研究室编《十二大以来重要文献选编》（中），人民出版社，1988，第569页。

用来实现，指令性计划则是必须执行的，但也必须运用价值规律。按照以上要点改革的计划体制，就是要有步骤地适当缩小指令性计划的范围，适当扩大指导性计划的范围。

《决定》打破了国家包揽一切经济活动的做法，提出要正确认识社会主义国家机关管理经济的职能，并根据多年的实践经验，概括了这一职能的主要内容，坚持实行政企职责分开、简政放权的原则。

关于宏观调控，《决定》指出，在很长的历史时期内，我国的国民经济计划就总体来说只能是粗线条的和有弹性的，只能是通过计划的综合平衡和经济手段的调节，做到大的方面管住管好、小的方面放开放活，保证重大比例关系比较适当，国民经济大体按比例地协调发展。《决定》提出了间接调控的思路："就政府和企业的关系来说，今后各级政府部门原则上不再直接经营管理企业。至于少数由国家赋予直接经营管理企业责任的政府经济部门，也必须按照简政放权的精神，正确处理同所属企业的关系，以增强企业和基层自主经营的活力，避免由于高度集中可能带来的弊端。"[①]《决定》对价格和价格体系有了新的和进一步的认识，认为随着企业自主权的进一步扩大，价格对企业生产经营活动的调节作用越来越显著，建立合理的价格体系更为急迫。各项经济体制的改革，包括计划体制和工资制度的改革，它们的成效都在很大程度上取决于价格体系的改革。价格是最有效的调节手段，合理的价格是保证国民经济活而不乱的重要条件，价格体系的改革是整个经济体制改革成败的关键。《决定》提出，在调整价格的同时，必须改革过分集中的价格管理体制，逐步缩小国家统一定价的范围，适当扩大有一定幅度的浮动价格和自由价格的范围，使价格能够比较灵敏地反映社会劳动生产率和市场供求关系的变化，比较好地符合国民经济发展的需要。《决定》强调要运用一系列经济杠杆来调控经济："在改革价格体系的同时，还要进一步完善税收制度，改革财政体制和金融体

[①] 中共中央文献研究室编《十二大以来重要文献选编》（中），人民出版社，1988，第573页。

制。越是搞活经济,越要重视宏观调控,越要善于在及时掌握经济动态的基础上综合运用价格、税收、信贷等经济杠杆,以利于调节社会供应总量和需求总量、积累和消费等重大比例关系,调节财力、物力和人力的流向,调节产业结构和生产力的布局,调节市场供求,调节对外经济往来,等等。"[1] 与党的十二大强调"必须坚持国家计划的统一领导"不同,《决定》提出"国家计划就总体来说是粗线条的和有弹性的",计划是着眼于把国民经济中"大的方面管住管好"。《决定》作为中共中央文件,第一次使用了"宏观调节"的概念。

1987年10月,党的十三大报告明确提出要"逐步健全以间接管理为主的宏观经济调节体系",国家对企业的管理应逐步转向以间接管理为主,并且把这种宏观调控方式概括为"国家调节市场,市场引导企业"。在十三大报告中,我们党第一次提出了"建立和健全宏观调节体系"的改革目标。

总的来看,十三大对宏观调控思路的发展主要有:第一,强调计划和市场的作用范围都是覆盖全社会的,破除了计划与市场的板块分工论。与"计划主导"相比,间接调控思路有了质的飞跃,它把市场调节的范围扩大到整个经济范畴,不再局限于经济的一小部分,撤除了计划与市场之间人为设置的隔墙。第二,明确提出要"逐步健全以间接管理为主的宏观经济调节体系"。第三,强调把经济手段作为宏观调控的主要手段,不再主要依靠行政手段来调节经济运行。这里所说的经济手段当时是指价格、税收和信贷,《决定》把这些手段称为"经济杠杆"。《决定》强调要"学会掌握经济杠杆,并且把经济工作重点放到这一方面来,应该成为各级经济部门特别是综合经济部门的重要任务"。第四,明确"计划管理的重点应转向制定产业政策,通过综合运用各种经济杠杆,促进产业政策的实现"。这实际上是要放弃指令性计划。第五,提出"加快建立和培育社会主义市场体系"。这里所说的社会主义市场体系,不仅包括消费品和生产资料等

---

[1] 中共中央文献研究室编《十二大以来重要文献选编》(中),人民出版社,1988,第572页。

商品市场，而且包括资金、劳务、技术、信息和房地产等生产要素市场。十三大报告强调，单一的商品市场不可能很好地发挥市场机制的作用。社会主义的市场体系还必须是竞争的和开放的；垄断的或分割的市场不可能促进商品生产者提高效率，封闭的市场不利于发展国内的合理分工和促进国际贸易。

但是，十三大报告仍然使用"计划经济"的提法，或者说，我们当时在思想意识上还没有放弃计划经济。

1990 年 12 月，党的十三届七中全会在《关于制定国民经济和社会发展十年规划和"八五"计划建议的说明》(以下简称《说明》)中提出了"计划经济与市场调节相结合"的思路，这个思路进一步明确了宏观调控的内容和任务。第一，不能只把计划经济理解为指令性计划，指令性计划和指导性计划都是计划经济的具体形式。计划管理也不能搞主观随意性，想怎么办就怎么办，必须自觉运用价值规律和考虑市场供求关系，市场调节要在国家总体计划和法规约束下发挥作用。第二，国民经济发展目标、总量控制、重大结构和布局调整，以及关系全局的重大经济活动等，主要发挥计划的作用；企业大量的生产经营活动，如一般性建设和技术改造，主要由市场调节。第三，国家计划管理和指导的主要任务，是合理确定国民经济发展计划，制定正确的产业政策、地区政策和其他经济政策，做好国民经济的综合平衡，并综合配套地运用经济、法律和行政手段来引导和调控经济的运行[1]。我认为，《说明》有两点值得注意。其一，计划和市场的调节重点和范围仍然是有分工的，这与十三大报告强调"计划和市场的作用范围都是覆盖全社会"的思路相抵触。其二，市场调节仍然从属于、受制于国家计划。这个提法似乎告诉人们，资源配置和经济活动的总控制阀仍然掌握在国家手里。这说明当时的间接调控思路还没有摆脱计划经济思想的束缚。

需要指出的是，"间接调控"思路中的"国家调控市场，市场引导企

---

[1] 中共中央文献研究室编《十三大以来重要文献选编》(中)，人民出版社，1991，第1364~1365 页。

业"的提法看起来很美好——似乎市场和企业都在国家的掌控之中，经济发展仍然可以做到有计划按比例，但是仔细推敲，这个提法在实践上和经济学逻辑上都有一些问题。首先，国家通过什么来调控市场？如果说通过包括财政政策和货币政策在内的经济政策来调控市场的话，那么这些政策也直接对企业行为产生影响，并不是先影响了市场，然后再通过市场来影响企业。例如，降低某种企业税负的税率会直接增加企业的净收益，中央银行提高贷款利率会直接增加企业间接融资的成本。其次，国家能否调控市场？市场机制本身是一种自动、自发的机制，是一只"看不见的手"，我们如何控制它调节它？从另一个角度来看，一种受国家计划或政府调控的市场（机制）还能是真正市场经济意义上的市场（机制）吗？宏观调控的主要目的是要克服市场失灵，消除市场自发调节带来的不利后果，弥补市场调节的真空地带，而不是调控市场。再次，如果说宏观调控是"国家调控市场，市场引导企业"，那么谁来引导消费者呢？消费者和企业是国民经济的两大微观主体，宏观调控对象不可能只作用于企业而不管消费者，不包括消费者的宏观调控是一种"跛足"的宏观调控，这种宏观调控不可能真正实现社会总需求和总供给的平衡。最后，根据现代经济学的知识，生产某种商品的全体企业构成这种商品市场的供给方，而购买这种商品的全体消费者形成这种商品市场的需求方；在生产要素市场上，企业构成生产要素的需求方，消费者则形成生产要素的供给方；经济政策的变化往往是通过影响生产者行为和消费者行为来影响市场的供求关系，各种市场的供求关系变化最终导致宏观经济中的比例关系变化和宏观经济总量的变化，而"国家调控市场，市场引导企业"的提法不符合这种宏观经济学的微观基础逻辑。

三　政策调控

"政策调控"思路是和我国经济体制改革的目标转向建立社会主义市

场经济体制相适应的。"政策调控"思路的基本涵义是，市场机制在资源配置中起基础性作用，解决三大基本经济问题的主要方式由指令性计划让位于市场机制；在宏观调控方式上，政策主导调节取代计划和行政手段主导调节。这里的政策主要是指财政政策和货币政策。"政策调控"思路也可以叫作"政策主导（调节）"思路。

1992年在我国改革开放进程上发生了两件大事，一是邓小平同志发表"南方谈话"，二是价格改革（价格闯关）取得决定性成功。前者指明了进一步市场化改革的大方向，后者是市场化改革的核心，它奠定了市场调节的基础。以这两件大事为铺垫，1992年10月，党的十四大明确提出"我国经济体制改革的目标是建立社会主义市场经济体制"。

经济体制改革的这种目标模式定位是改革开放实践不断发展的结果，是我们对计划、市场的功能及其二者关系的认识不断深化的结果。党的十四大报告系统地总结了我们党对计划与市场关系的认识过程。报告指出，传统的观念认为，市场经济是资本主义特有的东西，计划经济才是社会主义经济的基本特征。十一届三中全会以来，随着改革的深入，我们逐步摆脱这种观念，形成新的认识。十二大提出"计划经济为主，市场调节为辅"；十二届三中全会指出商品经济是社会经济发展不可逾越的阶段，我国社会主义经济是公有制基础上的有计划的商品经济；十三大提出社会主义有计划的商品经济的体制应该是计划与市场内在统一的体制；十三届四中全会提出建立适应有计划商品经济发展的计划经济与市场调节相结合的经济体制和运行机制。邓小平同志在1992年初"南方谈话"中进一步指出，计划经济不等于社会主义，资本主义也有计划；市场经济不等于资本主义，社会主义也有市场。计划和市场都是经济手段。计划多一点还是市场多一点，不是社会主义与资本主义的本质区别。这使我们党对计划与市场的关系问题的认识有了新的重大突破。改革开放十多年来，市场范围逐步扩大，大多数商品的价格已经放开。到1993年春天，我国95%的社会零售商品、90%的农副产品、85%的生产资料已经由市场定价，价格市场化基本实现,市场对经济活动调节的作用大大增强。实践表明,市场作用发挥比较充分的地方,经济活力就比较强,发展态势也比较好。我国经济要优化结构,提高效益,加快发展,参与国际竞争,就必须继续扩大和强化市场机制的作用。

根据建立社会主义市场经济体制的目标定位,十四大报告为如何解决三大基本经济问题确定了基调:"要建立社会主义市场经济体制,就是要使市场在社会主义国家宏观调控下对资源配置起基础性作用,使经济活动遵循价值规律的要求,适应供求关系的变化;通过价格杠杆和竞争机制的功能,把资源配置到效益较好的环节中去,并给企业压力和动力,实现优胜劣汰;运用市场对各种经济信号反应比较灵敏的优点,促进生产和需求的及时协调。同时也要看到市场有其自身的弱点和消极方面,必须加强和改善国家对经济的宏观调控。我们要大力发展全国统一市场,进一步扩大市场的作用,并依据客观规律的要求,运用好经济政策、经济法规、计划指导和必要的行政管理,引导市场健康发展。"[1] 这段话也确定了我国宏观调控的基本思路:市场在资源配置中起基础性作用,"计划主导"思路没有了立足基础,也不再存在计划与市场各管一块的分工;宏观调控主要是"运用好经济政策、经济法规、计划指导和必要的行政管理,引导市场健康发展",而宏观调控本身要依据客观规律的要求。

十四大报告强调了运用经济政策和经济法规来进行宏观调控,国家计划只是宏观调控的手段之一。

应当指出,"要使市场在社会主义国家宏观调控下对资源配置起基础性作用"这个提法还带有计划经济的烙印。因为这个提法把市场在资源配置中起基础性作用限定在"国家宏观调控下",似乎市场的作用不能脱离国家的宏观调控,国家能够控制好市场的作用。

十四大报告进一步论述了宏观调控的内容和国家计划的任务。在宏观

---

[1] 中共中央文献研究室编《十四大以来重要文献选编》(上),人民出版社,1996,第19页。

调控的基础上，我们社会主义国家能够把人民的当前利益与长远利益、局部利益与整体利益结合起来，更好地发挥计划和市场两种手段的长处。国家计划是宏观调控的重要手段之一。要更新计划观念，改进计划方法，重点是合理确定国民经济和社会发展的战略目标，搞好经济发展预测、总量调控、重大结构与生产力布局规划，集中必要的财力物力进行重点建设，综合运用经济杠杆，促进经济更好更快地发展。报告强调，在建立社会主义市场经济体制的过程中，计划与市场两种手段相结合的范围、程度和形式，在不同时期、不同领域和不同地区可以有所不同。

为了建立社会主义市场经济体制，为政策主导的宏观调控奠定基础，十四大报告提出要认真抓好几个相互联系的重要环节：一是通过理顺产权关系，实行政企分开，落实企业自主权，使企业真正成为自主经营、自负盈亏、自我发展、自我约束的法人实体和市场竞争的主体，并承担国有资产保值增值的责任。转换国有企业特别是大中型企业的经营机制，把企业推向市场。二是加快市场体系的培育。在继续大力发展商品市场特别是生产资料市场的基础上，积极培育包括债券、股票等有价证券的金融市场，发展技术、劳务、信息和房地产等市场，尽快形成全国统一的开放的市场体系。加快价格改革步伐，积极理顺价格关系，建立起以市场形成价格为主的价格机制。三是通过改革财政税收制度和工资制度来深化分配制度和社会保障制度改革。四是加快政府职能的转变。转变的根本途径是政企分开。报告强调政府的职能主要是统筹规划，掌握政策，信息引导，组织协调，提供服务和检查监督。

为了真正实行以财政政策和货币政策调节为主要内容的政策主导型宏观调控，第八届全国人大一次会议的政府工作报告强调了要进一步改革财政税收体制，深化金融体制改革；明确中国人民银行的职责是调节货币供给和信贷资金总量，稳定币值，抑制通货膨胀；工商银行、农业银行、中国银行和建设银行等专业银行要逐步向商业银行过渡。

1993年11月，党的十四届三中全会通过的《中共中央关于建立社会主义市场经济体制若干问题的决定》（以下简称《决定》）进一步提出要建立资本市场和劳动力市场，"建立以间接手段为主的完善的宏观调控体系"。这里所说的"间接手段"就是宏观经济政策。《决定》明确提出"政府运用经济手段、法律手段和必要的行政手段管理国民经济，不直接干预企业的生产经营活动"，"宏观调控的主要任务是保持经济总量的基本平衡，促进经济结构的优化，引导国民经济持续、快速、健康发展，推动社会全面进步。宏观调控主要采取经济办法，近期要在财税、金融、投资和计划体制的改革方面迈出重大步伐，建立计划、金融、财政之间相互配合和制约的机制，加强对经济运行的综合协调。计划提出国民经济和社会发展的目标、任务以及需要配套实施的经济政策；中央银行以稳定币值为首要目标，调节货币供应总量，并保持国际收支平衡；财政运用预算和税收手段，着重调节经济结构和社会分配。运用货币政策与财政政策，调节社会总需求与总供给的基本平衡，并与产业政策相配合，促进国民经济和社会的协调发展"[1]。值得注意的是，《决定》明确提出运用货币政策与财政政策来"调节社会总需求与总供给的基本平衡"，也就是运用货币政策与财政政策来进行宏观调控。

为了实现转变政府职能、建立健全宏观经济调控体系，1993年12月，国务院先后下发《关于实行分税制财政管理体制的决定》《关于金融体制改革的决定》《批准国家税务总局工商税制改革实施方案的通知》等文件，决定从1994年初开始，重点深化财政税收、金融、计划、投资等宏观管理体制改革，逐步建立与社会主义市场经济体制相适应的新型宏观调控体系的基础框架。

通过一系列改革和调整，商品市场、包括资本（金融）市场在内的各种生产要素市场逐步建立起来，商品价格和生产要素价格逐步市场化并反映资源的稀缺程度和供求关系，企业逐步成为独立决策、自主经营、自负

---

[1] 中共中央文献研究室编《十四大以来重要文献选编》（上），人民出版社，1996，第530~531页。

盈亏的微观经济主体，以财政政策和货币政策为主要内容的宏观调控体系和机制逐渐形成。1997年9月，党的十五大宣布我国的"宏观调控体系的框架初步建立"。十五大报告对宏观调控任务的界定体现了现代宏观调控思路。这个报告提出："宏观调控的主要任务，是保持经济总量平衡，抑制通货膨胀，促进重大经济结构优化，实现经济稳定增长。宏观调控主要运用经济手段和法律手段。要深化金融、财政、计划体制改革，完善宏观调控手段和协调机制"。[1]

党的十七大进一步提出要"形成有利于科学发展的宏观调控体系"，也就是建立一种以科学发展观为指导的宏观调控体系。在这种调控体系中，国家计划主要发挥指导或导向作用，宏观调控的主要手段则是财政政策和货币政策。党的十七大报告提出："发挥国家发展规划、计划、产业政策在宏观调控中的导向作用，综合运用财政、货币政策，提高宏观调控水平"。[2]

党的十四大以来，我国的宏观调控主要是通过实施不同的财政政策和货币政策组合来进行的，财政政策和货币政策在宏观调控中担当主角，成为宏观调控的主要手段。针对1993年以来的经济过热和越来越严重的通货膨胀，我国实行了适度从紧的财政政策和货币政策，即"双紧缩"的政策组合；面对1997~1998年亚洲金融危机冲击和通货紧缩、总需求不足的状况，我国实施了积极（即扩张性）的财政政策和稳健的货币政策；随着社会总需求的回升和经济持续快速增长，2005年我国的宏观调控开始转向稳健（即中性）的财政政策和稳健的货币政策；2007年3月以来，物价总水平不断上升，为了抑制经济过热，保持经济稳定持续增长，我国的宏观经济政策又转向适度从紧的货币政策和稳健的财政政策。2008年，为了应

---

[1] 中共中央文献研究室编《十五大以来重要文献选编》（上），人民出版社，2000，第25页。
[2] 胡锦涛：《在中国共产党第十七次全国代表大会上的报告》，人民出版社，2007，第27页。

对国际金融危机对中国经济的负向冲击，国务院又出台了以增加 4 万亿元政府投资为主菜单的积极的财政政策。①

通过比较我们不难发现，"政策调控"或"政策主导"思路与"间接调控"思路不同：间接调控思路主张的是"国家调控市场，市场引导企业"，这是一种分梯次、分级、传导式的调控，这种思路认为市场调节应该服从于国家计划，国家（实际上是政府）可以而且能够调节和控制市场或市场机制。显然，这种宏观调控思路仍然带有明显的传统计划经济思想的印记。间接调控思路虽然也主张通过经济手段来间接调节经济活动，但是由于当时的财政体制和金融体制的改革才刚刚开始，适应社会主义市场经济发展需要的现代财政体系和金融体系还没有建立起来，生产要素市场特别是资本（金融）市场还没有成型，调节经济活动的主要手段还是行政手段和计划手段，如基本建设规模控制、投资项目审批、信贷规模控制，政府直接调整一些商品和生产资料的价格，对亏损的国有企业进行财政补贴或停止财政补贴，对企业进行整顿甚至关停并转，而不是运用财政政策和货币政策。根据"政策主导"的思路，市场调节不但是覆盖全社会的，而且在资源配置中起基础性作用，国家计划的主要任务是制定国民经济和社会发展规划以及需要配套实施的经济政策；调节宏观经济运行、实现宏观经济目标的主要手段是财政政策和货币政策，不再是国家计划。

四　稳进调控

"稳进调控"是我对"稳中求进"的宏观调控思路的简称。这个思路是 2011 年 12 月中央经济工作会议提出来的，作为 2012 年中国宏观经济政策的基调、方向和主要任务。"稳中求进"中的"稳"，是指要保持宏观经

---

① 如何看待这个 4 万亿刺激政策，请参阅《中国式供给革命》（中国人民大学出版社，2018 年 3 月）一书第二章。

济政策基本稳定，保持经济平稳较快发展，保持物价总水平基本稳定，保持社会大局稳定。"稳中求进"中的"进"，是指要继续抓住和用好中国发展的重要战略机遇期，在转变经济发展方式上取得新进展，在深化改革开放上取得新突破，在改善民生上取得新成效。稳进调控的总体思路是宏观政策要稳、微观政策要活、社会政策要托底。稳进调控的思路是政策调控思路的升级版：稳进调控仍然以宏观经济政策作为调控的主要手段，但是强化了改革在宏观调控中的作用；稳进调控既强调保持宏观经济政策的稳定性和持续性，又强调继续推进改革开放，继续促进经济和社会新发展。

党的十八大以来，历次中央经济工作会议都把"稳中求进"作为每一年经济工作的总基调。2016 年 12 月，中央政治局会议进一步把"稳中求进"明确为治国理政的重要原则，同月召开的中央经济工作会议进一步强调"稳中求进"也是做好经济工作的方法论。

习近平总书记在许多重要的讲话中都一再强调"稳中求进"的总基调。他在 2014 年 12 月 1 日中共中央召开的党外人士座谈会的讲话中进一步阐释了"稳中求进"的内涵：稳的重点要放在稳住经济运行上，进的重点是深化改革开放和调整结构。稳和进有机统一、相互促进。经济社会平稳才能为深化改革开放和经济结构调整创造稳定的宏观环境。要继续推进改革开放，为经济社会发展创造良好预期和新的动力。实现经济发展目标，关键要保持稳增长和调结构平衡，坚持宏观政策要稳、微观政策要活、社会政策要托底的总体思路①。

宏观调控思路升级为稳中求进的背景和逻辑是①中国特色社会主义进入了新时代。这个新时代的主要标志有：社会主要矛盾变了——新时代我国社会主要矛盾由"人民日益增长的物质文化需要同落后的社会生产之间的矛盾"转化为"人民日益增长的美好生活需要和不平衡不充分的发展之间的矛盾"。社会主要矛盾的转化，对传统的以经济总量和速度为核心的

---

① 《人民日报》2014 年 12 月 6 日，第 1 版。

宏观调控思路提出了挑战。传统的宏观调控对于促进落后的社会生产条件下经济的快速增长，效果是比较理想的，但是它难以解决发展不平衡不充分的问题。新时代升级版的宏观调控应当着力解决发展不平衡不充分的问题，以满足人民日益增长的美好生活需要为出发点和落脚点，而要达到这个目的，必须在"稳"的基础上不断求"进"。②中国经济发展进入了新常态。中国经济新常态的主要特征是，经济增长由高速增长转向中高速增长，经济增长动力由投入要素驱动转向技术创新驱动，经济发展方式由追求数量规模转向追求质量效率，经济发展由追求速度快转向追求经济结构协调优化和可持续，产业结构升级——由中低端转向中高端，资源配置由市场起决定性作用替代市场起基础性作用。③中国发展设定了新目标。中国特色社会主义新时代，是决胜全面建成小康社会、进而全面建设社会主义现代化强国的时代。习近平总书记在中国共产党十九大报告中提出，综合分析国际国内形势和我国发展条件，从 2020 年到 21 世纪中叶可以分两个阶段来安排。"第一个阶段，从 2020 年到 2035 年，在全面建成小康社会的基础上，再奋斗 15 年，基本实现社会主义现代化。""第二个阶段，从 2035 年到本世纪中叶，在基本实现现代化的基础上，再奋斗 15 年，把我国建成富强民主文明和谐美丽的社会主义现代化强国。"① 要实现这个新的"两步走"战略目标，稳定地推进改革开放，稳定持续地促进经济和社会发展是实现这个目标的充分必要条件。④中国经济发展面临着新挑战。新挑战既来自中国经济内部，也来自中国经济外部。从内部来看，中国经济体制改革进入攻坚克难的决战期，中国经济结构进入转型升级的关键期，中国宏观经济进入有效需求相对不足的常态化时期。从外部来看，中国崛起改变了世界政治经济版图，打破了原有的利益格局，冲击了现有的国际秩序和规则，特别是少数国家惧怕中国成为其竞争对手进而取代它的现有国际地位，因此着手围堵中国，打压中国。这种内外部环境的变化迫

---

① 习近平：《决胜全面建成小康社会夺取新时代中国特色社会主义伟大胜利——在中国共产党第十九次全国代表大会上的报告》，人民出版社，2017，第 28 页。

使我们必须稳住阵脚，保持战略定力，立足国内，努力搞好改革开放和发展，促进中国经济和社会不断进步。

"稳中求进"的宏观调控思路有以下特色。

1. 在改革中完善宏观调控，协调好改革和发展的关系。宏观调控模式和机制本身就是改革的产物，调控模式和调控机制的有效性大小又取决于改革的力度和深度。经济稳定发展是全面深化改革的前提和基础，全面深化改革又为经济持续发展提供源源不断的动力和活力。稳进调控注重把创新、完善宏观调控方式和深化体制机制改革有机地结合起来。稳进调控的一大特色就是加强党对经济工作的集中统一领导，使党的政治智慧在宏观调控中充分发挥其积极作用。在组织体制上，把中央财经领导小组改为中央财经委员会，以加强宏观调控的总体布局、统筹协调和督促落实；在国务院下设立金融稳定发展委员会，以统筹协调金融体制改革和货币政策制定实施。

2. 以建立现代化经济体系为目标，以高质量发展为根本要求，以人民为中心，将宏观调控目标由"稳增长，调结构"扩展为"稳增长、促改革、调结构、惠民生、防风险"，统筹各类长期目标和短期目标。

3. 突破凯恩斯主义的（总）需求管理模式，放弃强刺激和"大水漫灌"的调控模式，创建中国特色的宏观调控模式：由过去"保8"的定点或定位调控转换为区间调控（2013年提出），明确年度经济增长目标的合理区间；在区间调控的基础上实施定向调控（2014年提出）、相机调控、精准调控、适时适度预调微调等新举措。

4. 实行（总）需求管理和供给侧结构性改革相结合。宏观调控由过去侧重于调控总需求转换为向总需求和总供给双向发力，把供给管理和需求管理协调起来，结合起来：注重在适度扩大总需求的过程中推进供给侧结构性改革，在保持就业、经济增长和社会稳定的过程中进行"三去一降一补"，进而通过深化改革扩大开放推进经济结构调整、优化和升级，实现经济体系现代化。

5. 宏观调控立足短期，关注长期，长短期相结合。西方的宏观调控主要是通过调控总需求来熨平短期经济波动。中国特色的稳进调控不仅着力于总需求管理，而且强调结构调整；不仅着力应对短期波动，而且重视培育经济发展新动能，注重提高经济的潜在增长率和经济增长的长期可持续性。

6. 注重统筹协调国内和国际两个市场。中国经济已经深度融入经济全球化，中国经济发展是世界经济发展的主引擎之一，世界经济发展为中国经济发展提供了市场，提供了资源，中国经济和世界经济是相互依存相互影响的。处于深度经济全球化中的中国经济，宏观调控必须具备全球视野，统筹协调好国内国外两个市场、两种资源，在进一步扩大开放的过程中，更多地推动中国企业、产品、技术和资本走出去，更多地参与国际经济合作和国际宏观经济政策协调，扎实推进"一带一路"建设，着力打造人类命运共同体，为世界经济稳定发展做出中国的应有贡献。

五　结束语

回顾 40 年来我国宏观调控思路的演变，我们不难发现，宏观调控思路是随着我国经济体制的变革而不断发展的、随着改革开放的不断深入不断扩大而不断完善的，由计划经济为主的经济体制到有计划的商品经济体制再到社会主义市场经济体制再到建设社会主义现代化强国的新时代，我国的宏观调控思路依次是"计划主导""间接调控""政策调控"和"稳进调控"。调控思路由"计划主导"发展到"稳进调控"，反映了我国经济体制由计划经济变革到社会主义市场经济体制再到进入新时代，反映了我国宏观调控思路的逐渐完善。"间接调控"思路以及它的体制基础——有计划的商品经济，实际上是一个过渡阶段。"政策调控"思路更多的是借鉴参考了凯恩斯主义的思路和西方发达国家的政策实践。"稳进调控"的思路则具有鲜明的中国特色和丰富内涵。宏观调控思路的演进始终围绕着如何处理好市场和政府（计划）的关系，也就是通过什么手段和机制来配置资源以及对经济运行进行调节这条主线展开的。40 年的改革开放实践证明，市场和政府关系处理得好，我国的经济和社会发展就快一些好一些；这个关系处理得不好，我国的经济和社会发展就会有挫折，甚至会停顿。如何处理好这个关系是一篇大文章。建立社会主义市场经济体制是史无前例的，与这种经济体制相适应的宏观调控思路和宏观调控方式也具有中国式特色。在实践中不断发展和完善我国的宏观调控思路，必将对人类的经济思想，对经济学的发展做出我们的贡献。我们需要借鉴国际上的成功经验和西方经济学的积极成果，结合中国的实际，积极探索，大胆实践，逐步把我国的宏观调控思路发展成宏观调控理论。

参考文献

1. 《中国共产党十一届三中全会公报》，载《人民日报》1978 年 12 月 24 日。
2. 中共中央文献研究室编《三中全会以来重要文献选编》，人民出版社，1982。
3. 中共中央文献研究室编《十二大以来重要文献选编》，人民出版社，1988。
4. 中共中央文献研究室编《十三大以来重要文献选编》，人民出版社，1991。
5. 中共中央文献研究室编《十四大以来重要文献选编》，人民出版社，1996。
6. 中共中央文献研究室编《十五大以来重要文献选编》，人民出版社，2000。
7. 胡锦涛：《在中国共产党第十七次全国代表大会上的报告》，人民出版社，2007。
8. 习近平：《决胜全面建成小康社会夺取新时代中国特色社会主义伟大胜利——在中国共产党第十九次全国代表大会上的报告》，人民出版社，2017。
9. 方福前：《中国式供给革命》，中国人民大学出版社，2018。

资本账户开放：理论与中国实践

张 文 邓 拓

作者简介

张文，女，经济学博士，中国人民大学经济学院助理教授。本科毕业于中国人民大学信息学院，博士毕业于美国波士顿学院经济系。主要研究方向为宏观经济学、国际金融和计量经济学。文章发表于 *Emerging Market Trade and Finance*、*Manchester School*、担任 *Journal of International Economics*、*Journal of Money*、*Credit and Banking* 等国外高水平期刊匿名审稿人。

邓拓，现供职于国家外汇管理局，从事国际宏观经济研究工作。本科毕业于北京大学，获金融学学士学位。本科毕业后赴美国罗切斯特大学留学，获得经济学硕士、博士学位。

一 总论

四十年前，伴随着改革开放大幕拉开，中国走上了开放资本账户的道路。1993年，中国雄心勃勃地宣布将于2000年实现资本账户可兑换的计划。四分之一个世纪的波澜起伏后，这个计划依然没有完全实现。部分类型的资本，如外商直接投资（FDI），跨境流动已比较自由，但其他类型的资本流动还面临较多限制。中国的经常账户早在1996年就比较顺利地实现了可兑换。相比之下，资本账户开放走过的道路要缓慢、崎岖得多。

中国资本账户缓慢、崎岖的开放过程与相关学术研究相对不成熟、存在较多争议有直接的关系。本文第二部分简要综述关于资本账户的学术研究进展，聚焦两大问题：资本账户开放的利和弊如何权衡？资本账户政策与其他政策如何协调？现有学术文献尚未就上述两个问题取得共识，旧的观点经常被新观点推翻。因此，两个问题的答案都是"不确定"。相应地，关于资本账户开放路径的政策建议也不确定，取决于特定的历史时期和国情，需要具体问题具体分析。

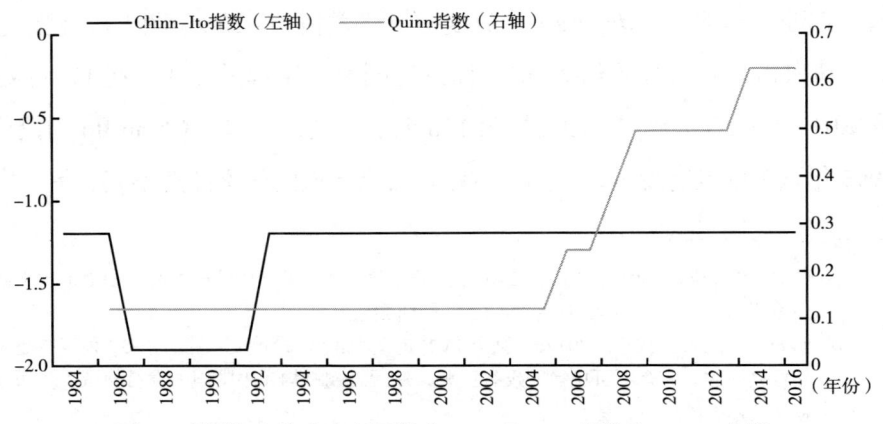

图1 中国资本账户名义开放度：Chinn-Ito 指数和 Quinn 指数

资料来源：Chinn 和 Ito（2006），IMF。

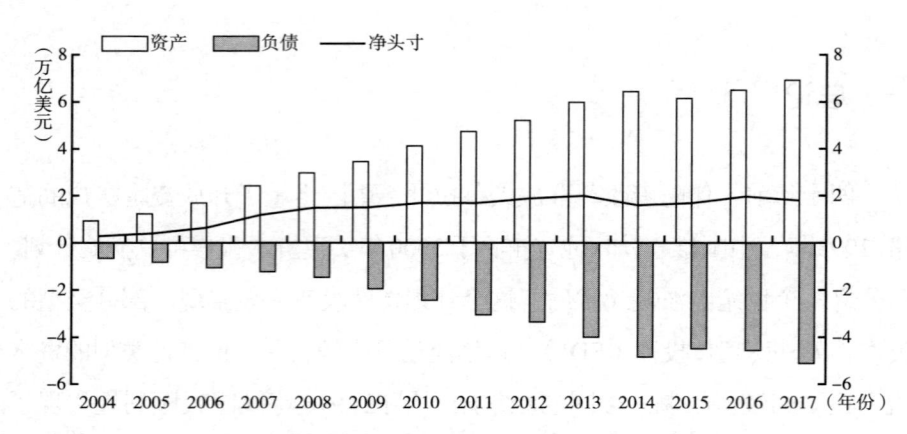

图 2 中国对外投资的资产、负债及净头寸变化

资料来源：IMF。

第一，在学术充满争议的背景下，中国的诸多特色因素使得评估中国资本市场的现状、建立基本事实变得十分复杂，引发了很多关于资本账户开放的政策争议。首先，中国资本账户开放程度几何？距离发达国家还有多远？国际观察家往往抱有"杯子半空"的观点，强调中国只有少数几种跨境资本交易是完全自由的[1]。相比之下，中国政策制定者往往抱有"杯子半满"的观点，强调几乎所有类型的跨境资本交易都至少是部分可兑换的[2]。学术文献有许多种资本账户开放程度的度量，结果也不尽相同。中国的 Chinn-Ito 名义（de jure）开放度指数[3] 数值为 −1.19（图 1）。相比之下，新兴市场经济体均值为 0.3，而发达国家几乎都是 2.39。在 175 个经济体中，中国资本账户开放度排第 106 名。并且，中国的 Chinn-Ito 指数从 1993 年以来就没有变过，这与资本账户日渐开放的印象截然不同。另一个

---

[1] 例如，Schipke（2017）指出，IMF《汇兑安排与汇兑限制年报》（AREAER）定义的 53 种跨境交易中，有 43 种受到不同程度的限制。

[2] 例如，中国人民银行（2017a）强调 IMF 定义的 40 种跨境交易中，有 37 种至少是部分可兑换的。完全不可兑换的仅有三种，外国人或机构在中国境内发行股票、货币基金以及相关衍生品交易。

[3] Chinn-Ito 指数将 IMF《汇兑安排与汇兑限制年报》的信息汇总为一个指数，度量资本跨境流动的约束是否存在。技术细节见 Chinn-Ito（2006）。

度量名义开放度的指标 Quinn 指数[①] 显示，中国资本账户开放程度自 2005 年以来显著提高，但仍然不及新兴市场的平均水平。相比之下，中国资本账户的实际（*de facto*）开放度则稳步提高。2000 年以来，中国对外资产和负债规模都呈现高速增长的趋势（图 2），资本账户的波动率也日益提高。尤其是资本账户下的其他投资（借贷）分项近年来大幅振荡，由 2013 年小额净流入转为 2014~2016 年大额净流出，2017 年再恢复小额净流入，似乎表明跨境资本流动越来越容易（图 3）。

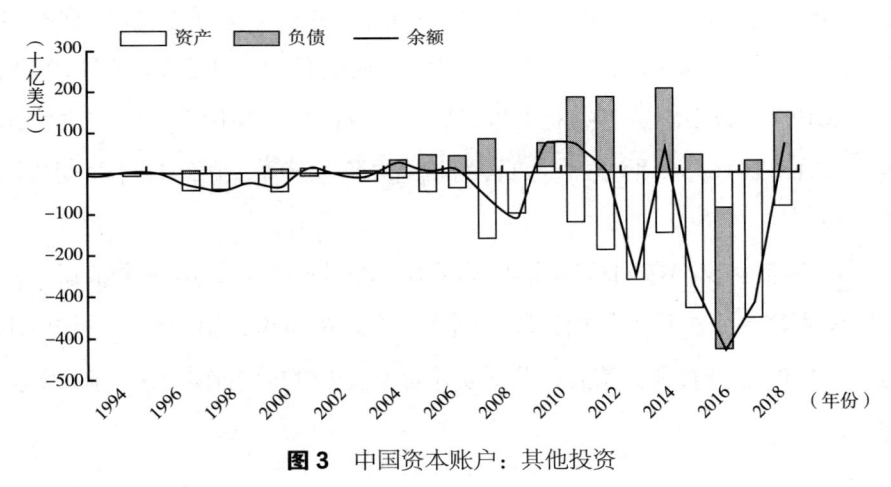

图 3 中国资本账户：其他投资

资料来源：外汇局。

第二，中国开放资本账户的意愿有多坚定？尽管政策制定者始终表示将坚定不移推进资本账户可兑换，许多人对此表示怀疑。有人批评中国故意拖延开放的进度，通过限制资本流入压低人民币汇率，以保持出口竞争力（Jeanne，Subramanian 和 Williamson，第 2 章）。在金融机构中流行的一种观点认为，中国在 2015~2016 年收紧资本账户管理，表明中国并不是

---

① Quinn 指数同样基于 IMF《汇兑安排与汇兑限制年报》。与 Chinn-Ito 指数不同，Quinn 指数同时考虑了限制政策及其执行力度。因此，即使限制政策文字条款不变，Quinn 指数也可能变化。技术细节见 Quinn（1997）。

真心开放，每当外流压力加大时，中国就会踩刹车（Wharton，2016）。还有一种观点认为，中国对资本大幅外流始终抱有忧虑。随着开放程度提高，资本账户波动越来越剧烈，这给中国脆弱的金融体系带来巨大压力（余永定，2017），并使宏观调控变得更加复杂（周小川，2017）。

第三，中国做好了进一步开放资本账户的准备了吗？观点同样存在分歧。一种谨慎的观点认为，中国还没有满足稳妥开放资本账户的先决条件，应该等待条件成熟再开放（Lardy & Douglass，2011；余永定，2015）。还有人认为，中国面临的外部环境不太友好，加快开放资本账户可能导致比较大的副作用（Zhang，2015）。也有比较乐观的观点认为，中国金融体系日益完善，因此开放的负面效果总体可控（盛松成，2012）。政策制定者的观点也经历过反复摇摆，2010年初一度非常乐观[1]，2015~2016年则明显将重点转到防范风险上来[2]，到2017年又变成谨慎乐观[3]。

第三部分我们在回顾四十年开放历史的基础上，对第一个争议——中国资本账户开放程度做出判断。围绕三个政策争议，第四部分总结资本账户开放的经验教训，第五部分对资本账户开放的前景作展望，第六部分作结。

二 资本账户开放：理论综述及对中国的政策含义

关于资本账户的首要问题是开放的利弊。新古典经济理论认为，开放资本账户有利无弊。当各国边际投资回报存在差异时，开放资本账户将使

---

[1] 中国人民银行2013年工作会议提出，研究合格境内个人投资者（QDII2）项目，允许试点城市的高净值个人直接投资发达国家证券和房地产市场。2013年11月召开的十八届三中全会也决定加快推进资本账户人民币可兑换。
[2] 详见第三部分。
[3] 2017年5月，国家外汇管理局局长潘功胜表示，资本账户开放的步伐要与经济发展程度、金融市场与金融稳定、外部环境相适应。

资本自发流向边际投资回报更高,即资本更稀缺的国家。这样既降低资本稀缺国企业的融资成本,又为资本富余国家庭提供更高的投资回报,并实现跨国分散化投资(Cole 和 Obstfeld,1991),降低投资收入波动风险。总体上,开放资本账户可以提高资本跨国配置效率,促进经济增长。因此,开放资本账户的提法与开放贸易一样,很长时间内都在学术界占据主流。Dornbusch(1996)曾写道,资本管制的时代已经过去了。IMF 也长期建议各国开放资本账户(Fischer,1998)。

资本账户开放利弊的实证研究大体可以分成两类,第一类关注开放的长期结果,即检验资本账户开放程度与经济增长的关系,第二类关注开放的短期结果,如开放能否降低融资成本、分散投资风险等。

第一类研究并没有发现资本账户开放促进经济增长的强有力证据。Jeanne、Subramanian 和 Williamson(2011)发现,各国资本账户实际(*de facto*)开放程度(外国总资产与总负债之和占 GDP 之比)从 1970 年代初到 2008 年全球金融危机之前的变化,与同期各国经济年均增速只有微弱的正相关关系(相关系数 0.17)。与之类似,资本账户名义(*de jure*)开放程度变化与经济增速关系也非常弱(相关系数 0.18)。加入控制教育程度、贸易开放程度等变量后,仍难以发现显著的正向关系,一些模型设定下开放程度甚至与经济增速呈负相关。从国别来说,最突出的反例是中国。中国改革开放四十年来,经济年均增速近 10%,但自 1990 年代以来中国经常账户始终保持盈余,在高速增长过程中实际上是在输出资本(Gourinchas & Jeanne,2007)。中国的经验印证了卢卡斯难题(Lucas,1990),即现实中资本往往由穷国流向富国,与新古典经济理论的预测恰好相反。另一类重要的反例是拉美、东南亚等地区国家,这些国家在开放资本账户后发生金融危机,经济非但没能加速增长,反而陷入深度衰退。

Henry(2007)提出,资本账户开放理论上能推动经济增长但不为实证研究所发现的可能原因。第一,实证研究往往将中长期的经济平均增速作为因变量,这样实际上是研究开放资本账户是否会永久性提高经济增速。然而，在标准的索洛增长模型中，开放资本账户导致的融资成本下降、稳态资本产出比上升只能暂时提高经济增速，一旦经济收敛到开放后的新稳态，经济增速将回落至潜在增速水平。然而，即使将研究的窗口从40年缩短至5年或10年，考虑开放后较短时间内的增速变化，开放资本账户对经济增长的贡献仍然不够明晰（Jeanne，Subramanian & Williamson，2011）。第二，多数实证研究未能区分资本账户开放对发达国家和发展中国家的影响。开放资本账户或许对发达国家是好事而对发展中国家是坏事，故二者混合后开放对经济增长的作用不显著。然而，区分发达国家和发展中国家的实证研究仍得不到开放资本账户对增长影响的确切结论。第三，资本账户开放程度难以准确度量。无论是基于IMF《汇兑安排与限制年报》（AREAER）的名义开放度指标还是基于国际收支的实际开放度指标，都可能存在较大的度量误差，但这种解释缺乏建设性。总体来说，Henry（2007）提出的原因并不能为新古典经济理论的预测提供有力支撑。

资本市场开放与经济增长实证关系较弱，另一个可能的原因是不同类型的跨境资本流动对增长的影响各异。第一类跨境资本为FDI，也是最常见的跨境资本。理论上说，此类资金流入一方面提高资本存量；另一方面伴随技术外溢效应，对增长应当有较强的推动作用。然而，实证研究并没有发现FDI促进经济增长的强有力证据（Moran，Graham & Blomstrom，2005）。实证研究发现，伴随FDI的技术外溢主要是垂直方向的（即外资将技术转让给供应链上下游），而不是水平方向的（即将技术转让给竞争者）。因此，伴随FDI的技术外溢效应可能没有那么大。此外，有研究将FDI再度细分为对金融部门与非金融部门投资两部分，发现对金融部门的FDI实际上可能是债务，不仅不促进增长，还可能增加金融风险（Ostry，Ghosh，Habermeier，Chamon，Qureshi & Reinhardt，2010）。即使FDI与经济增速正相关，也可能是反向因果，即更快的经济增长速度吸引外资涌入。例如，教育水平的提高与人力资本的积累驱动经济增长，提高了FDI的回报（Borensztein，De Gregorio & Lee，1998）。值得庆幸的是，虽然确认 FDI 对增长有正面贡献的研究不多，极少有研究认为 FDI 会对经济带来很大负面影响。考虑到 FDI 稳定、长期的特点，多数国家都鼓励 FDI。

第二类跨境资本是股票投资。由于其兼具股权和证券两种特性，此类资金流入对经济增长和金融稳定的影响比 FDI 复杂。一方面，股权特性意味着这类资本像 FDI 一样，有助于降低资本成本、促进企业投资、提高生产率；但另一方面，证券特性意味着股票流动性大，在危机时可能比 FDI 更容易外逃。由于新兴市场国家建立股票市场普遍较晚，直到 1990 年代才开始有股票投资流入新兴市场国家，故研究其增长贡献的实证文献较晚才出现。Henry（2003）分析了 18 个新兴市场经济体开放股票市场的历史，发现从开放前一年到开放后一年，资本成本显著下降约 2 个百分点，投资增速提高约 2.3 个百分点，人均产出增速也显著提高，与理论预计的方向一致。但上述相关性并不排除同期其他经济改革降低资本成本、促进投资的作用，尤其是投资增速提高幅度似乎过大。Bekaert、Harvey（2005）和 Lundblad（2006）检验了新兴市场国家对外国投资者开放股票市场的增长贡献，发现开放后的 5 年内，经济增速平均每年提高 1 个百分点。因此，股票投资对增长很可能有显著的正面贡献。虽然强调股票投资的外逃风险的实证研究较少，但是从亚洲金融危机的历史看，当股票下跌伴随汇率贬值时，确实有一些股票投资者在危机时出逃。

第三类跨境资本是债权投资（包括债券投资和银行贷款）。因其刚性兑付的特点，此类资金流入会对负债国的金融稳定性带来较大威胁。理论逻辑和历史经验都表明，过度依赖外部债权融资会导致经济大起大落和金融危机。新兴市场国家对外借债主要是硬通货债（尤其是美元债），一旦发生资本外流，本币贬值会使债务偿付压力上升，从而带来更大的经济运行压力，形成恶性循环（Korinek & Mendoza，2014）。1970 年代以来，新兴市场在国际金融市场上的融资主要是银行贷款。这些银行资金的最终来源主要是石油美元。发达国家进口石油，石油输出国将结余的美元存入国际银行，后者将其贷给新兴市场国家，为其对发达国家的经常账户赤字提供融资。1980 年代初，美国为了遏制通胀实行紧缩性货币政策，拉升美元利率，拉美国家外部融资面临极大压力。从 1982 年墨西哥危机开始，拉美多国连续爆发债务危机，经济陷入"失去的十年"。1997 年亚洲金融危机爆发前，东南亚国家同样向银行大量借贷。随着危机爆发，银行借贷资金瞬间停止（sudden stop，Calvo，1998）。由此可见，银行贷款是一种非常不稳定的融资来源。银行借贷资金大量流入时，会带来短暂的繁荣。但经济过热不可持续，一旦趋势逆转，银行借贷会很快出逃，造成金融危机。Korinek（2010）指出，债权投资的外逃风险比股票投资大。经济在被动去杠杆的重压下往往会陷入严重的衰退。

关于资本账户开放短期影响的研究针对不同问题发现结果各异。总体来说，开放资本账户似乎有助于企业降低融资成本，但对改善跨国风险效果不明显。

微观层面的实证研究表明，开放资本账户有助于企业降低成本，提高经营效率。Forbes（2007）发现，智利 1991~1998 年资本管制（encaje）提高了中小企业的融资成本，但大企业的融资成本变化不大，可能的原因是其融资渠道较多，更容易通过国内金融体系获得融资。Wei 和 Zhang（2007）认为，加强资本管制会提高进出口企业的经营成本，效果类似提高关税。他们发现，政府加强资本管制后往往会相应加强对进出口的真实性审查，以遏制通过虚假贸易规避资本管制的行为，但这样会提高合规企业成本。

开放资本账户对改善风险的效果不明显。Feldstein 和 Horioka（1980）早已指出，如果居民可以在全球分散投资，消费与产出的相关性理应很低，但 16 个发达国家的横截面回归显示，消费与产出的相关系数高达 0.89。这便是国际金融领域著名的 Feldstein-Horioka 之谜。此后，发展中国家资本账户开放程度逐渐提高，但横截面上消费与产出的相关系数并没有显著下降（Bai & Zhang，2009）。

两大类实证研究的结果表明，开放资本账户并不显然利大于弊。什么原因导致经济体未能享受开放的好处，甚至反受其害？Wei（2018）认为，发展中国家普遍存在四大类问题，导致开放资本账户可能弊大于利。第一，国内金融体系存在扭曲。如果金融扭曲是制度缺陷、腐败等问题所致，资本账户开放非但不能缓解扭曲，反而加剧错配（Eichengreen & Leblang，2003）。此外，如果国内存在金融抑制（financial repression），资本账户开放可能导致居民将储蓄转移到国外，导致资本外逃。第二，国际金融市场也存在扭曲，主要体现在借款总额上限（borrowing limit）和高波动性（fickleness）两方面。存在借款总额上限时，单个企业借外债的行为会导致其他企业借债的可能性降低，这是一种金钱负外部性（pecuniary externality）的表现，意味着企业倾向于过度借债（Korinek，2009），不利于金融稳定。国际金融市场容易受投资者情绪影响而波动，从而持续对发展中国家资产价格造成外部冲击。对发展中国家来说，借款总额上限往往不是常数，而是随着本币汇率、本国资产价格等因素顺周期波动。这种"金融加速器"效应（Kiyotaki & Moore，1997）会放大外部冲击的影响，加剧本国经济波动。第三，国内劳动力市场存在扭曲。劳动力市场缺乏灵活性，会降低投资回报率。此时开放资本账户可能会导致资本外流，从而进一步提高融资成本，加剧失业（Du，Nie & Wei，2017）。第四，国内制度和公共治理落后。发展中国家普遍存在的问题是公共管理水平不高、腐败较多。较大的政治、政策风险降低了外国投资者FDI的意愿，从而导致这些国家往往只能以债权形式对外融资（Wei，2001），融资期限往往较短（Wei & Zhou，2017），且主要以硬通货而非本币融资（Engel & Park，2017）。因此，开放资本账户有时不会促进经济增长，反而会加大金融风险。

除了对经济增长和金融风险的利弊，开放资本账户的另一个考虑是资本账户政策与其他经济政策，尤其是货币、汇率政策的协调。资本账户政策通过"三元悖论"，与货币政策的独立性、汇率的弹性紧密相关。Mundell（1961）提出三元悖论的概念，认为独立的货币政策、固定汇率和开放的资本账户三者不可兼得。Mundell 提出的本是一个否定命题，但在实践中往往被正面解读。例如，要保持货币政策独立，就必须实行浮动汇率，或施加资本管制。进一步地，加快资本账户开放会压缩货币和汇率政策的空间，保持货币政策独立就需要更加浮动的汇率。但浮动汇率能否隔绝外部冲击存在争议。Tong 和 Wei（2011）发现，全球金融危机爆发后，发展中国家的经济表现并不取决于汇率制度，而更多取决于其对外融资结构：对外负债主要是股权的国家经济表现更好，而债权为主的国家经济下滑更加剧烈。Rey（2013）提出"二元悖论"，对经典三元悖论提出了正面挑战。她认为跨境资本流动主要由全球经济格局决定。当全球经济较快增长时，资本会流向发展中国家，反之则回流发达国家。因而资本流动的方向与发展中国家的汇率制度关系不大，弹性汇率对隔绝外部冲击作用有限。因此，发展中国家面临的往往是独立货币政策和开放资本账户二选一而不是三选二。然而，也有观点认为，Rey 的分析是建立在小型经济体假设之上的。对于中国这样的大型发展中国家来说，其经济波动本身就可能对全球经济表现有举足轻重的影响力，进而左右资本流动的方向。因此，中国可能比一般发展中国家有更多的货币、汇率和资本账户政策腾挪空间（周小川，2017）。

上述关于资本账户的学术研究虽然在很多问题上还没有达成共识，但是我们可以在一些方向性问题上得到明确的启示。发展中国家贸然开放资本账户可能带来一系列风险：FDI 和股票投资对经济增长的贡献相对较大，且风险较小，应该鼓励开放；而债权投资容易造成过量借债，积累金融风险，一味封闭、资本管制固然不可取，但也应加强宏观审慎管理，防范化解跨境资本流动带来的金融风险。此外，在开放资本账户的同时应深化经济与制度改革，减少国内金融体系、劳动力市场扭曲，提高公共治理水平，防范腐败[①]。最后，资本账户开放不是孤立的政策，还需要与货币、

[①] IMF 对跨境资本流动的态度也发生了从反对资本管制到认可资本流动管理、强调金融风险防范的转变（IMF，2012）。

汇率政策统筹协调,实现优化的政策组合。中国资本账户开放的历史,充分体现出了对开放利弊、政策协调的深入考虑,取得了许多成功的经验,但也有一些教训。

三 中国资本账户开放:四十年历程回顾

1. 中国资本账户开放的六个阶段

中国的资本账户开放可以分为六个阶段。开放早期,跨境资本面临较多政策约束,资本流出面临的约束尤其严格。因此,FDI 在中国的资本账户中占据主导地位,且资本账户保持顺差。随着外汇管理政策逐渐放宽,非 FDI 跨境资本流动自由度上升,资本账户波动率相应变大,2014~2016年甚至跌入逆差区间。中国通过开放 FDI 流入获益丰厚,但近年来,跨境资本短期流动也对中国国际收支平衡与金融稳定带来了挑战。

图 4 1982~2000 年中国的资本流入

资料来源:外汇局。

1979~1991 年:资本项目开放的早期实践

1979 年,《外商合资法》随着改革开放应运而生,拉开了中国资本账户开放的序幕。同年，深圳、珠海、厦门、汕头四个经济特区成立，开启了吸引外资的试点。外资在特区内享受税收减免、自主决策等超国民待遇。试点取得良好效果后，各地政府纷纷效仿推出优惠政策，带动 FDI 在 1990 年代初期持续平稳增长，但数额并不高，对资本账户顺差的贡献低于其他投资（对外借贷）。从来源看，这一阶段流入大陆的 FDI 约 70% 来自香港和台湾地区，发达国家对华直接投资则相对谨慎。有趣的是，尽管中国明显偏好 FDI，这一段时间流入中国的主要是其他投资（图 4）。

1992~1997 年：FDI 的扩张与首次挫折

1992 年是改革开放的转折点。邓小平南方谈话使中国回到了 1978 年确立的坚持改革、扩大开放的正确轨道上。南方谈话增强了外资对中国的信心。FDI 从 1991 年的 44 亿美元迅速增长至 1997 年的 440 亿美元，六年增长了九倍，大幅甩开证券和其他投资，成为资本账户顺差的主要贡献者。伴随规模扩大，FDI 来源也日益广泛，美国、欧洲、日本等发达国家的资本对中国 FDI 的贡献提高。

更大的变革发生在汇率和经常账户。1994 年初，中国人民银行宣布结束汇率双轨制[①]，官方汇率与调剂市场汇率并轨为基于市场的有管理的浮动汇率。人民币对美元贬值 33% 至 8.7∶1（之后稳定在 8.28∶1）。人民币贬值提高了出口竞争力，经常账户由 1980 年代以来在 0 附近波动变为顺差并持续扩大。1996 年，经常账户实现可自由兑换。在 FDI 流入和经常账户顺差双重贡献下，我国外汇储备迅速增长，在 1997 年亚洲金融危机前夕达到 1200 亿美元，四年增长了五倍（图 5）。[②]

---

① 1981 年至 1993 年，中国实行官方汇率和调剂市场汇率双轨制。官方汇率较高，以支持重要产品、设备进口，调剂市场汇率则较低，更能反映进出口企业、外资企业对外汇的供求状况。

② 1993 年中，外汇储备为 188 亿美元。

图 5 中国的外汇储备和人民币汇率

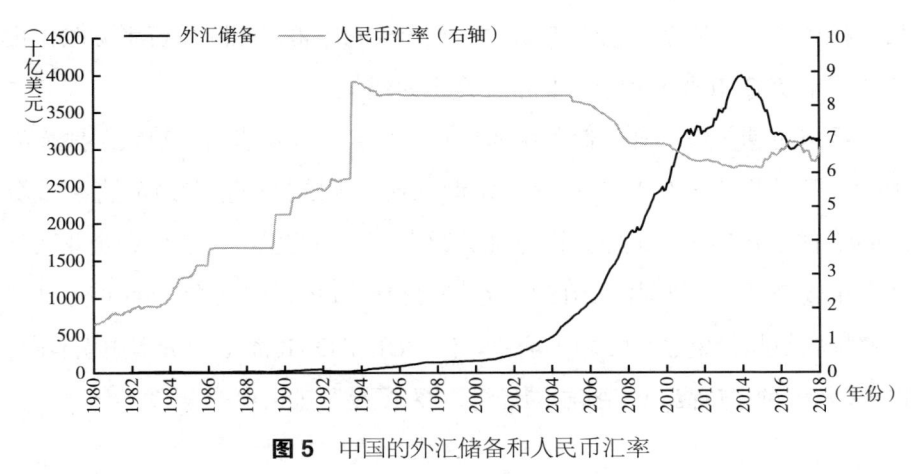

资料来源：外汇局。

作为1992年中共十四大确立的中国特色社会主义市场经济体制的重要组成部分，中国在1993年宣布将在2000年实现人民币资本项目可兑换。然而，1997年亚洲金融危机爆发，资本账户开放的计划被迫推迟。危机期间，充裕的外汇储备和严格的资本管制措施稳定了人民币兑美元汇率，避免了金融危机对中国经济的严重冲击。但是金融危机清楚地表明，跨境资本短期剧烈波动可能对经济造成巨大破坏，使政策制定者在开放资本账户尤其是证券和其他投资时不得不更加谨慎。

1997~2007年：双顺差与资本账户的渐进、逆风式开放

亚洲金融危机结束后，中国和其他亚洲国家一样，出于预防性动机迅速积累外汇储备。2001年加入WTO后，中国经常账户顺差爆发式增长。受出口拉动，中国经济加速扩张，吸引更多FDI涌入，经常账户和资本账户"双顺差"不断扩大，导致外汇储备迅速积累。2002年中，中国外汇储备达到2500亿美元，比五年前亚洲金融危机时又翻了一倍（图5）。

随着对金融危机的担忧减退，中国谨慎地重启了资本账户开放的计划。鉴于亚洲金融危机期间资本大幅外流的破坏力，中国首先放宽了证券投资流入的渠道。2002年末，中国启动了合格境外机构投资者（QFII）项目，拉开了中国股票、债券市场对外资开放的序幕。国际投资者分散化投资的需求使 QFII 受到追捧，批准额度迅速增长。

经济迅速扩张、外汇储备快速增长，加大了决策者对"热钱"融入的担忧，开放资本流出势在必行。21 世纪初，中国推出企业对外直接投资（ODI）的"走出去"战略，以保证关键大宗商品的供给，并促进企业在产业链上逐渐升级（张明，2015）。在证券投资领域，中国于 2006 年启动了合格境内机构投资者（QDII）项目。但 ODI 和 QDII 流出的资本规模有限，FDI（及各种"热钱"）追捧中国经济，"双顺差"进一步扩大。

专栏1：证券投资的各种"Q"项目[①]

2002 年末，中国推出了合格境外机构投资者（QFII）项目，这是证券领域开放的第一个投资渠道。QFII 可以将持有的外汇兑换成人民币并投资于中国国内金融市场，包括 A 股市场[②]。尽管仍然存在一些限制（后逐渐放宽），但 QFII 项目仍然受到急于向中国分散投资的外国机构的青睐。外汇局批准的 QFII 额度快速增加，2003 年末为 17 亿美元，2007 年 1 月达到允许投资额度的上限 100 亿美元。此后十年，QFII 额度上限多次上调，2007 年上调至 300 亿美元，2012 年上调至 800 亿美元，2015 年再度上调至 1500 亿美元。截至 2018 年 6 月，批准的 QFII 额度已突破 1000 亿美元大关。

2006 年，中国推出了合格境内机构投资者（QDII）项目，这是第一个境内机构向海外金融市场投资的渠道。QDII 允许投

[①] 批准额度变化见图 6。
[②] 推出 QFII 之前，外国投资者仅能购买 B 股，上海证券交易所挂牌的 B 股以美元计价，深圳证券交易所挂牌的 B 股以港币计价。

资 11 个经济体的金融市场[①]。外汇局批准的 QDII 额度从 2006 年的 100 亿美元开始快速扩张，2007 年达到 500 亿美元，2015 年达到 900 亿美元。截至 2018 年 6 月，QDII 批准额度也突破了 1000 亿美元大关，达到 1030 亿美元。

2011 年，中国推出了人民币合格境外机构投资者（RQFII）项目。RQFII 允许海外机构将持有的人民币直接投资于中国金融市场。2013 年末，外汇局批准 RQFII 额度为 1570 亿元人民币，2015 年达到 3000 亿元，2017 年末达到 6000 亿元。截至 2018 年 6 月，RQFII 批准额度达到 6220 亿元人民币。

由于双顺差带来的升值压力持续扩大，人民币自 2005 年 7 月起不再钉住美元，开启了真正的有管理的浮动汇率时代。到 2007 年末，人民币累计升值 13%。同时，对资本流入的管理也在加强。但是，放宽流出、管控流入并不足以扭转巨大的"双顺差"。2007 年末，中国经常账户顺差高达 GDP 的 10%，外汇储备突破 1.5 万亿美元，五年之内翻了六倍（图 5）。

2008~2013 年：开放与套利资本涌入

全球金融危机爆发后，中国推出一揽子刺激政策。2008 年下半年开始，人民币在 6.8：1 的水平再度钉住美元长达两年之久，以缓解出口部门的经营困难，并短暂加强资本流出管理以稳定国内金融市场。2009 年，中国宣布"四万亿"刺激计划。在基建、房地产带动下，国内投资需求急剧反弹，巨大的融资需求光靠银行信贷无法得到满足，催生了对影子银行和海外融资的需求。与此同时，海外经济处于危机后的深度低迷状态，主要央行大幅降低政策利率，美联储启动量化宽松（QE），通过购买长端债券，向全球金融体系注入巨额流动性。当资本流入监管放松时，国内强劲的融资需求和海外过

---

① 包括美国、英国、日本、韩国、新加坡、澳大利亚、卢森堡、德国、加拿大、马来西亚、中国香港。

剩的流动性立刻制造了套利资本疯狂涌入中国的"完美风暴"。

为了满足国内融资需求，中国放宽了许多资本流入限制。对 FDI 的注册流程自 2012 年起大幅简化。对证券投资，QFII 额度多次提高，RQFII 于 2011 年启动。对其他投资，内保外贷于 2010 年放宽，允许境内企业在境内银行担保下，通过海外分支机构从海外银行借贷。

全球金融危机、经济刺激政策和资本账户开放举措显著改变了中国国际收支的结构。由于外部需求萎缩、国内投资需求上升，经常账户顺差由 2007 年占 GDP 的 10% 下滑至 2011 年占 GDP 不足 2%。资本账户顺差则因放宽流入而不断扩大，2010 年、2011 年、2013 年都超过了经常账户顺差。在资本账户内部，尽管 FDI 仍然是顺差最大的贡献来源，但其他投资对资本账户波动的贡献越来越突出。管制放松使进入中国的短期套利资本（"热钱"）快速扩张。中国利率显著高于发达国家，且 2010 年后，人民币保持对美元单边升值，吸引外国资本通过 FDI、借贷等形式大量流入。外汇储备因而进一步增加，2013 年末达到 3.8 万亿美元（图 5）。但与 FDI 不同，套利资本更加注重短期收益，波动率高得多，经常快进快出。2010~2013 年大量涌入的套利资本实际上埋下了资本大量外流的隐忧。

2013~2016 年：开放遇上套利资本回流

从 2013 年开始，中国资本账户管理发生了根本性变化。负面清单管理成为新的管理原则。监管由重事前审批变为重事后分析检测。多种因素促成了这一转变。从资本流动周期看，热钱涌入、外汇储备过量积累越来越令人担忧，资本流出管理有放宽的动机。从长期趋势看，中国鼓励企业"走出去"投资，尤其是"一带一路"国家。此外，高层有意加快人民币国际化步伐，需要放宽资本管制以增加全球市场使用人民币的意愿。

这些考虑推动资本账户开放上了新的台阶。FDI 由审批改为注册，流程大幅简化。自 2015 年年中以来，FDI 和 ODI 已基本实现可兑换（郭松，2018）。在证券投资领域，QFII、QDII、RQFII 额度进一步提高，并在此基础上推出新的开放渠道。2014 年底，中国推出沪港通，两地机构和个人投资者可以较为自由地在对岸股票市场投资（见专栏2），资本双向流动越发便捷。

专栏2：证券投资的各种"通"

2014年末，中国推出沪港通。开通后，内地机构及个人投资者投资港股、外资机构及个人投资A股的便利程度均大幅提高。与QFII、QDII、RQFII不同，沪港通参与者并不受单个机构或个人投资额度的约束，而仅有总量约束。南向（上海流向香港）资金额度为2500亿元人民币，每日南下额度为105亿元人民币；北向（香港流向上海）资金额度为3000亿元人民币，每日北上额度为130亿元人民币。

2016年末，中国推出了与沪港通类似的深港通。此外，2015年中推出了两地基金互认，允许内地机构在香港、香港机构在内地销售基金产品，双向额度均为3000亿元人民币。

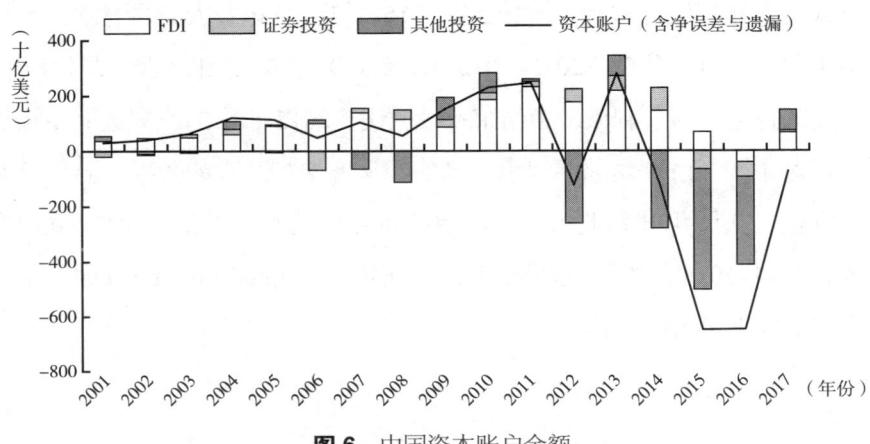

图6 中国资本账户余额

资料来源：国家外汇局。

受开放政策推动，资本如速流出。2013 年，中国资本账户顺差 3430 亿美元。2015 年，变为逆差 4340 亿美元，为有史以来最大差额。2016 年再度录得逆差 4160 亿美元[①]。其中，ODI 从 2013 年的 729 亿美元猛增至 2016 年的 2164 亿美元，对外证券投资同期从 53 亿美元增至 1030 亿美元。ODI 和证券投资迅速扩大，一部分是中国居民和企业增持全球资产的再平衡需求，是分散化投资和藏汇于民的应有之义。

但是，资本急速流出也暗含隐忧。2013 年，其他投资顺差 720 亿美元。到 2015 年，变为逆差 4340 亿美元，2016 年逆差有所收窄，但仍有 3160 亿美元。同时，净误差与遗漏逆差也从 629 亿美元扩大至 2290 亿美元。这些信号表示资本流出扩大中，相当一部分具有高度投机性（图 6）。

全球金融危机后涌入中国的套利资本（carry trade）自 2014 年开始撤出中国，是资本账户由顺差迅速变为大幅逆差、净误差与遗漏逆差持续扩大的重要原因。金融危机五年后，美国经济逐渐复苏，促使美联储在 2014 年宣布结束第三轮量化宽松（QE3），并暗示将启动加息，实现货币政策正常化。相比之下，欧洲与日本经济都深陷通胀低迷的泥淖，央行不断加大宽松力度。美国与欧日货币政策的分化导致美元对欧元、日元大幅升值。人民币兑美元汇率则基本稳定在 6.15∶1，意味着人民币对欧元、日元等主要货币持续升值。2013~2015 年，经济增长速度因劳动力成本上升、汇率过高抑制出口、刺激政策结束持续放缓。2015 年中的股灾进一步增加了市场对中国经济硬着陆的忧虑。高估的汇率迭加悲观的预期，驱使套利资本回流，人民币开始贬值，外汇储备也开始缩水（见专栏 3）。从规模上说，2014~2016 年中国经历的资本流动逆转（capital flow reversal）是全世界有史以来最大的逆转。

---

① 不含净误差与遗漏。

专栏3:"8·11"汇改

2015年8月11日,中国人民银行出人意料地宣布调整人民币兑美元汇率中间价形成机制,每日开盘价与上一交易日收盘价的联系更加紧密。尽管中国人民银行强调,中间价形成机制改革的目的是增强市场机制在人民币汇率形成中的作用,加大人民币汇率灵活性。但是,汇改当天人民币兑美元大幅下跌超过2%,被解读为中国经济基本面快速恶化,中国人民银行放任人民币贬值。汇改加剧了套利资本回流发达市场。为减缓资本外流,中国加强了外汇管理执法力度,并启动了宏观审慎管理工具。这些措施避免了人民币汇率因贬值预期自我实现,刹住了资本急剧外流的势头,但也付出了高昂代价。2014年6月,中国外汇储备达到峰值,接近4万亿美元。2016年末,外汇储备跌破3万亿美元大关,仅仅18个月就缩水一万亿美元。

相当比例的套利资本外流实际上是中国企业加速还债(缪延亮、饶璨,2016),在国际收支平衡表中表现为其他投资债务项大幅减少,由2013年的2140亿美元变为2015年的−3510亿美元。金融危机后的最初几年,人民币持续升值,海外借美元债再投向国内不仅能享受较宽的国内外利差,还能从人民币升值中额外获益。因此,中国企业(包括许多高杠杆经营的房地产开发商)抓住外债管理放宽的机会,在海外大举借债,甚至过量借债,将超过自身经营所需的资金贷给其他企业,通过影子银行业务谋利。但2014年人民币汇率开始掉头向下,海外借债的成本突然上升,企业被迫去杠杆,诱发了换汇还债—贬值—进一步换汇还债—进一步贬值的恶性循环(Korinek & Mendoza,2014)。此外净误差与遗漏项逆差增大，显示资本可能以虚假进口等形式加速外逃。

2017 年至今：经济反弹，开放重启

受供给侧结构性改革与外需改善共同推动，中国经济自 2016 年中以来显著反弹。2017 年，全球经济出现罕见的同步加速复苏。受此提振，人民币自 2017 年初开始持续走强，全年对美元升值超过 6%。套利资本再次回流中国，其他投资债务从 2015 年的 −3510 亿美元反弹至 2017 年的 1510 亿美元。同年，净误差与遗漏逆差为 2219 亿美元，尽管数额仍然较大，但出现企稳迹象。资本账户企稳带动中国外汇储备缓慢回升，2017 年末中国外汇储备升至 3.1 万亿美元。

随着经济企稳、外汇市场恢复平静，资本管制措施逐渐放宽，资本账户开放重启（见专栏4）。2018 年 4 月，习近平主席在博鳌亚洲论坛讲话，强调中国坚定不移走扩大开放的道路。2017 年以来，QFII、QDII、RQFII 额度提高，利润汇回等制度也更加灵活，沪港通、深港通每日资金流动上限提高，沪伦通即将推出，另类投资领域的开放试点在停摆两年后重启。

专栏4：2018年资本账户开放举措

2018 年 6 月 12 日，外汇局宣布取消 QFII 每月 20% 的汇出上限，以及 QFII 和 RQFII 三个月的投资锁定期，外资从国内金融市场撤出更加便捷。此外，外汇局还允许 QFII 和 RQFII 在国内金融市场对冲汇率风险。

2018年5月1日，沪港通和深港通每日资金流动上限提高4倍，北向限额提高至520亿元人民币，南向限额提高至420亿人民币。自A股于2018年6月1日纳入MSCI新兴市场指数后，提高资金流动上限有助于满足国际投资者配置A股的需求。沪伦通已经准备就绪，有望于2018年内推出。

2018年4月，外汇局在暂停两年后重启合格境内有限合伙人（QDLP）、合格境内投资企业（QDIE）项目试点。在QDLP、QDIE项目下，境外资产管理机构可以在中国境内发行基金，投向境外另类投资项目。虽然试点额度较小（QDLP和QDIE均为50亿美元），且发行局限于在上海和深圳，但试点标志着对外证券投资扩展至另类投资领域。

2. 中国资本账户开放程度几何

上述六个阶段的总结表明，中国资本账户相比四十年前已经显著开放。开放的过程是渐进的，并不是沿着直线前进。中国对直接投资开放较快，过程也平稳；对证券和其他投资的开放相对缓慢，且经历了许多波折。资本账户管理政策多次在"宽流入、限流出"与"宽流出、限流入"之间摇摆。尽管如此，改革的大方向还是不断扩大开放。

中国的Chinn-Ito指数自1993年起保持不变，与资本账户不断开放的现实不符。主要原因是AREAER是0-1变量，用来记录各类资本账户交易是否存在限制，但对限制松紧程度把握并不准确。只有较大的政策变动，比如彻底取消某项交易限制，才会改变AREAER的值。而中国资本账户开放走的是渐进式改革道路，放宽了绝大部分交易的限制，但很少彻底取消限制。这解释了中国官方对资本账户开放"半满"的观点与国际观察家"半空"观点的差异。虽然中国的 Quinn 指数持续上升,但 Chinn-Ito 与 Quinn 两个指数的分化走势说明资本管制难以准确度量,中国资本账户开放程度不宜用名义指标来刻画。

度量资本账户的实际开放程度更加重要。标准度量是国际投资头寸(International Investment Position,IIP)对外总资产和负债占 GDP 之比,但也有其他度量能更好反映资本账户开放程度的细节。

中国对外资产和负债均以高于 GDP 的速度增长,表明实际开放程度不断提高。从 2004 年到 2017 年,对外资产和负债总额翻了六倍。2017 年,对外资产和负债分别相当于 GDP 的 57.6% 和 42.5%,显示中国的资本账户开放程度比印度等新兴市场国家高,但低于发达国家。

IIP 的构成变化也反映出实际开放程度在提高。在资产端,2009 年时 71% 的对外资产是官方储备,到 2017 年,这一比例已经降至 47%;在负债端,FDI 占比一直高达 55%~60%,原因是 FDI 开放早且程度高,但证券投资占比已经从 2004 年的 9% 提高至 2017 年的 20%。与此相关,中国资本账户波动率随着非 FDI 占比上升而且越来越高,也表明对非 FDI 的开放度不断提高。

长期债券收益率的跨国联动表明国内外金融市场紧密联系,意味着资本账户实际开放程度高。2012 年以来,中美 10 年期国债收益率相关系数高达 0.7(图 7),而 1 年期国债收益率仅为 0.14。尽管两国货币政策分化,但长期国债收益率联动,表明两国国债期限溢价(term premium)由共同因素驱动,背后的原因是中国银行间债券市场对外资开放程度提高[①]。2017 年末,中国国债总量达到 13.5 万亿元人民币,其中 5%(6670 亿元)为海外机构持有[②]。QFII、RQFII、债券通等投资渠道的逐步推出和放宽,

---

① 经过一系列改革,中国取消了外国投资者在银行间债券市场投资的额度限制。外国央行和主权财富基金于 2015 年首先豁免额度限制,随后,QFII 在 2016 年豁免。2012 年以来,中国银行间债券市场保持了世界第三大债券市场地位,仅次于美国和日本。截至 2018 年 6 月,证债券市场总规模达 75.8 万亿元人民币。

② 截至 2018 年 5 月,海外机构持有的中国国债达到 8390 亿元人民币。

以及中国国债纳入全球主流债券指数①，共同提高了全球资本配置中国国债的需求。

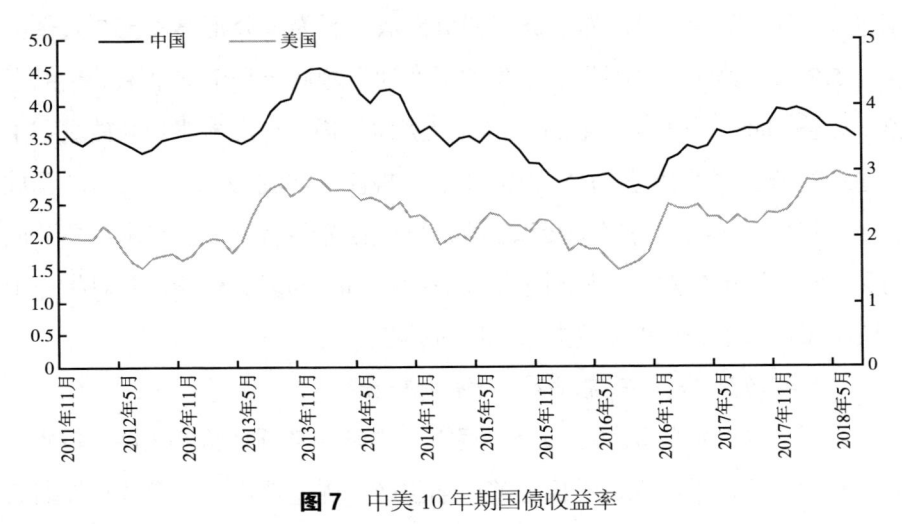

图 7 中美 10 年期国债收益率

资料来源：Chinabond，美联储。

然而，全球投资者对中国信用债和股票市场仍然保持谨慎。截至 2018 年 6 月，外资持有的中国信用债和 A 股分别仅占总市值的 0.4%、2%。尽管投资渠道逐渐放宽，但中国金融系统的结构性问题，如金融监管不到位、公司治理薄弱、信用评级不可靠、政府干预过多，以及一些交易制度障碍②，导致信用债和股票迟迟未能纳入全球性资产指数，降低了外资配置的意愿。中国信用利差及股票指数与其他国家相关度低，对外国投资者来说投机性较高。

中国资本账户开放已经取得了长足进步，但还远未完成。直接投资已经实现较高水平的开放，但证券投资开放仍处于起步阶段。

---

① 2018 年 3 月，彭博宣布，2019 年 4 月将中国国债和政策性银行债券纳入彭博—巴克莱全球债券综合指数（Bloomberg Barclays Global Aggregate Index）。摩根大通及富时—罗素（FT-Russell）也考虑将中国国债纳入其债券指数。

② 例如，A 股价格受每日 ±10% 涨跌停板限制，且缺乏卖空机制。

四　中国资本账户开放的经验和教训

从结果看，中国资本账户开放总体是成功的。四十年来，中国吸引了超过 3.1 万亿美元 FDI，外部资产和负债从几乎为零分别增长至 7 万亿美元和 5.5 万亿美元。中国经济经受住了亚洲金融危机和全球金融危机的考验。尽管如此，中国与其他新兴市场经济体一样，在资本账户开放过程中也遭遇过挫折，尤其是 2015~2016 年的大规模资本流出。中国可以从开放的四十年历史中汲取许多经验和教训。比较西方经济学关于资本账户开放的文献与中国的实践，能够对主流文献提供有益的现实检验，并对指导中国资本账户未来进一步开放提供宝贵的参考。

1. 成功经验：正确排序，渐进开放

中国首先开放的是直接投资。经济学文献和各国经验都表明，FDI 最有助于增长的资本流入，不仅能够增加生产、创造就业，还能带来外国的先进技术和管理经验。并且 FDI 主要是长期投资，相对稳定，对金融系统的冲击比其他资本小。率先开放 FDI，使中国获得了引进外资的好处，同时避免了非 FDI 资本无序流动的风险。截至 2017 年，FDI 仍在中国资本流入中占主导地位，规模超过证券和其他投资。

开放是渐进式的，即使对 FDI 也是如此。1980 年代初期，社会主义市场经济刚刚诞生，政府缺乏调控经验。如果一下子对外资敞开大门，即使是有助于增长的 FDI，也可能造成投资过热的不良后果。实践中，中国选择先试点，再推广。1979 年四个经济特区成立，1984 年又成立了 14 个经济技术开发区，外资仅在特区和开发区内享受超国民待遇。试点取得良好效果后，中国才对 FDI 敞开怀抱。1986 年开始，外资无论在国内何处投资，均享受税收优惠[①]。渐进开放减轻了外资涌入对经济的冲击。1980 年代经济增长速度、通胀均大起大落，如果不是渐进开放而是对外资一放了

[①] 外资税收优惠于 2008 年取消。

之，经济过热的局面可能比实际更加严重。

证券投资选择了渠道式开放，比直接投资更加谨慎。渠道式开放有助于监管机构控制跨境资本的性质、流向和规模。QFII 推出之初，仅允许央行和主权财富基金参与，之后才逐步扩大到一般机构投资者，并放宽了单一机构投资额度、最短持有时间、利润汇回条件等监管规则。QDII 和 RQFII 开放的路径与 QFII 类似[①]。在成功推出各种"Q"项目之后，才推出沪港通、深港通和债券通。这些"通"比"Q"更加灵活，除机构投资者外，个人投资者也可以参与，并且单一投资者不受额度限制。普通证券投资渠道开放后，再推出 QDLP 和 QDIE，拓宽境内投资者可投海外资产类别至风险更高的另类股权和债券领域，启动之初允许的额度较小，以控制风险。

总的来讲，中国资本账户开放的成功经验是把握正确的开放次序，渐进推进。通过每一小步的积累，中国资本账户实现了渐进开放，同时也维护了金融稳定。

2. 近年的两点教训

资本流动管理改革的步伐不协调

虽然证券投资渠道逐渐开放，但外界对中国资本账户开放仍然存有疑虑。尤其是 2015~2016 年资本快速外流时，中国显著加强了资本管制，引发市场猜疑，不少外资担心一旦资本流动情况恶化，中国就会偏离资本账户开放的目标，重走资本管制的老路（Wharton，2016）。

这种疑虑与 2009 年以来中国资本流动管理的改革形成鲜明的对比。自 2009 年以来，中国进行了资本流动管理的改革。过时的、行政式的管理框架让位于市场化的框架，取消了冗长而不透明的事前审批，代之以简化的事后监测与分析，无罪推定取代有罪推定，降低合法合规交易的制度成本。负面

[①] 2006 年启动之初，QDII 只能投资海外固定收益证券市场，一年之后才允许投资股票。随着时间推移，QDII 可投资产范围扩大，配置也更加灵活，但投机性强的短期投资者准入仍然受到限制。RQFII 推出之初，仅允许国内金融机构在香港的分支参与。此后，参与面扩大到全球资产管理机构在香港的分支。

清单取代正面清单，扩大允许的交易规模。这些实质性的改革标志着外汇管理哲学的转变，目的是促进贸易和投资的自由化、便利化（易纲，2014）。

资本流动管理经历大刀阔斧的改革后，为什么还有疑虑？主要教训是逆周期宏观审慎管理框架的制定及付诸实施的步伐较慢。2009年之后的改革主要集中于微观监管的市场化与现代化，而事前预防套利资本大进大出的关键——宏观审慎监管直到2016年才正式推出（郭松，2018）。微观监管的放松促使非FDI套利资本迅速涌入，资本账户的波动率自全球金融危机以来持续上升[①]。为了平抑资本流动，监管者只能采取逆风式监管（lean against the wind）。但由于缺乏宏观审慎工具，监管实际上走回了行政管制的老路，流入压力大时限流入、松流出（如全球金融危机之前，鼓励企业走出去），流出压力大时限流出、松流入（如2015~2016年放宽外资进入，加强中国企业ODI审查）。行政手段存在较多微观管理（micro-management），监管者具有较大的自由裁量权（discretion），意味着监管存在随意性强、透明度低的缺点，留下了资本流动根据性质、方向、时点面临歧视性对待的印象。尤其是2015~2016年加强流出限制与政策制定者坚持扩大开放的表态有较大差距，强化了市场对资本账户开放前景的疑虑。

因此，资本流动管理改革的一个教训是在微观层面上取得较快进展，但宏观审慎管理改革步伐相对滞后，监管者面对套利资本流动，不得不依靠传统行政手段，将其作为宏观审慎工具的不完美替代品。只有宏观审慎管理到位，与微观监管有力配合，才能恢复市场对资本账户持续扩大开放的信心。

资本账户开放与其他改革缺乏协调

全球金融危机后的最初几年，中国加快了资本账户开放的步伐。2008~2013年，国家对企业对外借债的监管显著放松。2014年资本流入转为流出后，监管转为大幅收紧。为什么加速开放反而导致管制收紧？

问题不在于资本账户开放本身，而在于中国金融体系存在严重扭曲

[①] 人民币汇率缺乏灵活性也导致套利资本流动波动率扩大。

且汇率缺乏灵活性。利率市场存在较多管制和扭曲。存款利率被故意压低，以降低银行资金成本。银行贷款利率也相应被压低，然而却并非对所有企业都可得。国有企业很容易获得低息贷款或借新还旧。私营企业贷款利率则往往高很多，甚至无法获得贷款（Song，Storesletter 和 Zillibotti，2011）。金融扭曲加大了国内外边际利差，全球金融危机后，全球央行降息，QE 等宽松货币政策又使利差进一步扩大。因此，当外债监管放松以更好满足刺激政策带来的企业融资需求时，国内外利差导致强烈的人民币升值预期，套利资本大量涌入中国。

涌入的套利资本中很大一部分是国内企业海外借债。2008~2014 年，企业海外借债总额高达 1.1 万亿美元（图 8），推动外汇储备在 2014 年中达到 4 万亿美元（缪延亮、张宇、何欣勇，2015）。除了满足自身融资需求之外，国内企业还超额借贷，将多余的资金结汇后借给其他企业，摇身一变成为影子银行（Huang，Panizza & Portes，2018）。

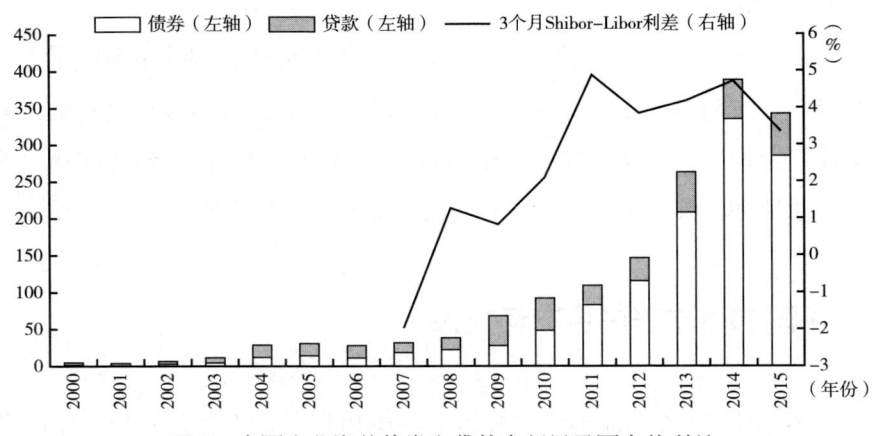

图 8 中国企业海外债券和贷款发行量及国内外利差

资料来源：缪延亮．饶璨（2016）。

汇率缺乏灵活性加大了套利资本波动率。在浮动汇率制下，套利资本流入会迅速引发人民币升值，导致套利机会减少从而限制资本进一步流入。但人民币汇率缺乏灵活性，导致套利机会持续存在，使得套利资本大幅流入，人民币升值预期不断自我强化。在这种正反馈机制下，扮演影子银行角色的国内企业不仅赚取国内外利差，还从人民币持续升值中获利。但套利无法永远持续，当其积累到极限，最终转向流出时，正反馈机制又会往相反的方向运行，迫使影子银行偿还外债，从而造成2015~2016年巨大的资本外流压力，不断加强人民币贬值预期。

因此，2015年"8·11汇改"实际上来得太迟。如果人民币汇率更加灵活，中国可以在2008~2013年事先减少套利资本流入，减少外汇储备过度积累，也可以在2015年事后减少干预，让人民币更快贬值，减少外汇储备流失。中国的经验暴露了依赖外汇储备对冲资本外流的缺点。一个重要的不对称性在于，外汇储备的积累没有上限，但不能降到零下方。汇率缺乏灵活性时，这种不对称性导致了市场视外汇储备总量为金融稳定指标的恶性循环（缪延亮，2018）：对本币贬值的担忧导致资本外流、外汇储备流失，从而进一步加剧贬值和外汇储备可能耗尽的忧虑，最终使外汇储备以更快的速度流失。

由此，中国的另一个教训是金融体系、汇率形成机制改革滞后于资本账户开放，三者缺乏协调。孤立推进资本账户开放，容易导致套利资本大进大出，反而会延迟资本账户实现可自由兑换的进程。避免犯相同错误的关键，是协调好资本账户开放、金融与汇率形成机制改革。

五　中国的资本账户将向何处去

随着2017年资本流出压力减退，中国重启了资本账户开放，集中在非FDI领域。全球以及中国的历史经验都表明，开放非FDI资本流动存在较大风险。中国为什么要坚持资本账户开放？中国将如何改进资本流动管理？中国将如何在开放进程中保持宏观经济与金融稳定？开放的经验教训提供了可能的答案。

1. 中国为什么坚持资本账户开放

从中国的成功经验可以看出，开放与否取决于对收益与风险的权衡。新古典经济理论认为资本账户开放的直接收益，是更有效率地跨境配置资本，改善家庭财产在全球的分散配置，降低企业的融资成本。但是，新古典经济理论的预测与实证不符。开放资本账户对经济增长的贡献不明确（魏尚进，2018），而且往往会对新兴市场国家造成资本流入骤停（sudden stop）、资本外逃、货币危机、不平等加剧（Furceri & Lougani，2015）等风险。中国资本账户开放的经历也印证了新兴市场国家的一般经验。

如果开放的收益与风险并不确定，为什么中国还要坚持开放？一个可能的理由是中国的目标是成为一个发达经济体，从而将开放资本账户作为目标本身。从实证方面看，可兑换的资本账户对发达国家的收益—风险权衡比对新兴市场国家要好。实证文献提出了阈值效应（threshold effect），对一定阈值之上（人均收入、金融深度、制度质量、劳动力市场灵活性、基础设施等）的经济体，资本流动酿成金融风险的可能性较小，促进经济增长的可能性较大（Kose，Prasad & Taylor，2009；Jeanne，Subramanian & Williamson，2011，第4章，魏尚进，2018）。随着中国经济持续发展，开放的收益—风险权衡可能越来越有利（Prasad & Rajan，2008）。或许出于这种考虑，中国即使遭遇资本外流压力，也仍然坚持资本账户开放的大方向。

即使新古典经济学预测的直接收益不明确，开放资本账户仍然可能带来间接的附加好处（collateral benefits，Kose，Prasad，Rogoff & Wei，2009）。对中国来说，重要的附加好处是促进金融开放与金融改革。中国自2013年开始就是世界第一大贸易国，但金融开放程度仍然较低。全球金融机构在中国金融市场参与度较低。缺乏外部竞争致使国内金融机构缺乏动力改进产品和服务、风险管理及公司治理；金融法律法规和监管容易被扭曲，对高杠杆和过度冒险管控不力；重要的金融改革难以推进或容易倒退。

开放资本账户或许可以成为推动金融改革的重要依托。金融市场一旦对外开放，就难以再次关闭。外资的竞争有助于国内金融活动和监管水平与国际接轨（Schoenmaker，2013；Obstfeld，2015）。例如，国有银行在21世纪初引入境外战略投资者提高了资本充足率、竞争力和风险抵御能力。在更严格的财经纪律约束下，企业和地方政府过度举债加杠杆的行为将更容易预防。影子银行体系将更加透明，对金融稳定的威胁将降低。去杠杆计划也有望更加平稳地开展[①]。

开放的另一个附加好处是为人民币国际化营造有利环境。如果人民币能被国际市场广泛接受，将进一步促进中国对外贸易和投资便利化。2015年人民币纳入SDR是人民币国际化的里程碑。但是，人民币距离主要世界货币仍有很长的路要走。2014~2017年人民币在全球交易中的份额实际在下降[②]，原因可能包括套利资本流出、资本管制加强。向前看，资本账户开放有助于提高跨境交易对人民币的需求。

总之，资本账户开放有望给中国带来显著的直接和附加的好处。谨慎、渐进地推进开放，有望获得这些好处。开放的风险可能较大，应当通过协调推进金融和汇率形成机制改革妥善管控。这解释了为什么2017年资本外流压力减轻后，政策制定者放松了资本管制，并推出了新的开放举措。

2. 中国将如何改善资本流动管理

资本账户开放后，资本流动的规模和波动率很可能显著上升。Bayoumi和Ohnsorge（2013）估计资本账户开放后，中国的对外资产占GDP之比可能提高15~25个百分点，外国在华资产占GDP之比也可能提高2~10个百分点。中国金融体系将面临前所未有的外部冲击考验。实证

---

① 去杠杆计划面临较大争议。有人认为去杠杆导致企业和地方政府经营、运转困难，主张应当暂停甚至取消去杠杆计划。

② 根据SWIFT统计，2017年全球交易中仅有1.5%使用人民币，比2014年下降0.6个百分点。截至2017年末，超过60个国家和地区将人民币纳入其外汇储备，总额为等值1228亿美元，占全球外汇储备总额的1.23%。

文献表明，无论是浮动汇率（Obstfeld，2015；Obstfeld & Taylor，2017）还是货币政策（Jorda，Schularick，Taylor & Ward，2018）都不可能完全对冲外部冲击，故资本流动管理政策仍不可或缺，而且必须改革升级（易纲，2018），才能避免 2014~2016 年的教训重演，更好适应日益频繁的跨境资本流动，有效维护金融稳定（潘功胜，2018）。

改革后的资本流动管理框架建立在宏观审慎与微观审慎双支柱之上。两根支柱的目标、范围和工具不同。微观审慎聚焦跨境资本流动是否真实合法。从司法角度说，对非法交易应当依法处罚，不应由监管者自由裁量。因此，微观审慎监管具有一视同仁（even-handed）、时间一致（time-consistent）的特点。无论流入还是流出，无论是 FDI，还是证券或其他投资，微观审慎监管都一视同仁。无论是资本大量流入还是大量流出时，执法的力度都保持一致。微观审慎监管还注重弥补执法漏洞，加强对地下钱庄等非法跨境交易的打击力度。

宏观审慎着重于维护金融稳定。与微观审慎对各种交易一视同仁、时间一致不同，宏观审慎有侧重，重点调控对金融稳定带来最大威胁的短期资本流动；宏观审慎有逆周期性，以平抑资本大进大出。监管当局建立了短期资本流动监测及预警系统，加强了风险评估，推出了外汇衍生品风险准备金等平抑波动的政策工具[①]。企业外汇远期头寸经常呈现顺周期波动，迫使作为交易对手的银行在现货市场顺周期买入外汇。宏观审慎监管有助于减少羊群行为，降低资本流动的顺周期性，减少对外汇储备的依赖。外汇储备在资本外流时往往扮演最后贷款人的角色。有外汇储备兜底，企业借外债时往往不那么担心偿付外汇的问题，更不会考虑自己借外债对整体金融稳定的影响。这种道德风险问题导致企业过量借债（Bianchi，2011）。宏观审慎监管将负外部性内在化，降低企业过度借外债的激励，能减轻外

[①] 2015 年 10 月，中国人民银行根据宏观审慎原则，对外汇衍生品交易（主要是远期协议）征收 20% 风险准备金。该政策因跨境资本流动形势改善于 2017 年 9 月取消，但随着人民币贬值、资本流出压力再度增大，该政策于 2018 年 8 月重启。

汇储备的压力（Acharya & Krishnamurthy，2018）。在汇率灵活性提高之前，套利资本容易大进大出，宏观审慎监管就显得越发重要。

　　宏观审慎监管与资本管制的区别。宏观审慎监管注重降低系统性金融风险，企业无论在国内还是国外过量借债，都会被限制。资本管制则专门限制居民和非居民相互借债（Korinek & Sandri，2016）。宏观审慎监管利用市场化调控工具（如价格工具），不歧视任何交易，重在事前维护金融稳定。资本管制则带有较强的自由裁量性，且重在事后减少危机的冲击（Jeanne，Subramanian & Williamson，2011，第2章）。宏观审慎是常备的监管措施（standing facility），而资本管制是备用措施，只在紧急情况下才会动用。

　　宏观审慎与微观审慎双支柱是对资本流动管理框架的一次大升级。歧视性、时间不一致的资本流动管理将成为历史，有助于恢复市场对中国资本账户开放的信心，减少监管套利和资本外逃的可能性，促进双向资本流动稳步增长。

3. 中国将如何进一步开放资本账户

　　中国的教训表明，在金融改革尚未完成、汇率机制仍然缺乏灵活性时大举推进资本账户开放会带来较大风险。但金融与汇率改革都非常复杂，并且资本账户开放可能带来附加好处。中国究竟应该如何协调各项改革？

　　"前提论"认为，资本账户开放应当在实现稳定的宏观基本面、健康的银行体系、发达金融市场几大前提后再推进（Fischer，1998）。Lardy 和 Douglass（2011）认为中国银行体系薄弱，金融市场不发达，汇率不够市场化，因而还没有为资本账户开放做好准备。Yu（2017）强调由于存在监管漏洞，突然开放会导致巨额资本外逃。

　　"顺序论"认为，政策制定者应当合理安排各项改革的顺序，找到一条最优的改革路径。McKinnon（1991）认为，最优路径是先实现国内贸易和金融自由化，再实现汇率浮动，最后开放资本账户。一个反面例证是墨西哥。1980年代债务危机后，墨西哥同时推进资本账户开放和其他多项改革，结果导致套利资本大量涌入，加剧了经济失衡，最终导致1994年比索危机。对中国来说，有人认为汇率改革应当在利率改革和资本账户开放之前进行（CF40，2015）。

"稳定论"警告改革与开放短期内可能威胁稳定。取消资本管制、放松监管可能使汇率剧烈波动，跨境资本大进大出，威胁经济金融稳定。"稳定论"的政策建议是放慢改革步伐。

以上三种论断虽然都有合理之处，但也有局限性。"前提论"的主要问题是有些前提在想要推进的改革启动之前无法实现。例如，1993年国内曾就汇率改革激烈争论，"前提论"的观点是汇改必须满足出口强劲、外汇储备充裕、宏观调控成熟三个前提。但是，没有现代化的汇率形成机制，出口竞争力很难提升，外汇储备将持续短缺，在此情况下也很难积累宏观调控经验。最终，中央决定在满足三个前提前推动汇改，取得巨大成功。一个重要的原因是果断推进改革的决定传递出清晰的信号，提振了市场信心，改革的许多障碍自然化解。

"顺序论"的主要问题是现实过于复杂且瞬息万变，且不同的政策制定者的偏好各异。学者固然可以从经济学原理出发，设计最优的改革路径，但现实中，政治利益往往使问题复杂化，以致难以找到最优路径。不同的监管者出于部门利益往往偏好不同的改革顺序，每个都希望先改别人，自己最后，容易造成推诿或"死锁"。从结果看，无论选择哪种开放顺序，都既有成功案例，也有失败案例。

"稳定论"的主要问题是放慢改革步伐可能导致长期不稳定。如不通过改革消除扭曲，经济就始终容易受到外部冲击。更严重的是，扭曲如果不消除，就可能持续增加，侵蚀未来的改革空间。通过放慢改革步伐短期"维稳"，代价很可能是长期不稳定。

考虑到几种"论"的缺陷，政策制定者选择了"三驾马车论"，协调推进汇率形成机制改革、资本账户开放和金融改革（周小川，2017；易纲，2018；徐忠，2018）。"三驾马车论"强调渐进改革，把握时机。"三驾马车论"并不预设推进某项改革的前提或顺序,而是聚焦进度滞后的改革,这样各项改革最终都能推进。如果内外部环境有利,改革的步伐可以更快,反之则减缓。资本账户开放了就难以重新关上,这种"棘轮效应"(ratchet effect)保证了汇率和金融改革不会倒退,而是与资本账户一起推向前进(周小川,2017)。

六 结论

新古典经济学理论对资本账户开放利大于弊的判断从多个角度受到了实证研究的挑战。从直观印象看,发展中国家在开放资本账户后频繁爆发债务危机和货币危机,表明资本账户开放并非坦途。从主流国际金融学者的研究可以看出,资本账户开放对经济增长的影响是不确切的。不同类型的跨境资本流动对增长和金融稳定的影响有巨大的差异,需要区别对待。不同国家开放资本账户后的表现也是有差异的,与发达国家相比,发展中国家更可能在开放后出现经济大起大落,甚至爆发危机,背后的原因可能是国内和国际金融体系、劳动力市场存在扭曲和错配,也可能是国家公共治理存在缺陷,需要加以纠正。资本账户开放也不是孤立的政策选择,而是与货币政策、汇率政策紧密关联,政策制定者需要统筹协调,选择最优的政策组合。

对资本账户的学术思考深刻影响了中国资本账户开放的实践。改革开放四十年来,中国的资本账户开放取得了长足进步,但与发达国家相比仍有显著差距,外商直接投资和对外直接投资已经基本实现可兑换,但非直接投资类的跨境资本流动仍或多或少受到限制。资本账户开放的历程并不平坦,有成功的经验,也有失败的教训。中国的经验和教训反过来也对资本账户的学术研究提供了新的素材和证据。

向前看,中国的资本账户还会继续扩大开放。随着人民币纳入 SDR 篮子,资本账户开放已经走上了不可逆转的道路(周小川,2017)。中国会继续遵循准入前国民待遇加负面清单、汇率形成机制改革与资本账户开放相互配合、开放程度与监管能力相匹配的三条原则，进一步扩大开放（易纲，2018）。相应地，中国将进一步改善资本流动管理"两位一体"框架，依靠逆周期宏观审慎工具保持金融稳定，依靠微观审慎工具实现监管的公平和时间一致，强调跨境资本流动真实合规，打击违法违规交易（潘功胜，2018）。为了控制开放风险，通过各种"Q"项目和"C"项目扩大资本账户开放仍是短期内的最佳选择。与此同时，中国将深化金融改革，完善人民币汇率形成机制，使"三驾马车"齐头并进，最终实现资本账户可兑换。

参考文献

1. Acharya, Viral V., Arvind Krishnamurthy. Capital flow management with multiple instruments, NBER *working paper* 24443.

2. Bai, Yan, Jing Zhang (2010). Solving the Feldstein-Horioka puzzle with financial frictions, *Econometrica*, Vol. 78, Issue 2, 602-632.

3. Bayoumi, Tamim, Franziska Ohnsorge (2013). Do inflows or outflows dominate? Global implications of capital account liberalization in China, IMF *working paper* WP/13/189.

4. Bekaert, Geert, Campbell Harvey, Christian Lundblad (2005). Does financial liberalization spur economic growth, *Journal of Financial Economics*, Vol. 77, 3-55.

5. Bekaert, Geert, Campbell Harvey, Christian Lundblad (2006). Growth volatility and financial liberalization, *Journal of International Money and Finance*, Vol. 25, 370-403.

6. Bianchi, Javier (2011). Overborrowing and systemic externalities in the business cycle, *American Economic Review*, Vol. 101, No. 7, 3400-3426.

7. Borensztein E., J. De Gregorio, J W. Lee (1998). How does foreign direct investment affect economic growth, *Journal of International Economics*, Vol. 45, 115-135.

8. Branstetter, Lee, Nicholas Lardy (2008). China's embrace of globalization, in Loren Brandt & Thomas G. Rawski (eds), *China's Great Economic Transformation*, Cambridge University Press.

9. Calvo, Guillermo A. (1998). Capital flows and capital-market crises:the simple economics of sudden stops, *Journal of Applied Economics*, Vol. 1, Issue 1, 35-54.

10. Cole, Harold L., Maurice Obstfeld (1991). Commodity trade and international risk sharing:how much do financial markets matter? *Journal of Monetary Economics*, Vol. 28, 3-24.

11. Chinn, Menzie D., Hiro Ito (2006). What matters for financial development? Capital controls, institutions, and interactions, *Journal of Development Economics*, Vol. 81, Issue 1, 163-192.

12. Claessens, Stijn, Asliota Demirguc-Kunt, Harry Huizinga (2001). How does foreign entry affect domestic banking markets? *Journal of Banking & Finance*, Vol. 25, No. 5, 891-911.

13. Dornbusch, Rudiger (1996). Capital controls:an idea whose time is gone, mimeo.

14. Eichengreen, Barry, David Leblang (2003). Capital account liberalization and growth:was Mr. Mahathir right? *International Journal of Finance and Economics*, Vol. 8, 205-224.

15. Feldstein, Martin, Charles Horioka (1980). Domestic saving and international capital flows, *Economic Journal*, Vol. 90, 314-329.

16. Fischer, Stanley (1998). Capital account liberalization and the role of the IMF, in P. Kenen (eds.) *Should the IMF Pursue Capital Account Convertibility*, Princeton Essay in International Finance, No. 207.

17. Forbes, Kristin J. (2007). One cost of the Chilean capital controls:increased financial constraints for smaller traded firms, *Journal of International Economics*, Vol. 71, Issue 2, 294-323.

18. Forbes, Kristin J., Marcel Fratzscher, Thomas Kostka, Roland Straub (2015). Capital flow management measures:what are they good for? *Journal of International Economics*,

Vol. 96, No. 1, S76-S97.

19. Furceri, Davide, Prakash Loungani (2015). Capital account liberalization and inequality, IMF *working paper* WP/15/243.

20. Ghosh, Atish R., Jonathan D. Ostry, Mahvash S. Qureshi (2017). Managing the Tide:How Do Emerging Markets Respond to Capital Flows? IMF *working paper* WP/17/69.

21. Han, Xuehui, Shang-Jin Wei (2018). International transmissions of monetary shocks:between a trilemma and a dilemma, *Journal of International Economics*, forthcoming.

22. Hatzvi, Eden, Jessica Meredith, William Nixon (2015). Chinese capital flows and capital account liberalization, Reserve Bank of Australia *Bulletin* December 2015, 39-48.

23. Henry, Peter Blair (2007). Capital account liberalization:theory, evidence and speculation, *Journal of Economic Literature*, Vol. 45, 887-935.

24. Huang, Yi, Ugo Panizza, Richard Portes (2018). Corporate foreign bond issuance and interfirm loans in China, NBER *working paper* 24513.

25. IMF (2012). The liberalization and management of capital flows:an institutional view, 2012.

26. IMF (2017). Increasing resilience to large and volatile capital flows:the role of macroprudential policies, IMF *policy paper*, 2017.

27. Jeanne, Olivier, Anton Korinek (2013). Macroprudential regulation versus mopping up after the crash, NBER *working paper* 18675.

28. Jeanne, Olivier, Arvind Subramanian, John Williamson (2011). *Who Needs to Open the Capital Account?* Columbia University Press.

29. Jorda, Oscar, Moritz Schularick, Alan M. Taylor, Felix Ward (2018). Global financial cycles and risk premiums, Federal Reserve Bank of San Francisco *working paper* 2018-05.

30. Kessler, Martin, Nicholas Borst (2013). Did China really lose $3.75 trillion in illicit financial flows? PIIE China Economic Watch blog.

31. Korinek, Anton (2011). The new economics of prudential capital controls:a research agenda, *IMF Economic Review*, Vol. 59, No. 3, 523-561.
32. Korinek, Anton, Enrique G. Mendoza (2014). From Sudden Stop to Fisherian Deflation:Quantitative Theory and Policy Implications, *Annual Review of Economics*, Vol. 6, 299-232.
33. Korinek, Anton, Damiano Sandri (2016). Capital controls or macroprudential regulation? *Journal of International Economics*, Vol. 99, Supplement 1, S27-S42.
34. Kose, M. Ayhan, Eswar S. Prasad, Kenneth Rogoff, Shang-Jin Wei (2009). Financial globalization:a reappraisal, *IMF Staff Papers*, Vol. 56, No.1, 8-62.
35. Kose, M. Ayhan, Eswar S. Prasad, Ashley D. Taylor (2009). Thresholds in the process of international financial integration, Brookings global economy & development *working paper* 35, 2009.
36. Kruger, Mark, Gurnain Kaur Pasricha (2016). What to expect when China liberalizes its capital account, Bank of Canada *staff discussion paper* 2016-10.
37. Lardy, Nicholas, Patrick Douglass (2011). Capital account liberalization and the role of the renminbi, PIIE *working paper* 2011-6.
38. Lucas, Robert E. (1990). Why doesn't capital flow from rich to poor countries? *American Economic Review*, Vol. 80, Issue 2, 92-96.
39. Miranda-Aggrippino, Silvia, Helene Rey (2018). US monetary policy and the global financial cycle, NBER *working paper* 21722.
40. Moran, Theodore, Edward Graham, Magnus Blomstrom (2005). Does foreign direct investment promote development? PIIE *working paper*.
41. Obstfeld, Maurice (2015). Trilemmas and Tradeoffs:living with financial globalization, in Claudio Raddatz, Diego Saravia & Jaume Ventura (eds), *Global Liquidity, Spillovers to Emerging Markets and Policy Responses*, Central Bank of Chile.
42. Obstfeld, Maurice, Alan M. Taylor (2017). International monetary relations:taking finance seriously, *Journal of Economic Perspectives*, Vol. 31, No. 3, 3-28.

43. Ostry, Jonathan D., Atish R. Ghosh, Karl Habermeier, Marcos Chamon, Mahvash Qureshi & Dennis Reinhardt (2010). Capital inflows:the role of controls, IMF *Staff Position Note*10/04.

44. Prasad, Eswar S. (2016a). China's efforts to expand the international use of the renminbi, Brookings Institution.

45. Prasad, Eswar S. (2016b). *Gaining currency*, Oxford University Press.

46. Prasad, Eswar S., Raghuram G. Rajan (2008). A pragmatic approach to capital account liberalization, *Journal of Economic Perspectives*, Vol. 22, No. 3, 149-172.

47. Prasad, Eswar S., Shang-Jin Wei (2007). The Chinese approach to capital inflows:patterns and possible explanations, in Sebastian Edwards (ed), *Capital Controls and Capital Flows in Emerging Economies:Policies, Practices and Consequences*, University of Chicago Press.

48. Quinn, Dennis (1997). The correlates of change in international financial regulation, *American Political Science Review*, Vol. 91, No. 3, 531-551.

49. Rajan, Raghuram G., Luigi Zingales (2003). The great reversals:the politics of financial development in the 20th century, *Journal of Financial Ecoomics*, Vol. 69, No. 1, 5-50.

50. Rey, Helene (2013). Dilemma not trilemma:the global financial cycle and monetary policy independence, Federal Reserve Bank of Kansas City Economic Policy Symposium, 285-333.

51. Schipke, Alfred (2016). Capital account liberalization and China's effect on global capital flows. Reserve Bank of Australia *conference volume*, 163-172.

52. Schoenmaker, Dirk (2013). *Governance of International Banking:the Financial Trilemma*, Oxford University Press.

53. Sedik, Tahsin Saadi, Tao Sun (2012). Effects of capital flow liberalization – What is the evidence from recent experiences of emerging market economies? IMF *working paper* WP/12/275.

54. Song, Zheng, Kjetil Storesletten & Fabrizio Zillibotti (2011). Growing like China,

American Economic Review, Vol. 101, No. 1, 196-233.

55. Tong, Hui, Shang-Jin Wei (2011). The composition matters:capital inflows and liquidity crunch during a global economic crisis, *Review of Financial Studies*, Vol. 24, Issue 6, 2023-2052.

56. Wei, Shang-Jin (2001). Domestic crony capitalism and international fickle capital:is there a connection? *International Finance*, Vol. 4, Issue 1, 15-45.

57. Wei, Shang-Jin (2018). Managing financial globalization:a guide for developing countries based on the recent literature, ADBI *working paper* 804.

58. Wei, Shang-Jin, Zhiwei Zhang (2007). Collateral damage:capital controls and international trade, *Journal of International Money and Finance*, Vol. 26, Issue 5, 841-863.

59. Wei, Shang-Jin, Jing Zhou (2017). Quality of public governance and the capital structure of nations and firms, Columbia University *working paper*.

60. Wharton (2016). China's currency test:can it get capital controls right? Knowledge@Wharton, Feb. 17, 2016..http://knowledge.wharton.upenn.edu/article/chinas-currency-test-can-it-get-capital-controls-right/.

61. Wong, Anna (2017). China's current account:external rebalancing or capital flight? IFDP *working paper* 1208, Board of Governors of the Federal Reserve System.

62. Yu, Yongding (2008). Managing capital flows:the case of the People's Republic of China. ADB Institute.

63. Yu, Yongding (2017). Why China's capital account liberalization has stalled, Project Syndicate, Oct. 31, 2017.https://www.project-syndicate.org/commentary/china-capital-account-liberalization-on-hold-by-yu-yongding-2017-10.

64. Zhang, Ming (2015). The liberalization of capital account in China:retrospect and prospect, in Joseph E. Stiglitz & Refet S. Gurkaynak (eds), *Taming Capital Flows:Capital Account Management in an Era of Globalization*, Palgrave Macmillan.

65. Zhu, Xiaodong (2018). The varying shadow of China's banking system. Working paper

605, Department of Economics, University of Toronto.

66. 郭松:《资本项目开放踏上新征程》,《中国外汇》2018 年第 9 期。

67. 缪延亮:《理解外汇储备的起与落》,《工作论文》。

68. 缪延亮、张宇、何欣勇:《中国企业外债知多少》,《新金融评论》2015 年第 2 期。

69. 缪延亮、饶璨:《中国企业外债知多少:一个更新》,《新金融评论》2016 年第 4 期。

70. 潘功胜:《进一步推动外汇均衡管理》,《服务全面开放新格局》,《财新》2018 年。

71. 盛松成:《我国加快资本账户开放的条件基本成熟》,《中国金融》2012 年第 5 期。

72. 徐忠:《正确看待金融业进一步对外开放》,《经济日报》2018 年 3 月 29 日。

73. 易纲:《以"无罪假设"和"负面清单"引领外汇管理改革》,《中国金融》2014 年第 19 期。

74. 易纲:《大幅开放金融业,提升国际竞争力》,《博鳌亚洲论坛 2018 年会》2018 年。

75. 余永定:《最后的屏障:资本项目自由化和人民币国际化之辩》,东方出版社,2015。

76. 中国金融 40 人论坛:《中国金融改革报告 2015:中国经济发展与改革中的利率市场化》,中国金融出版社,2015。

77. 中国金融 40 人论坛:《径山报告:中国金融开放的下半场》,中信出版社,2017。

78. 中国人民银行:《2017 年人民币国际化报告》,2017a。

79. 中国人民银行:《中国金融稳定报告》,2017b。

80. 周小川:《汇率改革不能等,要抓住时间窗口》,《财经》2017 年。

图书在版编目(CIP)数据

引进西方经济学四十年 / 方福前等著. --北京：社会科学文献出版社，2018.12（2024.3重印）
 ISBN 978-7-5097-6542-5

Ⅰ.①引… Ⅱ.①方… Ⅲ.①西方经济学-研究 Ⅳ.①F0-08

中国版本图书馆CIP数据核字（2018）第280405号

引进西方经济学四十年

著　　者 / 方福前 等

出 版 人 / 冀祥德
组稿编辑 / 恽　薇
责任编辑 / 陈　欣　刘鹿涛
责任印制 / 王京美

出　　版 / 社会科学文献出版社·经济与管理分社（010）59367226
　　　　　 地址：北京市北三环中路甲29号院华龙大厦　邮编：100029
　　　　　 网址：www.ssap.com.cn
发　　行 / 社会科学文献出版社（010）59367028
印　　装 / 唐山玺诚印务有限公司
规　　格 / 开　本：787mm×1092mm 1/16
　　　　　 印　张：23.25　字　数：333千字
版　　次 / 2018年12月第1版　2024年3月第2次印刷
书　　号 / ISBN 978-7-5097-6542-5
定　　价 / 98.00元

读者服务电话：4008918866

▲ 版权所有 翻印必究